上海市高水平高校（学科）建设项目资助
上海高水平地方高校创新团队「中国特色社会主义涉外法治体系研究」项目

李伟芳 主编

CULTIVATING TALENTS FOR
FOREIGN-RELATED LEGAL AFFAIRS:
REFLECTION AND INNOVATION

涉外法治人才培养机制的反思与创新

上海人民出版社

序

　　当前世界正经历百年未有之大变局，国际格局力量调整，全球治理体系面临重塑。与此同时，我国涉外法治建设面临诸多挑战，例如国际法治改革和国际秩序重构；利用国际法律规则在经济领域对我国国际贸易采用反倾销、反补贴和贸易保障措施，限制我国出口；在海洋权益上试图采用争端解决机制对我国主权构成威胁；等等。在此背景下，培养合格的涉外法治人才以维护国家利益，是中国法学教育的使命担当。

　　华东政法大学国际法学院自20世纪80年代开始，涉外法治课程始终是本学院人才培养的特色。经过多年的培育，学院涉外法治课程体系成熟，教学团队完整。学院以国家一流学科建设目标为指引，潜心筑建涉外法学教育的高端基地，以丰富的学科内涵、优秀的学科师资、优质的学科平台和优良的学科能效，为"法治中国"建设培植先进的法治文化、培养涉外法治创新人才，以服务国家法治建设的重大战略需求。

　　《涉外法治人才培养机制的反思与创新》是学术性教研专论。本系列文集始于2020年夏季，目前已经出版两卷。本书聚焦当下涉外法治人才培养的需求，从不同侧面反思现行涉外法治教育，并提出适应新时代需求的改革途径与方式。本书作者主要是本院中青年专业教师。他们从事和参与涉外法治人才的培养与教学改革，在长期的教学实践中，形成具有各自特色的教学风格。同时，我们还有幸邀请到5位从事涉外法律实务的专家加盟撰稿。他们长期关注学院课程建设，并作为兼职导师参与学院涉外法治人才培养。这 5 位校外专家以各自从事的领域为基础，从实践到理论，提出一系列涉外法治人才培育的感悟、设想、建议，真知灼言，实属可贵。感谢上海交通大学凯原法学院张国斌助理研究员的友情参与，并与我们分享全球深海治理下涉外法治人才培养的心得。

本书获得华东政法大学上海市重点创新团队"中国特色社会主义涉外法治体系研究"项目资助。上海市人民出版社对本书的出版鼎力相助，责任编辑罗俊华老师不辞辛劳，仔细审阅文稿，在此一并表示衷心感谢。

本书主编李伟芳，主要参与人陈国军。

最后，再次感谢全体作者的倾力相助，为我们共同的使命担当。

是为序。

李伟芳

2022 年仲夏

目录
CONTENTS

专题三 课程思政理念融入专业课程教学方式探究

专题四　涉外律师专业人才培养模式探究

专题一
涉外法治人才培养机制多元化探索

论华东政法大学英国利兹大学"2+2"双学位项目人才培养模式革新

■ 王　勇①

【摘要】华东政法大学国际金融法律学院自2019年起设立了"华东政法大学英国利兹大学2+2双学位项目",迄今已经有3年时间并且选拔出了3批项目学生。总结3年来的项目运行实践,可以发现该项目在招生遴选方式、中英双方的课程设置、中英双方的合作交流模式等方面均存在一些问题。在比较研究与参考借鉴我国的上海政法学院、中南财经政法大学、武汉大学等国内其他高校与英国利兹大学合作项目的基础上,提出完善该项目的招生遴选方式、课程设置、合作交流模式等具体建议,从而期望促进相关项目建设,培养具有国际视野的高端法律人才,做大做强华政的中外合作办学模式。

【关键词】利兹项目　"2+2"人才培养　比较研究　革新

---

①　王勇:华东政法大学国际金融法律学院副院长,教授,博士生导师。本文系华东政法大学2022年本科教学改革与发展研究项目(华东政法大学英国利兹大学"2+2"双学位项目人才培养模式革新研究)项目成果。

一、 问题的提出

为响应国家"一带一路"倡议，推进上海"五个中心"建设，培养具有国际视野的高端涉外法律人才，华东政法大学国际金融法律学院自 2019 年起设立"华东政法大学英国利兹大学 2＋2 双学位项目"（简称"利兹项目"）。根据该项目，学生前两年在我校文伯书院和国际金融法律学院（以下简称"国金学院"）学习，完成两年学业并达到利兹大学录取要求的，赴利兹大学法学院接受为期两年的英国法学本科教育，四年学业完成后学生将取得华东政法大学与英国利兹大学两个本科文凭。从 2019—2021 年该项目已经遴选了 3 批学生，第一批学生将于 2023 年 6 月学成回国。本人作为国金学院分管利兹项目的副院长，在全面调研学生的学习感受基础上，对三年来利兹项目的运行情况作一番总结，并且发现了一些具体且亟待改革的问题。第一，招生模式的改革问题。华政文伯书院从 2022 年 9 月开始不再招收新的学生，利兹项目的原有招生模式也将发生根本性的变化，即从文伯书院直接招生的模式将转变为从华政各法学院遴选，故需要探索新的招生模式。第二，利兹项目的课程设置改革问题。利兹项目的中方课程设置与英方课程设置均需要进行优化，尤其是双语或全英语课程设置应该进行重点优化。第三，利兹项目中方与英方的合作与交流机制建设问题。建立更加顺畅且更加紧密的中方与英方合作交流机制有利于促进利兹项目建设。因此，只有深入研究上述问题，并且提出合理的解决方案才能促进利兹项目建设，才能培养具有国际视野的高端法律人才，才能做大做强华政的中外合作办学模式。

二、 利兹项目的理论意义与实践价值之阐明

第一，顺应并发展国家教育政策目标。2010 年 5 月 5 日，国务院通过

了《国家中长期教育改革和发展规划纲要（2010—2020 年）》，强调要把提高质量作为教育改革发展的核心任务，将实现教育现代化、形成学习型社会、进入人力资源强国行列作为战略目标。[1] 利兹项目的设立正是顺应我国教育发展目标的重要行动。通过全面总结 3 年来利兹项目人才培养与课程体系的经验与特点，在充分发现问题的基础上，革新利兹项目的招生模式、课程体系与内容设计，既能不断提升该项目内涵与品质，从而吸引更多优秀的生源加入该项目，又能不断做大做强我校本科中外合作办学模式，从而积极响应国家"一带一路"倡议，推进上海"五个中心"建设，培养具有国际视野的高端涉外法律人才，为我国人才强国的战略目标实现以及教育事业的多方面发展提供宝贵经验。

第二，促进我校国际化合作办学水平不断升级。国际化战略规划是一所大学发展国际化事业所必需的，以大学国际化事业或理念来制定学校的学术改革与发展战略，是大学国际化的前提性工作。[2] 华东政法大学与英国利兹大学"2+2"双学位项目人才培养模式革新研究，是完善我校中外合作办学事业的重要方式，是探索提升我校国际化办学水平的有效途径。华东政法大学与英国利兹大学"2+2"双学位项目，是目前华政唯一一个能够取得英国本科文凭的中外合作项目。通过这一中外合作办学项目，我校不仅可以优化学科专业和课程资源，而且还可以创设新的教育门类、专业和课程，迅速填补国内高校在一些学科上的空白，增强薄弱环节。[3] 因此，做大做强这一项目对华政迅速提升中外合作办学水平和层次，以及增强国际化教学合作意义重大。

第三，有助于利兹项目本身的完善。党的十八大以来，党中央作出全方位培养、引进、使用人才的重大部署，并提出在北京、上海、粤港澳大湾区建设高水平人才高地。[4] 华东政法大学与英国利兹大学"2+2"双学

---

① 中华人民共和国中央人民政府：《国家中长期教育改革和发展规划纲要（2010—2020年）》，http://www.gov.cn/jrzg/2010-07/29/content_1667143.htm，2022 年 5 月 18 日访问。
② 李盛兵：《高等教育国际化研究》，科学出版社 2019 年版，第 46—47 页。
③ 顾美玲：《中外合作办学新机制探索》，载《教育科学》2008 年第 24 期。
④ 习近平：《深入实施新时代人才强国战略 加快建设世界重要人才中心和创新高地》，载《人民日报》2021 年 9 月 29 日第 1 版。

位项目人才培养模式革新研究，是贯彻党的人才培养号召之举，是认真总结三年来该项目的办学经验与特点，进而不断提升该项目内涵与品质，从而吸引更多优秀生源的重要方式。一方面，英语课程的开设是培养国际学生的第一道门槛。分析利兹项目语言课程的现有缺陷，从师资、课程种类、课时时长等方面不断完善利兹项目。另一方面，注重利兹项目的质量保障机制。对于中外合作办学，我国已初步形成包括"入口—过程—出口"全过程监管的保障体系[1]，即联合地方教育行政部门、教育部、国务院学位办，共同保障我国中外合作办学的合法开展。利兹项目同样需要这一强有力的质量保障机制，保证项目得以顺利开展。因此，总结实践并结合多方面的完善需求，能够有效推动利兹项目本身的规划完善。

第四，有利于我校学生全面发展以及国际化视野的形成。在经济全球化背景下，国家教育逐渐具有国际化特征。随着对外交往的不断加深，国际竞争已经从传统的经济、军事力量竞争逐渐转变为人才竞争。国际通用型人才是新时代各国最核心的竞争力，因此，培养具有宽广的国际化视野和强烈的创新意识、熟悉掌握本专业的国际化知识和国际惯例、具有较强的跨文化沟通能力、运用和处理信息的能力的国际通用型人才，正在逐渐成为我国高等教育人才培养的重要目标之一。[2] 我校签订利兹项目，是适应教育领域国际化发展趋势的大胆尝试，通过引进国外的优质教育资源，一方面能够让学生提前感受国外教学模式，在锻炼英语能力的同时学到各类国际法相关知识，促进学生的全面发展；另一方面，有助于培养学生的国际化视野与对国际问题的处理能力，为之后在英国利兹大学的学习生活提早打下坚实基础。

三、 国内其他高校与英国利兹大学合作项目的比较研究

通过深入比较英国利兹大学与我国国内的上海政法学院、中南财经政

---

① 叶林：《跨境学位项目的质量保障研究》，浙江大学出版社 2019 年版，第 118—121 页。
② 顾美玲：《中外合作办学新机制探索》，载《教育科学》2008 年第 24 期。

法大学、武汉大学的合作项目中的招生模式与课程设计，学习兄弟院校的先进经验，为完善我校的利兹项目服务。

（一）上海政法学院

上海政法学院在2016年就在本科教育机制中设置了"法学（涉外卓越律师人才培养试点班）"，主要依托"中国—上海合作组织国际司法交流合作培训基地"这一国家重要战略平台，通过特定选拔方式组成试点班，以学生自主、自愿申请为中心，同英国利兹大学法学院开展本硕博三阶段的联合培养。

第一，招生选拔方式。具体包括最初选拔、中期竞争分流、奖学金机制三部分。（1）选拔入班。规定全校法学专业学生在大一春季学期末和大二春季学期末，根据平均学分绩点（学习成绩年级排名前10%）和综合表现申请进入律师班，之后学校根据学业成绩和综合表现组织申请人进行面试，面试合格者编入试点班学习。（2）竞争分流。学生应按照培养计划的要求完成学业，不能满足试点班培养要求的，按照竞争分流机制，动态分流到其他法学各专业方向继续修读，已获得的学分可以计入总学分。为保证教学稳定，规定最高分流率原则上不超过试点班人数的30%。（3）奖学金机制。单独设有涉外律师试点班的特设奖学金，奖学金覆盖面不少于试点班总人数的50%。[1]（4）学生申请法学合作项目。上海政法学院对申请法学合作项目的学生提出了基本英语水平的要求，即雅思（学术类）不低于6.5分（阅读、听力、写作和口语均不低于6.0分）。

第二，中外合作培养模式。主要包括以下三种模式：（1）"3+1"模式，学生可以申请大三到国外学习，通过特定的课程设置，所得学分符合规定条件，并经我校承认，符合毕业和学位授予条件的，获得我校学士学位和国外合作院校的硕士学位；（2）"3+2"模式，学生可以申请大三到

---

[1] 上海政法学院：《本科教育》，https://www.shupl.edu.cn/1244/list.htm，2022年5月18日访问，上海政法学院原文介绍如此。

国外学习,通过特定的课程设置,所得学分符合规定条件,并经我校承认,符合毕业和学位授予条件的,获得我校本科学位和国外合作院校的博士学位;(3)"4+1"模式,部分学生可以申请在大四到国外学习1年,通过特定的课程设置,所得学分符合规定条件,并经我校承认,符合毕业和学位授予条件的,获得我校学士学位和国外合作院校的硕士学位。①

第三,课程内容。从上海政法学院本科项目官网可以发现,除传统的法学专业与选修课程外,② 还安排了较为广泛的英文授课项目,其中包括国际政治、国际法学、国际政治与国际法治、国际经济与贸易、国际商务等英语讲授课程。③ 同时,为进一步切实提高申请利兹大学"3+1"硕士学位项目和"法学"硕士学位项目(LLM)学生的英语水平,上海政法学院还专门开设了为期六周的英语语言培训课程——利兹大学法律硕士直通车,该课程全程由利兹大学选派优秀教师团队授课,授课教材为利兹大学英文原版教材,采用集中授课、小组研讨等多元授课模式,让学生提早体验并习惯与利兹大学相同的授课方式。④

总的来讲,上海政法学院的涉外人才培养项目框架较为完备,通过至少一个学期的教学,综合学生的英语和专业课成绩,可以择优选入涉外人才试点班,避免了单一标准导致选择不科学的情况发生。同时,以不低于班级总人数30%的数率在中期阶段实施竞争分流的淘汰机制,有利于始终保持较高的学生质量。以学生为主体的"依申请制"与多种培养模式的存在,可以为不同能力水平的同学提供因材施教的教学模式,加之内容广泛的英文课程,更有利于学生涉外法律思维与英语水平的极大提升。

---

① 上海政法学院:《本科教育》,https://www.shupl.edu.cn/1244/list.htm,2022年5月18日访问,上海政法学院原文介绍如此。

② 上海政法学院:《2016级本科指导性教学计划》,https://www.shupl.edu.cn/_upload/article/files/ed/a7/3b85819144f6b7618893e23dc51b/a4b171f2-e378-4679-a326-792997d439ff.pdf,2022年5月18日访问。

③ 上海政法学院:英文授课项目,https://iso.shupl.edu.cn/ywskzy/list.htm,2022年5月18日访问。

④ 上海政法学院:《利兹大学法律硕士直通车招生简章》,https://iso.shupl.edu.cn/2018/0412/c3101a75289/page.htm,2022年5月18日访问。

（二）中南财经政法大学

中南财经政法大学与英国利兹大学的联合培养项目更为丰富，可以分为本硕结合的合作项目，以及硕士专项合作项目。

1. 本硕结合的合作项目

中南财经政法大学充分利用经、法、管、文、理综合发展的自身优势，着力培养掌握经济、管理和人文等基本知识、具备国际化视野的综合性人才，积极同英国利兹大学法学院签订合作项目。

第一，培养模式。采用"3＋1"或"4＋1"的"三双"模式办学，即"双校园"①、"双教学"② 和"双证书"③。参加本项目的学生在四年内学完中南财经政法大学规定的课程并取得相应的学分，达到毕业和授予学位条件，同时修完国外合作法学院预先植入的2—4门法律硕士专业课程，可到对方法学院攻读法律硕士学位；学习一年，修完规定课程并取得相应学分，达到学位授予条件，可获得国外法律硕士学位（LLM）。④ 最终，学生将获得中南财经政法大学的学士学位以及英国利兹大学的法律硕士学位。

第二，课程设置。（1）法学专业基础理论课程。包括法理学、中国法制史、宪法学、行政法与行政诉讼法学、刑法学、民法学、商法学、经济法学、知识产权法学、劳动与社会保障法学、环境法学、国际法学、国际私法学、国际经济法学、刑事诉讼法学、民事诉讼法学等16门专业必修课；以及在民法学、商法学、经济法学、劳动与社会保障法学、环境资源

---

① 指参加本项目的学生在我校学习4年，在国外法学院学习1年。

② 指本项目由我校和国外法学院共同教学，部分国际项目提前将对方法学院2—4门法律硕士课程植入我校本科法学第7学期的学习课程之中，由国外法学院派教师来我校主讲，学生修完课程后，GPA达到规定要求即可被外方法学院LLM项目录取。

③ 指参加本项目的学生学完双方规定的课程并取得相应的学分后，将获得我校颁发的中华人民共和国高等学校法学专业本科毕业文凭和相应的学士学位，以及由国外法学院颁发的法律硕士学位证书（LLM）。

④ 中南财经政法大学：《2018年法学（中美班）全程培养方案》，http://law.zuel.edu.cn/3849/list.htm，2022年5月19日访问。

法学、国际法学（双语）、国际私法学（双语）、国际经济法学（双语）、诉讼法学等学科领域多门专业选修课；同时，通过逻辑学、法学方法论、法律社会学、现代西方法哲学等课程的设置，培养学生科学的法学思维与研究方法。（2）法律职业相关课程。包括经济学通论、管理学通论、高等数学、宗教文化导论、法律与乡村治理、信访、法制与社会冲突解决、未来领导干部法治思维培养、商法与企业经营管理、企业经营管理法律风险的防范与控制、劳动者权益及其保护、就业与法律等20余门通识课。使学生掌握与法律职业相关的经济、管理、人文等相关知识，提升复合型人才基本素质。（3）实务课程。包括法律方法应用实验、立法和政策设计实务、行政法律实务、刑事司法模拟训练、商事法律实务、知识产权实务、涉外法律实务、诉讼实务、物证技术学、法律文书、法律诊所等专业实训课，以及以案说法、名案中的司法智慧与方法等通识课的开设，培养学生分析和解决法律实务问题的能力；利用大学语文、大学英语、计算机应用基础、数据库及其应用等专项教育课，使学生掌握处理业务的相关工具与技术。（4）涉外法律课程。包括国际法学、国际私法、国际经济法等专业必修课，以及系列双语课程如国际商法学、涉外投资法学、涉外贸易管制法学、国际人权法学、海商法学、英美法与大陆法、涉外经贸融资法理论与实务、涉外税法理论与实务、中国与WTO法等，以及拓展课程如国际关系与对外经济政策、中国区际冲突法理论与实务、欧盟法学、条约理论与实务、海洋法与中国海洋政策、国际商事仲裁理论与实务、涉外法律实务等，培养学生提供涉外法律服务的能力。（5）跨文化领域国际素质课程。包括西方法哲学、美国合同法、美国国际法实践、国际商法学、中国法概论、法律研究与写作、国际人权法与美国人权法实践、美国司法审查、国际关系与国际法，以及一年的国外学习等，着力培养学生跨文化领域进行国际合作与交流的能力。（6）身心健康课程。包括军事理论、公共体育、体育专项、社会学原理、大学生心理健康教育、电影中的法律、中西法律文化比较、易经、音乐与人生、法学创业指导等课程，在促进学生拥有健康体魄的同时，具备良好心理承受和情绪管理能力，以此提升其社会适应能力、人际沟通交流能力。①

2. 硕士专项合作项目

2016年，中南财经政法大学法学院发布了"英国利兹大学硕士合作项目"，旨在推进双方实质性合作以及涉外型法律人才培养。

第一，招生条件。包括法学专业条件与英语要求：（1）法学专业条件。申请课程之时达到入读利兹大学法学硕士课程的常规标准，并已获得本科学位；或已在中南财经政法大学就读至少一年的法学硕士课程，并在其第一年或第二年的中南财经政法大学法学硕士课程学习中各个科目均达到平均"学分"要求（75％或以上，GPA 3.0或以上）；（2）熟练掌握英语的证明。a. 托福网络考试总成绩不低于92分，其中听力不低于22分，阅读不低于22分，口语不低于23分，写作不低于22分；或b. 雅思（学术类）考试成绩不低于6.5（阅读和听力部分不低于6.5，写作和口语部分不低于6.0）；或c. 培生集团主办的PTE学术英语水平考试总成绩不低于64，各项能力得分不低于60；且d. 必须在审定期限内参加上述考试。②

第二，培养模式。主要包括两种模式：（1）"1＋1＋1"模式。第一年就读于中南财经政法大学的法学硕士课程，第二年报名参加利兹大学法学院的硕士课程。该模式下，学生应在完成利兹大学的课程之后返回中南财经政法大学，可在中国取得法学硕士学位；（2）"2＋1"模式。前两年就读于中南财经政法大学的法学硕士课程，然后第三年进入利兹大学法学院继续硕士课程。③

第三，奖学金机制。分为普通与优秀两种奖学金形式。（1）普通奖学金：由利兹大学法学院为修读其法学硕士课程的中南财经政法大学学生提供部分奖学金——1 000英镑，该笔金额将直接从应缴费用中扣除；（2）优秀

---

① 中南财经政法大学：《2018年法学（中美班）全程培养方案》，http://law.zuel.edu.cn/3849/list.htm，2022年5月19日访问。

②③ 中南财经政法大学：《英国利兹大学硕士合作项目》，http://law.zuel.edu.cn/2016/1117/c4173a120356/page.htm，2022年5月19日访问。

学生奖学金：利兹大学法学院按以下基准为修读其法学硕士课程的学生提供部分优秀学生奖学金——2 000 英镑：a. 雅思考试成绩在 7.0 或 7.0 以上且成绩优异（85％以上）的学生，或在中南财经政法大学学习的第一年（"1＋1＋1"模式）或前两年（"2＋1"模式）取得 3.4 的 GPA 考试成绩的学生将有资格获得奖学金；b. 入读法学硕士课程的学生人数在 1—4 人时，提供一个奖学金名额，每多出 4 名学生，将增加一个名额；c. 奖学金的被提名人首先由中南财经政法大学确认，再由利兹大学法学院确定。如有多名学生达到获得奖学金资格，中南财经政法大学应进行排名，并按排名颁发奖学金；d. 奖学金金额将从学生应缴纳的留学费用中直接扣除。①

综上所述，中南财经政法大学与英国利兹大学联合培养项目中，不论是本硕结合的合作项目，还是硕士专项合作项目，四种不同模式在培养涉外人才中更具适应性，可以为不同进度的学生提供更多选择。此外，更值得学习的是中南财经政法大学的课程设置，广泛涉猎法学基础知识、法律职业相关知识、实务知识、国际法律知识、不同文化领域知识以及身心健康等方面的知识，真正实现了理论与实践相结合、德智体共同发展的科学培养计划。普通学生与优秀学生不同的奖学金机制，同样有助于鼓励学生积极学习、和谐相处。

（三）武汉大学

根据 2019 年武汉大学国际交流部发布的"武汉大学国际联合培养项目一览表"，可以了解到武汉大学目前拥有的国际联合培养项目。其中，法学专业对应的联合培养项目是同英国利兹大学合作的院系项目。

第一，培养模式。该项目以英语为授课语言，主要包含两种联合培养模式，其一是"3＋1＋1"模式②：法学院三年级本科生可以申请第四年到

① 中南财经政法大学：《英国利兹大学硕士合作项目》，http://law.zuel.edu.cn/2016/1117/c4173a120356/page.htm，2022 年 5 月 19 日访问。

② 武汉大学：《武汉大学国际联合培养项目一览表》，http://oir.whu.edu.cn/info/1207/4010.htm，2022 年 5 月 19 日访问。

利兹大学留学,获得相应学分后可以获得武汉大学的学士学位,通过利兹大学考核后学生可以继续在利兹大学读一年的硕士课程,最终可获得英国利兹大学的硕士学位;其二是"1+1+1"模式:第一年就读于武汉大学的法学硕士课程(三年制),第二年报名参加利兹大学法学院的硕士课程,学生应在完成利兹大学的课程之后返回武汉大学,最终在中国取得其法学硕士学位。

第二,适用对象。从上述两种培养模式可以得知,"3+1+1"模式的适用对象是武汉大学全日制三年级正规本科生,而"1+1+1"模式的适用对象是武汉大学全日制研一硕士研究生(三年制)。

第三,招生条件。首先,"3+1+1"模式的招生条件是:(1)在武汉大学法学专业本科生中前五个学期的平均绩点不低于3.0分;(2)最低英语水平标准(获得证书不超过两年):雅思6.5分(每单项不少于6.0分)。其次,"1+1+1"模式的招生条件是:(1)在武汉大学第一年法学研究生课程的平均绩点不少于3.0分;(2)最低英语水平标准(获得证书不超过两年):雅思6.5分(每单项不少于6.0分)。

第四,奖学金机制。(1)"3+1+1"模式下的英方奖学金:利兹大学法学院将向武大法学院参加此交流项目且有资格进入利大硕士专业的学生提供500英镑的特别奖学金,奖学金将从学生负责缴纳的国际课程费中扣除。(2)"1+1+1"模式的英方奖学金:利兹大学法学院将向武大法学院学生提供1000英镑的奖学金,奖学金将从学生负责缴纳的国际课程费中扣除。

总之,武汉大学同样拥有本硕相结合以及硕士专项两种联合培养模式,其中"3+1+1"模式是其极具特色的培养模式,与上海政法学院和中南财经政法大学都有的"3+1"模式下可以获得国内本科学位与外国硕士学位的情况相对比,武汉大学"多"出来的一年,不仅不会浪费时间,反而更能帮助学生打下坚实的知识基础与心理素质基础,为以后面对复杂国际环境中的各种国际法律问题提供充分支撑。

四、 利兹项目的招生模式改革问题

华政文伯书院从 2022 年 9 月开始不再招收新的学生，2022 级新生将直接分至各个学院，利兹项目的招生面临诸多挑战。具体包括以下问题：第一，各部门关系协调问题。要协调好与华政法律学院、经济法学院、国际法学院、刑事法学院、知识产权学院等诸多法学院的关系，以及协调好与教务处、国际交流处、学生处等相关职能部门的关系，保证能够顺利招生。第二，招生时间的问题。到底是放在新生 9 月份一入学就开展，还是新生入学后一个学期后开展。就前者来说：优点在于：（1）对于华政各法学学院的工作影响相对较小。（2）学生一入校就进入遴选班，班级凝聚力和认同感可能会更高一些。（3）学院可以尽早开展普通法和全英文课程的培训。缺点在于：（1）根据以往经验，大一学生刚进校，对于项目情况不甚了解，且诸事繁多，若此时开展这个项目，不少学生可能中途退出，增加管理难度。（2）本遴选方案主要根据学生的外语分流考成绩，不能全面评价与衡量学生的学业水平。就后者来说：优点在于（1）大一学生经过一个学期的学习后，对于自身的定位与发展方向都有了比较深入的了解，同时对于本项目也有比较深入的了解，能够在更加理性的基础上作出选择。（2）经过大一阶段一个学期的学习，学生的学业评价标准更加客观与全面，更容易挑选到优秀的学生。（3）到下一年初遴选，给战胜疫情一个更加宽裕的时间，更有利于增强学生的信心。上述两种方案哪种更科学值得研究。第三，招生考试的内容问题，这个问题与上一个问题紧密联系。如果在新生 9 月份一入学就开展遴选，主要依据是高考英语成绩和分流考英语成绩；而如果是从大一上学期学完以后再开展遴选，则主要依据高考英语成绩和大一上学期的各科成绩，哪种考试方法更科学，值得研究。

课题组在全面调研和深入分析的基础上，对于上述问题提出以下解决方案：第一，由校级层面牵头，由教务处、国际交流处和学生处共同作为业务指导单位，包括法律学院、经济法学院、国际法学院、刑事法学院、知识产权学院在内的华政各法学院作为配合单位，以校内发文的方式开展利兹项目学生的遴选工作，从而保证此项工作的规范性与可持续性。第二，关于利兹项目学生的遴选时间。经过综合考虑，决定放在大一学生进入华政学习一个学期之后，理由如下：其一，大一学生经过一个学期的学习后，对于自身的定位与发展方向都有了比较深入的了解，同时对于本项目也有比较深入的了解，能够在更加理性的基础上作出选择。其二，经过大一阶段一个学期的学习，学生的学业评价标准更加客观与全面（因为利兹班的学生任何一门课程不仅都不能有不及格，而且大一及大二第一学期的总平均分达到前75％），更容易挑选到优秀的学生。其三，大一学生经过一个学期的学习后再安排遴选，参与度更高，报名更加积极踊跃，有利于招收到更好的生源，从而保证项目的声誉与质量。其四，到下一年初遴选，给战胜疫情一个更加宽裕的时间（即1年的时间），更有利于增强学生的信心。第三，招生遴选考试的内容与成绩评定。招生遴选考试的成绩由两部分组成，一部分是学生前期的综合成绩，包括学生英语分流考成绩以及大一上学期的平均绩点，尤其是大一上学期的英语的成绩，占50％的分值；另一部分是遴选考试的成绩，也占50％的分值，遴选考试的内容包括英语和法律综合。

五、 利兹项目的课程改革问题

第一，利兹项目中方课程设置不够合理，需要改革。华政学习期间课程主要包括法理学、宪法学、中国法律史、民法学总论、物权法学、债权法学、刑法学总论、刑法学分论、民事诉讼法学、刑事诉讼法学、行政法学、国际公法、法律职业伦理、知识产权法学、商法学总论、经济法学、国际私法、国际经济法、法律文书及普通法导论等中国法学专业必修课程，以及国际金融法律学院开设的证券法案例研习、公司法案例研习、保险法案例研习、信托法案例研习、法律与金融发展、法与经济学、法与社会科学、金融投资实务、国际金融法、互联网金融法律与实务、证券法学、比较公司法、比较保险法、比较信托法、比较银行法、比较合同法、金融与犯罪等专业限选课。经过初步调研发现：首先，中方课程中选修课的设置数量偏少，不能满足学生多样化的学习需求。尤其是旨在培养国际法与金融法领域综合性人才的国际金融法律学院，现有国际法与金融法相关课程不能覆盖实际需要。为此，可以借鉴中南财经政法大学利兹项目的中方相关课程，增设包括国际商法学、涉外投资法学、涉外贸易管制法学、国际人权法学、海商法学、英美法与大陆法、中国与 WTO 法等在内的系列双语课程，在教授学生专业知识的同时提升其英语水平。此外，为促进学生全面健康发展，还可安排有关法律职业知识、涉外经贸融资法与税法理论与实务知识、不同文化领域知识以及身心健康等方面的课程。其次，中方的金融、经济类存在一些重复性课程，需要增加一些国际政治、国际关系类的课程以开拓学生视野。在删设金融相关课程的同时，制定包括国际政治、国际法学、国际政治与国际法治、国际经济与贸易、国际商务等在内的课程，不仅可以引导学生关注国际问题从而形成国际化视野，还能提高学生国际事务敏感度，培养学生提供涉外法律服务的能力。再次，小班化教学的问题，利兹项目班由于其特殊性能否允许其内部分成 A/B 班上课选课的问题。尽管上海政法学院与中南财经政法大学都没有在利兹项目班内部分设 A/B 班，但是并不能认为这种做法完全不可取。学生的个体性体现在能力水平与学习进度可能存在差距，因材施教也是为了各层次学生都能得到较好发展的有效之举。

第二，利兹项目英方（利兹大学）课程设置不够合理，需要改革。利兹项目英方课程主要包括法律基础、合同法、侵权行为法、土地法、刑法、宪法与行政法、衡平法与信托法及全球治理等英美法重点必修课程。此外，利兹大学还为学生提供多门选修课程如公司法、知识产权法、国际法、商业法、竞争法、网络法、犯罪学等。但是通过初步的调研发现：首先，英方有的课程难度较大，学生理解存在一定困难。一方面，这种难度源于学生还不够流利的英语水平，英语水平受限必将导致学生在英语学习交流方面存在困难。另一方面，英语课程中的语言障碍，会进一步限制学生对英语课程的学习和掌握程度。因此，应当考虑在完善英方课程的同时，加大对我校学生英语能力的培养，在英语听说读写等各方面开展针对性训练。其次，英方的课程还缺乏一些对于英国政治经济文化导入性课程内容。由于学生一直接受中式教育，早已养成中式思维，刚开始接触英方相关课程难免有些不习惯，甚至受挫后还会出现抵触情绪。因此，在英方课程中尝试导入涉及英国政治经济文化的课程内容，可以让学生在全面了解英国的基础上，更好地学习英美法系知识，使利兹项目得到有效实施。再次，英方课程与中方课程全面衔接还存在一些问题。除了完善英方课程设置，还要注意中英课程的有效衔接，比如在中英课程中设置相对应的课程内容（中国商法学与英国商法学），以利于学生在比较研究中高效地掌握知识，不断培养学生的思维能力与总结习惯。

第三，利兹项目中的中方全英语或双语课程设置不够合理，需要改革。目前利兹项目中开设了普通法（冷静老师）、法与经济学（刘婧老师）、法与社会学（刘婧老师）等全英语或双语课程，但是存在的问题是：首先，数量有限，不能充分锻炼学生的英语听课能力，为去英国学习奠定一个好的基础。其次，缺乏介绍英国政治经济文化与社会现状的英语课程，从而可以让学生事先对英国与利兹大学有更加深入的了解。解决上述英语课程相关问题的最有效途径，就是增加外籍教师的英文授课数量与质量。外籍教师同我国教师最大的区别，就在于教学思维的不同。尤其是母语为英语的外籍教师，从小接受的就是注重学生个体思想的自由式教学，并且对英美法系的实行深有体会，创新思维与实践能力远超传统讲授式教学下的学生。因此，我校不论是在英语语言教学还是专业课授课中，向现有师资力量中增添一些外籍教师，定期开展教师专业与品德素质培训，同时增设包括英国政治经济社会文化等内容的英语课程，有利于塑造浓厚的英语学习环境，为利兹项目的更好实施出力，培养高质量的学生后备军。

六、 利兹项目中方与英方的合作与交流机制建设问题

第一，合作院系单一。从上海政法学院的政府管理学院官网发布的消息可以看到，英国利兹大学除了同上海政法学院的法学院有合作外，还是社会管理学院国际交流工作的重要合作对象，截至2021年1月，政府管理学院已连续三年为优秀本科生提供平台参加"3＋1"本硕项目，目前已有近20人成功入选项目，陆续前往英国利兹大学攻读硕士学位，为进一步扩宽国际视野打下基础。[①] 上海政法学院的做法值得我校借鉴，理由如下：其一，两个学校都位于上海，享有全国社会经济发展领先的腹地优势，都可以借助"中国—上海合作组织国际司法交流合作培训基地"这一平台开展各类合作活动。其二，两个学校都属于政法类高校，除了法学专业外，还都有社会学、政府管理学等学科建设，两校师生在学术研究方面早有交流合作、相互学习的传统。其三，上海政法学院早于我校同英国利兹大学开展联合培养项目，具有较为丰富的经验。因此，为促进我校利兹项目的完善发展，推动各院系积累经验并相互分享，可以尝试学习上海政法学院的多院系对外合作做法。

第二，疫情影响下合作方式受限。由于近几年新冠疫情持续肆虐，严重打乱了学生出国接受英方教育的原有计划。对此，我校国际金融法律学院近期通过线上方式，为2020级利兹班学生召开利兹项目交流会，中英方老师分别对申请所需材料、利兹大学下学期线上线下相结合的授课方式、住宿安全、雅思成绩等重要信息进行了详细说明。[②] 尽管线上教学、线上

---

① 上海政法学院：《社会管理学院与英国利兹大学社会学院开展学科及项目合作交流》，https://www.shupl.edu.cn/zfglxy/2021/0114/c3587a86312/page.htm，2022年5月20日访问。

② 华东政法大学：《国际金融法律学院为2020级利兹班召开利兹项目交流会》，https://isfl.ecupl.edu.cn/2022/0417/c4635a188321/page.htm，2022年5月20日访问。

讲座等方式同样可以教授知识，但不容置疑的是，线下课堂更能给学生留下深刻的印象。因此，在保障安全的前提下，努力拓展其他更有效果的合作授课方式，例如加大学院中以英语为母语的授课教师比重，形成自然化、常态化的英语教学环境。与此同时，还应注重我国优秀传统文化的发展与传播。习近平总书记在 2018 年考察北京大学时强调，"我们要在国家发展进程中办好高等教育，办出世界一流大学，首先要在体现中国特色上下功夫"。[①] 2020 年 6 月教育部等八部门印发意见，提出加快和扩大教育的对外开放。[②] 从党和国家政策可以看出，加大对外合作办学是时代趋势，但坚守并对外传播中国特色优秀传统文化，更是合作交流始终要坚持的根本准则。

第三，利兹项目中方与英方缺乏共同合作的质量保障机制。利兹项目是中国与英国、华东政法大学与利兹大学共同协商一致的产物，中英双方理应通过合作共同保障项目的实施质量。但目前来看，在开展联合培养的项目实践中，中英双方缺乏共同合作基础上的质量保障机制。随着国际合作的不断深化，双方的差距会逐渐变小，最终形成培养国际学生的共同体。因此，利兹项目的中方与英方不应仅仅停留在沟通交流的层面，而是应该积极开展实质层面的交流合作。一方面，中英双方应当将相关信息公开共享。具体包括课程、学术要求、成绩评定方法、教师基本情况、学生支持措施等信息，这些信息都将成为政府、高校、学生、家长判断学位项目质量的重要依据。[③] 另一方面，应当合作建立一个包含所有信息的利兹项目数据库。利兹项目数据库的成立，既有助于形成学位项目质量保障的统一标准，大大减少项目实施问题的出现以及快速解决问题，又可以为国际化高素质后备人才的培养提供完备的合作机制保障。

---

① 张梦：《习近平总书记在北京大学考察时的重要讲话在全国高校师生中引起热烈反响》，http://edu.people.com.cn/n1/2018/0503/c1006-29962865.html，2022 年 5 月 20 日访问。

② 张烁：《教育部等八部门印发意见加快和扩大新时代教育对外开放》，载《人民日报》2020 年 6 月 23 日第 16 版。

③ 叶林：《跨境学位项目的质量保障研究》，浙江大学出版社 2019 年版，第 123 页。

七、 结语

自 2019 年设立的"华东政法大学英国利兹大学 2+2 双学位项目",是我校培养国际化高端人才的有力举措,并取得了阶段性成果。总结经验,发现利兹项目存在众多问题,如选拔项目学生方式变化、中英双方课程设置不合理、中英双方合作交流机制待完善等。通过调研同样拥有利兹项目的法学兄弟院校实施情况,为我校利兹项目的改进提供了些许宝贵经验。主要包括以下几点:首先,上海政法学院采取结合至少一学期的专业课成绩与英语成绩,选拔优秀学生进入涉外人才试点班,在中期阶段实施竞争分流淘汰机制,并遵循"依申请+考核"机制确定利兹项目的学员名单,能够充分发挥学生自主性,值得我校借鉴。其次,中南财经政法大学本硕结合与硕士专项合作项目,以及涉猎法学理论与实务、不同文化领域知识以及身心健康等各类知识的课程设置,对于不同层次学生的全面发展意义重大。再次,武汉大学法学院利兹项目中独特的"3+1+1"培养模式,比我校"2+2"模式多一年,也比上海政法学院、中南财经政法大学的"3+1"模式多一年,武汉大学利兹项目培养模式不仅可以帮助学生打下坚实的知识基础与心理素质基础,还能够获得本硕两个层次的学位,极大满足学生成长需求,同样可供我校研究借鉴。

论以模拟法庭竞赛为载体的涉外法治人才多边培养机制

■ 张　磊①

【摘要】涉外法治人才中的研究生培养具有自己的特殊性。模拟法庭竞赛可以很好地提高研究生的综合能力。这既需要校内教师提供知识讲授，也需要校外导师提供实训指导。因此，以模拟法庭竞赛为载体的多边培养机制能够较好地满足上述特殊要求，并且形成良性循环。为此，我们应当处理好导师队伍的稳定性与灵活性的关系，并且建立完善可行的校内外导师联合培养机制。在辅之以科学合理的考核手段之后，上述培养机制具有较好的推广前景。

【关键词】模拟法庭竞赛　研究生　涉外法治人才　多边培养机制

导言

近年来，高教界关于研究生涉外法治人才多边培养机制的讨论持续升温。各高校也相继推出自己的改革措施，例如在校内实行双导师制或多导师制，又如引入校外人士或机构进行联合培养的机制。然而，诸多改革方

---

① 张磊，华东政法大学国际法学院教授，博士生导师，现任国际法学院副院长。

案都反映出一个难点，那就是多边培养机制的载体问题。对于载体问题，我国高教界尚处于摸索阶段，兄弟院校都在对此进行各种有益的尝试。

模拟法庭竞赛在研究生涉外法治人才培养中能够发挥非常重要的作用。组织研究生参加模拟法庭竞赛一直是我校国际法学科的教学特色之一。近年来，华东政法大学国际法学院代表队在多项高层次竞赛中屡有斩获。在获得成绩的同时，我们可以思考如何使之升华为研究生涉外法治人才多边培养机制的成熟载体之一——由于模拟法庭竞赛不但要求学生具有广泛的专业知识，还要求学生对法律实务有相对全面的把握，所以单纯地依靠校内导师进行指导似乎无法完全地达成上述培养要求。

作为有益探索，我们可以考虑在竞赛实践中逐步摸索"带队教师负责下的多导师集体培养模式"与"以赛代练条件下的校外专家评审培养模式"两种创新做法。根据我们的观点，将模拟法庭竞赛作为研究生涉外法治人才多边培养机制的载体之一既有必要性，也有可行性。现在的问题是如何通过梳理与研究，将我校的前期经验提炼成系统的研究生指导方法，使之更加科学和成熟，并能够适时进行实践和推广。

一、 竞赛课程化与集体导师制的协调研究

随着模拟法庭竞赛在国内的日趋升温，很多高校开始将模拟法庭竞赛课程化。这是大势所趋。我校国际法学科在其课程化建设方面也做出了一定的尝试。然而，根据传统的教学理论，任课教师与专业导师是两个截然不同的概念。那么，当模拟法庭竞赛实现课程化以后，如何处理课程化与集体导师制之间的关系就成为一个重要议题。如果将专业导师的作用归入课程，那么导师制实际上就形同虚设；如果将课程分解到导师工作中，那么课程化的优势就无法体现出来。众所周知，参与模拟法庭竞赛的学生人数是非常有限的，各个已经实现课程化的兄弟院校也基本实行小班化教学。因此，我们可以从小班化教学的特点入手解决上述问题，既要发挥课

程化的各项优势，又要保护导师制特有的个性化优势。具体而言，我们认为可以尝试在以下两个方面开展工作。

（一）控制生源数量，提高素质要求

既然竞赛课程化应当实行小班化的教学方式，那么我们应当首先在生源上精挑细选。换言之，就是控制生源数量，提高学生素质。其次，由于模拟法庭竞赛对学生素质要求较高，并不是所有学生都非常适合这门课程，所以，我们有必要控制生源数量，提高素质要求。

作为有益的尝试，我们可以将授课对象区分在初级、中级和高级等不同的授课班级。高级授课对象主要是预备在当年参加比赛的学生，他们之前经过长期培训已经适合参加大型赛事。中级和初级主要是在培育阶段的学生。他们中的一部分将来会晋级成为高级授课对象。针对不同的授课对象，应当制定一套科学和完整的录取条件与晋级规则。

对于生源条件，我们认为大致可以分为以下几个方面：第一，英语能力较好。由于绝大部分国际模拟法庭竞赛采用英语进行交流，这就要求参赛学生的英语能力应当达到能够进行自由交流的程度。第二，法律功底较好。英语能力只是进行交流的基础，竞争的基础仍然是学生的法律功底。这点也算是我校国际法学科在以往比赛中汲取的教训与经验。第三，备赛时间充裕。在以往的实践中，我们往往忽视这一条件。在以往的比赛实践中，我们发现一些优秀的学生虽然自身条件不错，但是由于备赛时间不足，难以完成训练任务，往往仓促上场，效果不佳。第四，团队合作能力优秀。模拟法庭竞赛不是个人单打独斗的项目，而是需要两到三个人组成团队的团体比赛。这些人员如果无法形成合力，那么不可能在比赛中取得较好成绩。

对于生源筛选制度，我们认为应当进行适当的改革。对于参赛选手的筛选，很多比赛往往采取"一轮制"，即在招募选手时就确定最终的参赛选手名单。然而，从某种程度上讲，这种"一轮定乾坤"的做法应当被逐步淘汰。我院和部分兄弟院校的部分参赛队已经开始两轮，甚至三轮选拔的做法。与此同时，另外一个动态也需要引起我们的注意：我院和部分兄弟院校开始将社团活动与队员选拔相挂钩，即形成固定的培育选拔机制。建立类似于"模拟法庭俱乐部"的专门学生社团是十分奏效的方法，并且可以借此进一步建立起多轮选拔制度，使最优秀的学生能够被选出来，参加大型或高端的比赛。

(二) 坚持导师制基础上的合作教学

我们认为，尽管课程化后的模拟法庭竞赛更加侧重知识灌输与技能培训，但是仍然应当强调以导师制作为基础。在坚持导师制的基础上，我们可以通过合作教学的方式来发挥课程化的优势。

一方面，相较于两到三年的研究生学习阶段，模拟法庭竞赛的准备时间是比较长的。一般而言，大型赛事需要半年甚至一年时间进行准备与训练。如果在这段时间里完全摒弃导师制，那么势必会大大削弱学生与导师之间的联系，不利于研究生的健康成长。研究生与导师之间的联系是非常重要的。这不但是师生关系的问题，更涉及技能的培训与议题的研究。因此，无论从哪个角度看，我们都不能因为模拟法庭课程化而偏废导师制。

另一方面，课程化的优势在于集中进行知识灌输与技能培训。这就要求打破各自为政的培养模式。因此，我们认为可以将各位导师组合起来，进行合作教学与培养。首先，根据模拟法庭竞赛的需要，对课程化的训练科目进行科学的编排。培训内容既要突出竞赛的知识技能需求，又要体现各位导师的专业特长与经历背景。其次，安排各位导师根据自己的专长担任相应内容的培训教练，且培训时间应根据需要而有所区别。最后，按照各位导师对学生的考核意见，选择最优秀的学生参加模拟法庭竞赛。这样做的好处是，既保证了导师与学生之间的联系，又能发挥课程化的优势，将模拟法庭竞赛培训的益处惠及更多的学生。

在以往的实践中，我院部分参赛队曾经尝试过合作教学的方法，但是做法还有诸多值得改进之处。具体而言，主要体现在通过专题讲座的形式，邀请不同领域或专长的导师给参加竞赛的学生提供短暂的辅导或答疑。这种做法值得改进之处在于以下几个方面：第一，没有以课程化作为大前提。我们认为，模拟法庭竞赛课程化是实施合作教学的前提。第二，培训内容有待优化，没有进行符合上述要求的编排——训练科目的编排既要突出竞赛的知识技能需求，又要体现各位导师的专业特长与经历背景。第三，各位导师基本是各自授学或答疑，既没有一起参与考核选拔，也没有真正形成集体导师制。在以往实践中，导师们在完成讲座或答疑后即结束任务，既没有对学生进行考核，也没有选拔出最优秀的学生。这样的做法可以权且视为合作教学，却不能称之为真正的集体导师制。我们所理解的集体导师制不但是要在课堂上合作教学，更重要的是，各个导师要在课堂之外与学生之间，打破单点对单点的师生互动、形成多点对多点的师生交流，从而更加灵活与方便地进行指导和培养。只有通过形成这样的集体导师制，我们才能既发挥课程化的优势，又保留导师制的长处，实现模拟法庭竞赛课程化与集体导师制之间的协调。

二、 导师队伍的稳定性与灵活性的关系研究

就改革方向而言，我们可以尝试采取"带队教师负责下的多导师集体培养模式"。当然，这种做法有合理之处，但也存在一定的不足，那就是在竞赛载体下的多边培养模式存在导师队伍不稳定的缺陷。每年带队教师不固定，参与集体培养的导师也不固定，导致学生有可能因此陷入茫然之中，进而有可能导致比赛成绩在不同年份呈现出参差不齐的情况。然而，如果采取较为死板的队伍机制，也会产生一些问题。由于模拟法庭竞赛每年的题目都不一样，不同的比赛对专业知识的要求也不一样。更重要的是，各位导师还有其他繁重的工作，有时难以兼顾比赛的培养任务。因此，如何实现导师队伍的稳定性与灵活性需要仔细推敲。我们认为，可以

从以下两个方面开展工作。

（一）建立健全的骨干带队教师制度

我们认为，要实现导师队伍的稳定性，就要在青年导师中间建立骨干带队教师制度。理由主要包括以下几方面：第一，青年教师有更加充裕的时间与较好的精力。模拟法庭竞赛不但需要教师向学生们灌输知识与技能，而且要全天候地关心参赛队员的学习与生活，在带队比赛期间（一般是在外省市，甚至在国外）还要与同学们同吃同住。这就需要带队教师有比较充裕的时间和精力。从这个角度看，就物色骨干带队教师而言，还是以青年教师为主比较合适。第二，骨干带队教师制度可以很好地解决导师队伍的稳定性问题。以往的实践中，曾经出现带队教师频繁更换，甚至一年之中因为其他工作需要由不同教师带队的情况。在过去的比赛中，这已经造成了一定的不利影响。因此，要避免带队教师频繁更换的弊端，就必须建立起行之有效且长期稳定的骨干带队教师队伍。第三，骨干带队教师制度在实现导师队伍稳定性的同时，还能兼顾其灵活性。骨干教师只是支撑起导师队伍的主体部分，但这不排斥在必要的时候引入其他教师参与培训工作。青年教师尽管有较充裕的时间与精力，但是毕竟资历尚浅，经验不足。因此，在条件允许的情况下，可以邀请资深教师承担一定的工作。通过骨干教师与资深教师的相互配合，就可以实现优势互补，协调发展。

然而，在建立健全骨干教师制度的过程中，也会遇到一些困难。这其中，最主要的是青年教师目前在高校考核机制中所面临的压力。早在2007年8月20日，《中国教育报》就刊登了题为《关注高校青年教师成长：青年教师怎样站稳讲台》的文章，在全国产生广泛影响。[①] 之后，国内开始关注高校青年教师这一特殊群体，并把他们称为"青椒"。之后，国内报纸期刊上陆续可见相关研讨，其中《文汇报》2011年3月10日刊登的

---

① 参见唐景莉、陈帆波：《关注高校青年教师成长：青年教师怎样站稳讲台》，载《中国教育报》2007年8月20日。

《"高校青椒"需要更多"阳光雨露"》一文引起上海高等教育界的广泛关注。① 具体到本文研究的范畴，要让青年教师真正成为骨干带队教师，就需要缓解或解决他们在以下几个方面的后顾之忧。

第一，职称评定过分侧重科研，对教师在科研之外的贡献没有予以足够的重视。众所周知，我国目前大多数高校在职称评定过程中都或多或少地存在"重科研，轻教学"的现象。当然，尽管科研成果十分重要，但实际上可以通过适当向教学倾斜来体现学校希望教师全面发展的导向，从而鼓励青年教师将更多的精力放在教学上。反过来，倘若一味强调科研——尤其是在职称评定过程中侧重科研，将教学放在过于次要的位置，则会导致很多青年教师可能不愿承担模拟法庭竞赛的带队工作，更不用说成为骨干带队教师了。这个道理是非常容易理解的。与此同时，毋庸赘言，承担模拟法庭竞赛工作需要耗费大量的时间与精力。假如在职称评定中上述工作丝毫不加分，反而会拖累消耗用于科研的宝贵时间，那么迫于现实压力，很多青年教师不愿意承担带队任务也是在情理之中的。

第二，后勤支持存在较大的提升空间。从模拟法庭竞赛的指导实践来看，后勤支持主要体现在两个方面——一个是资金保障问题；另一个是训练场地问题。对于资金保障，我校早在 2013 年就已经建立了"华东政法大学学科（学术）竞赛项目资助平台"，鼓励和支持各学院（部）组织学生参加省部级以上的学科（学术）竞赛项目——尤其是在学科领域内影响较大的赛事。该项措施已经能够为模拟法庭竞赛提供必要的资金支持。对于训练场地，我校国际法学院单独腾出一间办公室，作为模拟法庭竞赛俱乐部专门的活动场地。国际法学院每年基本要组织学生参加若干个模拟法庭竞赛，多的时候一年里可能参与近十个竞赛项目。训练场地的保障避免了教师被迫不断更换训练地点的尴尬。当然，在上述两个方面，仍有改进和提升的空间。

---

① 参见王乐：《"高校青椒"需要更多"阳光雨露"》，载《文汇报》2011 年 3 月 10 日。

（二）促进参与竞赛选择范围的稳定化

由于采取骨干带队教师制度，这就意味着我们不可能参加过多的国际模拟法庭竞赛。这是因为不同的赛事需要不同的专业指导，也就需要具有不同专长的教师，而骨干带队教师制度下的教师队伍相对固定。这些教师的专长与背景相对固定，能够提供给学生的指导也相对固定，且在这样的前提下，我们只能从教师的特点出发，选择那些适合自己的模拟法庭竞赛，而不能全部铺开，参加过多的赛事，否则可能导致带队教师队伍的不稳定。

那么如何在众多的模拟法庭竞赛中进行科学的选择呢？我们不妨以国际法专业为例。扼要地讲，通过对目前世界上比较重要的国际模拟法庭竞赛进行梳理，我们认为选择比赛的原则主要有两条：第一，对同一类比赛，只要备赛其中最为权威的几个就可以涵盖所有这类比赛；第二，根据学校发展的不同阶段选择相应的比赛。对现阶段尚无力顾及的某类比赛，可以暂时放弃。

我们认为，以国际法学科的主要方向为线索来划分国际模拟法庭竞赛是比较妥当的，因为这样分类既有利于我们挑选教师与学生，也有利于学科的发展。在国际公法领域，比较著名的国际性竞赛有两个：第一，Jessup 国际法模拟法庭竞赛（以下简称 Jessup 竞赛）；第二，国际人道法与人权法模拟法庭比赛（以下简称为 IHL 竞赛）。我校目前每年坚持参加 Jessup 竞赛和 IHL 竞赛。IHL 竞赛主要局限于国际人道主义法领域。相对而言，它的学科视野比较有限。因此，我们认为，从某种程度上讲，IHL 竞赛可以作为实战平台之一。在此基础上，我们可以挑选优质资源，进一步集中力量参加 Jessup 竞赛。Jessup 竞赛是全球知名的高端竞赛。我校对 Jessup 竞赛具有比较悠久的参赛传统，并在中国赛区获得过比较好的成绩和奖项，具有良好的参赛基础。在国际私法领域，相关赛事则相对少一些。在这方面，国际替代性纠纷解决模拟法庭竞赛是我校近年来坚持参加的赛事之一。我们认为可以继续坚持参赛，并且在这个过程中更好地将其结合案例研习课的建设与发展。在国际经济法领域，Vis Moot 国际商事模拟仲裁庭比赛（以下简称 Vis Moot）是类似于 Jessup 竞赛那样的国际性高端赛事。更重要的是，我校长期坚持参加这一赛事，曾至少两次获得中国赛区的冠军，并在国际竞赛阶段晋级复赛，具有非常好的参赛基础。作为 Vis Moot 的热身赛，我们认为可以坚持参与"贸仲杯"国际商事仲裁模拟仲裁庭辩论赛。该比赛是中国国际经济贸易仲裁委员会（简称"贸仲"）组织的，面向全国法学院校的仲裁法律专业年度竞赛。其属于全国性竞赛，层次较高。更重要的是，它在比赛内容与组织形式上与 Vis Moot 竞赛比较接近，可以作为 Vis Moot 竞赛的热身赛。并且，我们不必为"贸仲杯"进行专门的备赛。因为在国际货物贸易法领域，我们只要备赛 Vis Moot，那么在条件允许的情况下，我们随时可以参加同类的其他比赛，包括"贸仲杯"竞赛。

三、 校外导师与校内导师联合培养机制研究

所谓多边培养，既包括校内不同导师之间的合作，也包括与校外人士的联合培养。事实上，在模拟法庭竞赛方面，作为创新举措之一，我们可以摸索"以赛代练条件下的校外专家评审培养模式"。

校外专家往往擅长传授实务经验。于是，邀请校外专家采取理论灌输的传统授课形式，往往效果不是最理想的，没有将校外专家的特长充分发掘出来。反过来，如果能够以赛代练，请校外专家作为评审委员，那么专家就可以很好地发挥自己的长项，既能够针对非常具体的问题进行掷地有声的指导，也能使同学们在高度模拟实战的环境下得到充分的锻炼。然而，这种模式的不足也是存在的，那就是校外导师与校内导师之间的培养无法真正实现"联合"。换言之，校内外导师可能出现各自为政的局面。对学生而言，上述不足可能导致他们所学的理性知识与感性经验无法实现

融合，使得教学效果大打折扣。因此，我们设想可以建立校外导师与校内导师联合培养机制。

（一）校内导师可能存在实践经验不足的问题

与传统教学相比，模拟法庭竞赛课程对师资的要求具有特殊性。这体现在以下几个方面：第一，模拟法庭课程具有强烈的实践性，这就要求教师具有比较丰富的实践经验。第二，模拟法庭课程既涉及实体法问题，也涉及程序法问题。因此，担任模拟法庭课程的教师必须兼备程序法和实体法知识。第三，由于国际比赛的语言一般是英语，所以任课教师应当具备较好的语言能力。经过调查研究，我们认为，后两个方面的要求相对而言比较容易满足。校内师资在这方面也具有相当充分的准备。很多青年教师基本都兼备程序法和实体法知识，并且在青年教师中也有很多英语能力优秀者。因此，难点可能集中在教师的实践经验方面。

我们现在关注比较多的是学生的实践能力。事实上，随着时代的进步，作为培养高层次人才的高等院校，提高教师（尤其是青年教师）的实践经验同样重要。然而，由于种种原因，校内导师可能缺乏实践经验。部分青年教师可能没有迈出过校门，即博士毕业后就直接担任教职。由于上述局限，这部分教师可能在理论联系实践上需要更多的努力。当然，若得不到及时补强，则上述不足在指导国际模拟法庭的过程中会产生种种问题。事实上，不少高校不同程度地存在这种情况。部分青年教师的经历只是从校门到校门，既没有在实务部门任职的经历，也没有办理过相关业务或案件。举例来说，在海商法中，提单是一项基础性的文件，在班轮运输中起到关键性的作用。这就要求相关课程的授课教师应当具备一定的实务操作经验。又如在国际金融法里，信用证是最为常用的支付方式，是典型的银行信用。同样道理，这也需要教师能够有一定的实际操作经验。凡此种种，不胜枚举。总之，让包括校内导师在内的教师积累实践经验是十分必要的。

　　为了解决这个问题，一方面，校内导师通过自身努力进行完善是一条途径；另一方面，借助校外导师的力量也是一个办法。

　　值得强调的是，校内导师（尤其是青年教师）应当"苦练内功"，因为只有把自己的实践经验积累起来才能从根本上解决问题。从校内教师的角度来看，积累实践经验可以从岗前培训与日常培训两个方面入手。所谓岗前培训，是指在青年教师走上讲台之前，应当安排一定时间的实践培训内容。这种实践培训既包括实务知识的灌输与见习，也要让青年教师掌握理论联系实际的教学方法。所谓日常培训，是指教师在日常工作中，定期到实务部门或相关企事业单位进行实践锻炼，积累经验。在这方面，我校已经在上海市教委的统一安排下开展了相关的探索。上海市教委早在 2011 年向全市高校下发了《上海市教育委员会关于实施上海高校教师产学研践习计划的意见》。该文件在第 3 条第 3 款规定："各高校应建立教师产学研践习的成效与教师评价考核挂钩的机制，把教师产学研践习经历、成果等逐渐纳入聘期考核、教师培训考核和职务晋升、聘任等评价考核指标体系。教师晋升高一级职务前，一般须有实际部门工作或实践经历，其中 35 岁以下的青年教师晋升高级职务必须有累计 1 年以上的践习时间。教师个人践习的考核结果存入其个人档案。相关文件制定后报市教委备案。"根据上海市教委的文件精神，我校制定出台了《华东政法大学 085 工程教师产学研践习资助计划实施细则》，并且与上海市浦东新区人民法院签订了产学研践习基地协议。

（二）校外导师既要引进来，也要强调制度化

　　实际上，校外导师制度并不是什么新事物。很多高校很早就建立了兼职教师制度，并由校外的兼职教授承担一部分硕士生导师的工作。具体到模拟法庭竞赛方面，作为创新措施之一，我们可以摸索"以赛代练条件下的校外专家评审培养模式"。在积极进行创新实践的过程中，我们应当注意以下几个方面的问题。

涉外法治人才培养机制的反思与创新

首先，在模拟法庭竞赛的培训中，要慎重选择校外导师。选择校外人员来给参赛学生进行辅导，当然要考虑他们在自身行业中的地位或者他们的从业经历。这些因素固然很重要，但也不是我们进行选择时所应考虑的全部因素。除了行业地位和从业经历之外，良好的表达能力与充裕的辅导时间也是关键的因素。从本质上讲，所谓教学，是指"教师传授和学生学习的统一活动。学生在教师有目的有计划的指导下，积极主动地学习，掌握系统的文化科学基础知识和基本技能，发展智力，培养能力，增强体质，形成一定的思想品德，促进个性的全面发展"。① 从本质上讲，教学就是将自己的知识表达给学生的过程。一个教师即使水平再高，但如果没有良好的表达能力，那么也无法取得理想的教学效果。除了表达能力之外，是否拥有充裕的时间也是校外导师能否发挥应有作用的重要因素。若没有充裕的时间进行备课，甚至没有充裕的时间保障备赛培训活动的正常进行，则校外导师恐怕无法给学生较为充分的帮助。因此，我们不但要强调校外导师的行业地位与从业经历，也要同样重视他们的表达能力与时间安排。

其次，在选择好校外导师的基础上，学校应当对相关备赛培训活动进行必要的监督和管理。当然，这种监督和管理在一定程度上是有别于对校内教师的，即主要从教学效果上进行跟踪考察。我们认为，至少应当注意以下几个方面的问题：一方面，校外导师同样可以有指导计划与培训讲义。应当避免的情况是指导的内容与备赛培训的目的严重脱节。因此，既要邀请高质量的校外导师，也要对他们进行一定的监督和管理。这样才能科学合理地开展备赛指导活动。另一方面，对于备赛指导的效果应当进行定期的评价。学校应当组织专人进行旁听，同时也应当允许学生对校外导师的备赛指导过程进行评教。然后，根据定期反馈的信息决定在下一次的培训中是否继续聘请相应的校外导师。只有将这两方面

---

① 《教师百科辞典》编委会编：《教师百科辞典》，社会科学文献出版社 1987 年版，第319 页。

的工作落到实处，才能真正发挥校外导师的作用。

再次，校外导师与校内导师之间应当建立合作机制。实际上，即使在模拟法庭竞赛的训练中，理论传授与实践经验也不是截然分开的。因此，我们应当强调在校内导师与校外导师之间建立形式多样的合作机制，使理论与实践能够充分地融合起来。我们认为，这种合作机制至少可以考虑以下几个方面的形式：第一，应当将校内和校外导师之间的指导计划与培训讲义统一起来，形成一个全面和科学的整体；第二，在教学实践中，校内导师的培训进度应当与校外导师相适应，不能出现脱节严重的现象；第三，在教学之余，校内外导师之间也应当建立固定的联系，相互交换想法与心得，共同促进备赛培训的顺利进行。

四、 研究生涉外法治人才多边培养机制的考核手段研究

尽管以模拟法庭竞赛作为载体进行多边培养是一种改革创新，但是它同样面临教学考核的问题。因此，问题就在于采取什么样的手段进行考核才是科学的。我们认为，单纯地以竞赛名次作为考核手段是不科学的，因为名次的高低并不能完全反映教学效果，更不是教学的目的。同时，采取类似其他普通课程的考察或考试的手段也不尽合理，因为模拟法庭竞赛采取团队形式，发挥的是集体的智慧和力量。因此，个别形式的考试无法全面反映学生的团队协作素质，更无法反映导师的教学效果。至于采取什么样的考核手段，我们可以借鉴国内外既有经验，结合本校实际情况，尝试分阶段的实施意见。

一般来说，任课教师对学生的最终考评通常由平时成绩、期中考试成绩和期末考试成绩三部分组成。我们认为，以模拟法庭竞赛为载体的研究生涉外法治人才多边培养机制也应当在考核制度上分为以上三个部分，但是应当有所改进。

这种改进体现在模拟法庭竞赛课程的考核应当与备赛表现、比赛成绩

挂钩。在选拔参赛选手阶段，我们可以在更大的范围内采取"三轮选拔制"，即在五十人中选择十人，再在十人中选择二到三人。为了鼓励竞争，我们应当在三轮选拔中，对入围者予以奖励，即在课程考核成绩上予以适当的倾斜。同时，入围者并不是可以高枕无忧的，因为考核成绩还要与比赛表现挂钩。也就是说，如果比赛成绩较好，可以得到进一步的加分，但是如果因为主观原因导致比赛成绩滑坡，那么非但得不到加分，反而会影响课程考核成绩。归纳起来，这是一个"不进则退"的考核制度。

同时，区别于一般课程，以模拟法庭竞赛为载体的研究生涉外法治人才多边培养机制应当压缩期末考试在总分中的比例，增加平时成绩的比例。这样既有利于采取更加灵活的手段对学生的表现进行鉴定，也有利于提升学生的主观备战积极性。换言之，传统那种强调记忆能力的考试方法不适用于国际模拟法庭竞赛课程化。应当采取综合评定的方式。至于综合评定中的考察因素，我们认为应当包括两个方面：第一，学生的口头表达能力；第二，学生的文书写作能力。这两个因素也是国际模拟法庭竞赛中的两大得分要素。口头表达主要在训练与比赛中得到体现，具体包括仪态气质、语言表达、应变能力、逻辑能力、争点控制、法律基础、团队合作等几个方面。文书写作主要是竞赛备忘录的撰写，相关考核指标应当以相关竞赛的评分指标作为参照。

五、 将模拟法庭竞赛作为载体的推广前景研究

将模拟法庭竞赛作为载体实施研究生涉外法治人才多边培养的创新尝试不仅仅局限于国际法学，而是有更加广阔的推广前景，即可以适用于整个法学。这是因为法学是一门应用性比较强的学科，各个二级学科基本都可以开展模拟法庭竞赛。模拟法庭竞赛的培养模式在欧美国家的高校比较流行。国内的实践也证明，它在法学教育中起到了良好的作用。将它作为载体，推广研究生涉外法治人才多边培养机制，可以为相关工作打开新的

局面。不过，挑战同样存在。不同学科由于学科特点、师资力量以及外部环境等因素的不同，导致这一机制的推广前景不尽相同。

我们认为，以模拟法庭竞赛为载体的研究生涉外法治人才多边培养机制可以尝试采取分阶段推广实验的方式，具体分为以下三个阶段：

第一阶段，可以着力在国际航空法和外层空间法两个朝气蓬勃的学科开展推广。国际航空法和外层空间法这两个学科目前已经出现国内外模拟法庭竞赛，包括我校在内的部分高校也积累了一定的经验。

第二阶段，可以在一些实践性较强的学科进行推广，例如刑法、经济法等专业。这些专业与现实生活较为接近，同时这些学科内也存在相应的模拟法庭竞赛。

第三阶段，在上述推广工作达到一定程度之后，可以在已经建立该机制的学科之间开展经验交流与适当的互动，共同进步。例如国际人道主义法模拟法庭竞赛就可以与刑法专业的模拟法庭竞赛进行交流，因为它们都涉及刑法的基本原理。此外，在培养机制、导师工作方式等方面，各个学科之间也存在交流共享的基础与可行性。

六、 结语

以模拟法庭竞赛为载体的多边培养机制在研究生涉外法治人才培养中既具有重要性，也有创新性。我们认为，应当从以下五个方面进行探索和创新。

第一，摸索竞赛课程化与集体导师制的协调共进。要建立以模拟法庭竞赛为载体的多边培养机制，前提是竞赛的课程化。不过，课程化与导师制之间需要通过小班化加以协调。为了达成这样的协调目的，我们应当一方面控制生源数量，提高素质要求，另一方面坚持在导师制基础上的合作教学。不过，集体导师制光有合作教学是不够的，还需要在课程安排、考核等方面建立制度。

第二，平衡导师队伍的稳定性与灵活性。主要通过两种方式来实现上述平衡，即建立健全骨干带队教师制度，并且更有选择性地参与竞赛。

第三，建立校外导师与校内导师联合培养机制。在借助校外导师力量的同时，校内教师也应当通过岗前培训与日常培训两种主要途径来不断积累实践经验。对于校外导师，学校不但要引进来，也要建立监督和管理机制。

第四，建立研究生涉外法治人才多边培养机制的考核机制。尽管这种考核仍然采取平时成绩、期中考试成绩和期末考试成绩三部分的组成形式，但是它更加强调与备赛表现、比赛成绩挂钩。

第五，将模拟法庭竞赛作为载体在法学专业进行推广。基于已经有长期经验的二级学科，可以先推广到诸如国际航空法和外层空间法等学科，然后推广到其他实践性较强的学科，例如刑法、经济法等专业，最后在学科之间进行交流。

论研究生导学关系异化问题的成因及其应对

——兼论涉外航天法治人才培养目标下研究生导学机制的构建

■ 蒋圣力①

【摘要】鉴于和谐、积极、有益的导学关系在保障研究生教育质量方面所能发挥的至关重要的促进作用，确有必要通过构建并完善相应的研究生导学机制，以切实发挥涉外航天法治人才培养之于助力国家航天强国软实力建设的重要作用。近年来，研究生导学关系紧张化、冲突化的问题呈现出愈演愈烈的趋势，而导致导学关系异化的成因主要来源于宏观社会背景、中观高校环境和微观师生认知三个层面存在的问题。对此，基于研究生导学关系形成和发展的本质特征，应当同时从导师、学生和高校的视角出发，明确改善导学关系的三元进路。在此基础上，为切实实现涉外航天法治人才培养的目标，就相应的研究生导学机制的构建而言，应以确立有利于导师与学生之间思想引领和情感交融的连结点作为整体思路，并以扶助学生坚定理想信念、树立远大抱负，以及拓宽师生之间多元化沟通交流渠道作为实施路径。

---

① 蒋圣力，法学博士，博士后研究人员，华东政法大学国际法学院副教授，硕士生导师，国际公法教研室主任。本文系华东政法大学 2021 年课程思政教育教学改革专题研究项目"课程思政教学与教师职业自我认同的良性互动研究"、华东政法大学 2022 年课程思政教育教学示范项目"涉外航天法治人才培养课程思政教育教学示范团队"阶段性成果。

【关键词】涉外航天法治人才培养　研究生教育　导学关系异化　导学机制构建

一、引言

研究生导学关系指的是，导师与学生基于对专业学习和学术研究的指导，以及日常生活中的其他交往而形成的，彼此间教育与被教育、指导与被指导、引领与被引领的交互关系；[①] 申言之，研究生导学关系形成于导师与学生在教学、科研、生活等各方面的交流互动，且不仅是教学相长、科研合作的关系，更是一种由教育关系、心理关系、情感关系乃至伦理关系等共同构成的"多角度关系体"。[②] 基于此，在研究生教育中，导学关系被认为是师生关系的核心内容，是直接影响着研究生教育质量的关键因素，同时也是导师得以向学生进行道德传授、专业指导和情感交流的重要基础。[③]

当前，在国家层面着力加强涉外法治人才培养这一有利背景的支撑和促进下，涉外航天法治人才培养理应作为推动国家航天法治进程、助力国家航天强国转型升级软实力建设的题中之义，是通过法律手段保障国家涉外航天实践活动的顺利有序开展、维护国家涉外航天利益所不可或缺的。与此同时，全国范围内多所法学院校也已开展了以培养高端涉外航天法治人才为目标的研究生教育，或是采取将航天法／国际空间法作为研究生专业学习方向以开展专门性培养的模式，或是采取面向国际法等相关专业研究生开展多元化教学活动以吸引感兴趣的学生自主参与的模式，从而在一定程度上弥补了涉外航天法治人才培养在研究生教育中长期所受的重视和

---

① 参见牟晖、武立勋、徐淑贤：《和谐视域下研究生导学关系构建浅析》，载《思想教育研究》2014 年第 5 期。

② 参见程基伟：《构建和谐导学关系　促进博士生全面发展》，载《北京教育（德育）》2013 年第 11 期。

③ 参见马宇光、陈曦：《高校导学关系的研究动态与对策建议》，载《科教导刊》2021 年第 22 期。

投入不足的缺憾。

不过，无论是从在读期间的学术研究水平和专业应用能力看，还是从毕业后的实际就业去向和持续关注情况看，上述既有的研究生教育实践所取得的成效距离实现高端涉外航天法治人才培养的目标仍相去甚远。对此，鉴于和谐、积极、有益的导学关系在保障研究生教育质量方面所能发挥的至关重要的促进作用，就具有相对较强的专业性、复合性、前沿性和国际性的涉外航天法治人才培养而言，确有必要通过对相应的研究生导学机制的构建与完善，切实提升相关研究生教育的成效，从而在此基础上推动实现涉外航天法治人才培养之于助力国家航天强国软实力建设的重要意义。

二、 研究生导学关系面临的现实困境

近年来，研究生导学关系紧张化、冲突化的问题呈现出愈演愈烈的趋势，尤其是在多起导师与学生爆发矛盾、冲突的极端事件经媒体发酵进而引发社会舆论的广泛关注之后，导学关系"异化"已经成为制约研究生教育发展的严重障碍。是故，如何破解导学关系难题，重塑和谐、积极、有益的导学关系，是推动研究生导学机制的构建与完善所必须首先厘清的前提。

针对导致研究生导学关系异化的具体原因，国内学界就此形成了较为丰富的研究成果。有观点认为，在市场经济的作用下，导师与学生之间产生了复杂的利益纠葛，从而扭曲了研究生导学关系作为"导师和学生由学术研究活动而结成的，以实现学术价值追求为目标的，并在教与学的过程中所形成的人际关系"的本质，而研究生导学关系异化的主要特征表现为简单化、冷漠化、功利化。[①] 有观点认为，困扰研究生导学关系的原因可

---

① 参见周利秋、吴玲：《研究生与导师关系异化的表象与本质》，载《黑龙江畜牧兽医》2016年第4期。

以总结为导师主导、学生主导和复合因素三类；其中，导师主导类原因将主要引发剥削型导学关系、放任型导学关系、专制型导学关系，学生主导类原因将主要引发逃避型导学关系、应付型导学关系、对抗型导学关系，复合因素将主要引发专业迷惘型导学关系和品行不端型导学关系。① 另有观点认为，研究生导学关系异化的实质上是一种迷失的交往，主要特征表现为交往目的的工具性、交往地位的不平等性、交往主体的片面性、交往内容的偏狭性，以及交往方式的抽象性，表现类型包括占有式的交往、对抗式的交往、偏爱式的交往，以及表演式的交往；这主要是因为教育观念的偏颇、教育制度的制约、社会转型的消极影响和文化传统的负面效应所导致的。②

鉴于研究生导学关系本身固有的复杂性、多样性，其在实践中也必然会受到多重因素的影响和制约。据此，笔者拟从宏观社会背景、中观高校环境和微观师生认知三个层面出发，就研究生导学关系异化的成因及表现进行分析。

（一）社会背景层面

过分强调目的和结果的实现而漠视实现过程中的动机与方法的工具理性，正在当今社会不断地加速膨胀，并使学术界急功近利的风气也随之日益加剧——"唯论文数量论"、"唯期刊影响因子论"、"唯论文被引系数论"等诸如此类的学术评价标准使科研工作成为了一项"工业化产业"，而直接与物质奖励挂钩的定量化考核方式又使科研工作充斥着功利性。受此影响，在研究生教育的实践中，一方面，部分学生将导学关系视为简单的供求关系，并往往以获得者的身份自居，将获得学历学位作为维系导学关系的唯一目的，并希望以最小的成本从导师处获取最大限度的"服务"；

① 参见梁社红等：《导学关系困扰类型分析及对策研究》，载《学位与研究生教育》2018年第5期。

② 参见张俭民：《迷失与重建：大学师生关系探讨》，华中师范大学出版社2018年版，第54页。

与此同时，另一方面，部分导师也将导学关系视为简单的管理关系，在与学生的交往中通常抱以形式化、任务化甚至敷衍化的态度，将要求学生完成规定的基本学业任务作为单一目标，而对学生是否真正有所进步、成长漠不关心。由此，在工具理性行为逻辑的作用下，导师和学生在交往中实则均未真正地重视对方、接纳对方，真情实感的倾注和回馈则更是无从谈起。[①]

上述由社会背景层面的原因导致的研究生导学关系异化的具体现象，所引发的最为严重的消极后果便是使"尊师重道"这一中国教育领域的传统文化和美德不断流失。长期以来，中国传统教育对于伦理道德一直有着极高的要求，并将成才成贤、而非功名利禄作为教育的根本目的。然而，随着工具理性思维和功利主义风气在当今社会的扩张蔓延，教育的目的开始由为国家和社会培养人才转变为了追求个人价值的实现和个人欲望的满足，从而不仅使得尊师重道的良好氛围日益稀薄，甚至还引致"道衰师微"的趋势有所抬头。[②] 此外，对个人主义和个人利益的过分强调，也在相当程度上破坏了导师与学生之间合作共赢的信念，并使得研究生导学关系异化的弊端日益凸显——一方面，部分导师为了个人名利和前途的成就，可能将自身所担负的部分科研压力转嫁至学生，要求学生（无偿）为其撰写论文、完成课题提供劳力，甚至直接侵占学生的科研成果，进而引起学生的抵触和反抗，爆发矛盾、冲突；另一方面，部分学生也缺乏最基本的学术使命感，或是深陷在短期的经济效益中（从事兼职、网络直播等），或是沉迷于虚幻的网络世界中，而在专业学习和学术研究方面往往消极怠工、得过且过，厌倦导师的学术指导、逃避导师的任务安排，进而不仅无法与导师形成良性的交流互动，还会招致导师的不满和批评。

[①] 参见茹宗志、刘晓敏：《当代导师与研究生关系异化的内在机理与重建思路》，载《教学研究》2022 年第 1 期。

[②] 参见程红艳、杨湾：《中国传统师生关系的现代转向：从道德共同体到利益共同体》，载《教师教育论坛》2017 年第 2 期。

由此可见，由社会背景层面的原因导致的研究生导学关系异化使导师和学生在价值理念上产生了异变和错位，并使双方均忽视了彼此间个人与他人的有机联系，而未能达成作为合作共赢的"命运共同体"的共识。①

（二）高校环境层面

进入 21 世纪以来，我国高校研究生招生规模始终处于持续扩大的状态，至 2019 年，学生规模较之 2000 年已增长了 9.51 倍，但导师规模却只增长了 4.2 倍，研究生生师比达到 6.20。② 而自 2020 年起，因受新冠肺炎疫情影响，为应对异常严峻的就业形势、缓解广大本科毕业生沉重的就业压力，国家开启了更大规模的研究生扩招，仅 2020 年全国高校研究生招生人数就高达 110.66 万人，较之 2019 年 91.65 万人的招生人数骤然增长了 19 万人，③ 并使得研究生生师比被进一步显著提高。由导师和学生人数增速的巨大差距引发的越发严重的研究生生师比失调问题，同时也极大地加重了导师的教学和科研工作压力，使导师在疲于应对工作任务考核、职称晋升评定等重压之余，在对学生进行专业学习、学术研究、日常生活等方面的指导时往往显得力不从心，进而使导师与学生之间因难以形成顺畅的、有效的沟通交流而易于产生隔阂，由此导致导学关系异化。

然而，与上述由研究生生师比失调导致的导学关系异化现象相对的，我国多数高校普遍存在着育人实效不足和调适机制缺失等问题，使得相应的研究生导学关系异化存在被进一步加剧的风险。

首先，由于在高校管理实践中，研究生日常管理工作通常是由学生工作队伍（辅导员）主要负责的，因此，部分导师便认为可以从对学生的德育培养中抽身出来，而只需关注学生的专业学习和学术研究即可；可事实

---

① 参见麻超、曲美艳、王瑞：《互动仪式链理论视角下高校研究生导学关系的审视与构建》，载《研究生教育研究》2021 年第 6 期。

② 参见王应密、叶丽融：《我国研究生教育规模扩张的发展失衡与应对》，载《黑龙江高教研究》2020 年第 11 期。

③ 教育部：《2020 年全国教育事业发展统计公报》，资料来源：http://www.moe.gov.cn/jyb_sjzl/sjzl_fztjgb/202108/t20210827_555004.html，访问时间：2022 年 6 月 20 日。

上，这一将研究生导学关系过于简单化的认识不仅使导师易于忽视学生可能在生活、情感等方面面临的困境，还使学生失去了一个藉以表达和宣泄心理负担的重要出口，故而对于保障学生的身心健康而言是十分不利的。①对此，倘若高校不积极压实导师对学生的德育培养责任而是放任自流，那么则不仅无法实现学生德与智的全面发展，更无法使导师与学生之间形成紧密的、融洽的导学关系。

其次，随着高校研究生招生规模的不断扩大，不仅学生群体的多样化特征和学生个体的个性化差异越发突出，学生的求学目的也更加多元和复杂。大量的研究生教育实践表明：部分学生对专业学习和学术研究确实怀有较高的兴趣和热情，并在撰写论文、参研课题、实验操作等方面取得了良好的表现；然而，另有部分学生求学则可以说是"另有所图"——其或是为了暂时逃避严峻的就业形势，希望通过取得更高的学位以争取更加理想的就业机会；或是为了考取国家机关、事业单位、国有企业，而不得不以取得研究生学历作为"敲门砖"；又或是为了获得更加丰富的人生经历、尝试更多的未知可能，而在就读期间完全投入到了兼职、实习和各类社会活动中。②是故，针对上述两类学生显然不应按部就班地采取统一的教育模式，而是应当根据其不同的特长、目的和需求适当地调整教育方法和手段，以达到因人而异、因材施教的效果。

基于此，高校应当在研究生教育管理中着力健全导师与学生的调适机制，尤其是改善目前较为僵化、刻板且繁杂的导师变更制度，并构建与之相匹配的、行之有效的协调、问责和监督反馈机制，以保障导师/学生都能够有机会与同自己相对更加投契、合拍的学生/导师建立起导学关系，从而不仅使师生双方都得以各取所需、各展所长，在工作、学习、研究、实践等领域取得更好的成果，还更有利于保持导学关系的和谐、稳定。反之，则一方面导师可能因为学生始终无法达到其预期而对学生严加苛责或

---

①② 参见张旗：《新时代研究生教育导学关系构建探究》，载《创新与创业教育》2021年第4期。

放弃指导，而另一方面学生也可能因为无法承受导师的严苛要求或不闻不问而产生不满、厌倦、抵触等消极情绪，不仅师生双方都无法实现自我成就，导学关系还将越发恶化。[①]

（三）师生认知层面

师生认知层面存在的二元对立问题、责任意识缺失问题、情感距离失当问题等，是导致研究生导学关系异化的最为直接的原因，同时也是为化解导学关系异化进而重塑和谐、积极、有益的导学关系所必须厘清的关键因素。

首先，师生认知层面的二元对立问题具体表现为"导师中心论"与"学生中心论"之间的对立——"导师中心论"指的是，基于学生在知识、技能等方面固有的不足，由在客观上更具经验和优势的导师对学生的专业学习进行指导和监督，以强调导师的权威地位；"学生中心论"指的是，以学生的群体多样化、个体个性化及其实际需求为主要关切，强调师生关系中学生的主体角色和导师的辅助角色——虽然上述两种论点的初衷都是为了尽可能消除导师与学生在交往、对话的过程中存在的阻碍，以实现师生关系的协调平衡，但是，由于其并未脱离从二元对立的角度看待导师与学生之间的有机联系，因此，其不仅未能切实改变师生关系中的不平等状况，反而还导致了导师与学生对对方价值的过低评价和对自身权威的片面扩大。[②] 应当认识到，师生认知层面的二元对立问题对导学关系造成的不利影响是十分深重的。一方面，对导师"权威"的误读将导致其权利的进一步泛化。教师作为导师的权利应当是限于对学生的专业学习和学术研究进行指导这一特定场域的，而倘若离开了上述场域，则其应只得行使作为一般教师的权利；并且，导师的权利应当来源于深厚的学养、高尚的品德

---

① 参见茹宗志、刘晓敏：《当代导师与研究生关系异化的内在机理与重建思路》，载《教学研究》2022 年第 1 期。

② 参见李玲玲、许洋、黄建业：《导师—研究生对话共同体的本质逻辑与生成机理》，载《江苏高教》2021 年第 6 期。

以及由此生成的个人魅力，而不应刻意追求权利。① 另一方面，过分抬高学生在专业学习和学术研究中的角色将导致其"权威"过于发散，使得本意旨在保障学生主体地位、激励导师提升指导成效的评教机制等在实践中被不当歪曲，逐步成为了学生要挟导师、导师迁就学生的工具，并对导学关系造成了更为严重的破坏。②

其次，师生认知层面的责任意识缺失问题具体表现为：一方面，面对大规模的研究生扩招，部分导师在指导研究生的压力持续加重的情况下，采取了"因人而异"的责任观，将主要心力都投放在了对个别优秀学生的指导上，而对其他学生抱以听之任之甚至不闻不问的态度，使得导学关系因这类差别对待的做法而陷入僵局；此外，部分导师还可能为了满足个人在学术或其他方面的利益需要而只专注于履行指导学生完成最基础的学业或其他特定事项的职责，不仅忽视了所负有的德育培养责任，还将学生视为"下属"和"廉价打工者"并为其安排诸多学业之外的任务，使得学生与导师之间甚至无法形成应有的、基本的情感维系。③ 另一方面，学生作为研究生教育的主体，本应承担起相应的学习责任、创新责任、示范责任、助手责任和服务责任，④ 然而，受研究生大规模扩招的影响，学生的整体素质确实参差不齐，部分学生存在主动意识薄弱、学习态度较差、创新能力不足、自控水平有限、沟通技巧欠缺等问题，使导师因为即便付出了较多的时间和精力也无从提升其专业学习和学术研究的成效，而不得不对其采取"放养式"的管理。

再次，师生认知层面的情感距离失当问题在于，导师与学生之间的情感距离无论是太过亲密或太过疏远，均不利于良好的导学关系的建立。具

---

① 参见张增田：《教学交往"对话"品性的迷失与回归》，载《首都师范大学学报（社会科学版）》2011年第1期。

② 参见叶志锋：《研究生师生对话模式探析》，载《高教探索》2017年第5期。

③ 参见茹宗志、刘晓敏：《当代导师与研究生关系异化的内在机理与重建思路》，载《教学研究》2022年第1期。

④ 参见程斯辉、曹靖：《当代研究生责任探析》，载《学位与研究生教育》2014年第11期。

体而言：一方面，当导师与学生的情感距离过近而使得彼此间的亲密度过高时，导学关系便有可能因为双方交流互动频率高、情感投入大甚至发展为以"亲情角色"进行交流互动而异化为"亲子关系"；或者，倘若部分导师利用与学生之间的亲密关系，将学生视为"生活助理"并要求其协助处理生活上的琐务，则导学关系还将异化为"保姆关系"。另一方面，倘若导师与学生的情感距离过远、双方的情感投入和交流互动存在明显的不足，则师生之间必要的、基本的情感和人文联结便无法形成；而情感联系淡漠的交往将使得导学关系根基薄弱，无法长久维持，并且，一旦导师与学生之间爆发矛盾、冲突，则极易对本就相当脆弱的导学关系造成裂痕甚至致使其破裂。①

三、 改善研究生导学关系的三元进路

基于研究生导学关系形成于导师与学生之间开展的多方面、深层次的交流互动的根本属性，针对前述其所面临的不同层面的现实困境，即应当同时从导师和学生的视角出发，确定对此进行改善的进路。此外，高校作为研究生教育的管理主体，也应在兼顾考虑导师和学生的立场、利益和诉求的基础上，在改善研究生导学关系中发挥重要的促进和保障作用。

（一）导师视角的进路

在国内学界关于研究生导学关系异化成因的研究中，有一种观点认为，导学关系中的矛盾、冲突的产生应当完全归咎于导师，这是因为，导师在所指导的学生自入学起至毕业止的全过程中，对其享有的极高的管理权、话语权和决定权是贯彻始终的，并由此形成了学生对导师的所谓"依附关系"或"从属关系"。② 对此，应当认识到：导师的导学观点本身应当

---

① 参见茹宗志、刘晓敏：《当代导师与研究生关系异化的内在机理与重建思路》，载《教学研究》2022 年第 1 期。

② 参见李春丽、宋金生：《浅谈当前导师与研究生之间的关系》，载《科技创新导报》2014年第 22 期。

是在漫长的历史文化演进中逐步确立起来的，而倘若要求导师仅是通过阅读、学习教育主管部门发布的各类相关政策文件便能够确立全然准确的、恰当的导学观念，并将其充分内化于心、外化于行，显然是十分困难的。①是故，虽然导师在研究生导学关系中确实居于相对优势的地位，但也不应因此便在导学关系出现异化问题时对导师过分苛责；申言之，准确的、恰当的导学观念的确立，应当是建立在多项内外部条件和因素相互作用、有机协调的基础上的，应当是循序渐进的，而非一蹴而就的。有鉴于此，基于导师视角改善研究生导学关系的进路应包含以下内容：

1. 进一步强调导师作为培养所指导的学生的第一责任人的职责

教育部等三部委于 2020 年 9 月 4 日联合发布的《关于加快新时代研究生教育改革发展的意见》明确了导师作为"研究生培养第一责任人"负有的核心职责，即"要了解掌握研究生的思想状况，将专业教育与思想政治教育有机融合，既做学业导师又做人生导师"。② 教育部于同年 10 月 30 日发布的《研究生导师指导行为准则》在重申"导师是研究生培养的第一责任人"的基础上，明确了导师应正确履行指导职责的主要内容，即"遵循研究生教育规律和人才成长规律，因材施教；合理指导研究生学习、科研与实习实践活动；不得要求研究生从事与学业、科研、社会服务无关的事务，不得违规随意拖延研究生毕业时间"，并明确要求导师注重建立和谐师生关系，即"落实立德树人根本任务，加强人文关怀，关注研究生学业、就业压力和心理健康，建立良好的师生互动机制"。③

据此，清楚认识并切实践行自身作为培养所指导的学生的第一责任人的身份及其职责，应当是基于导师视角改善研究生导学关系的起点。导师

---

① 参见李安萍：《论导师导学观念的形成及其转变》，载《继续教育研究》2021 年第 10 期。

② 教育部、国家发展改革委、财政部：《关于加快新时代研究生教育改革发展的意见》，资料来源：http://www.moe.gov.cn/srcsite/A22/s7065/202009/t20200921_489271.html，访问时间：2022 年 6 月 20 日。

③ 教育部：《教育部关于印发〈研究生导师指导行为准则〉的通知》，资料来源：http://www.moe.gov.cn/srcsite/A22/s7065/202011/t20201111_499442.html，访问时间：2022 年 6 月 20 日。

应承担起"全方位教书育人"的职责，在指导学生进行专业学习和学术研究的同时，也应重视研究生教育对情感性的要求，通过在合理限度内加强对学生的日常生活、心理健康和就业状况的关注，并适时地帮助纾难解困，从而为建立良好的导学关系奠定基础。

2. 强化导师的立德树人意识，着力提升导师的思想道德水平

2014年5月4日，习近平总书记考察北京大学，在师生座谈会上发表重要讲话，其中明确提出"国无德不兴，人无德不立"。[①] 所谓"立德树人"，就是要求根植于中华民族传统美德和共产主义理想信念，坚定社会主义核心价值观，弘扬民族精神和时代精神，并在此基础上引导学生树立正确的世界观、价值观、人生观，以促进德与智全面发展，争做未来国家建设的栋梁之材。[②] 由此，"崇德重智，树人为本"应当成为导师在指导学生的过程中应予遵循的基本准则，同时也应是据以建立良好的研究生导学关系的重要思想指引；作为导师，除了需要具备渊博的知识和深厚的学养之外，还应当强化立德树人意识、端正行为，唯有以身立教、以德育人，方才能够真正将学生培养成才。[③]

这就要求导师应当处理好追求个人价值与落实学生培养之间的关系，将立德树人作为指引自身开展科研工作的出发点和落脚点，加强在专业学习、学术研究和日常生活等方面对学生的指导和关心，进而建立起和谐、积极、有益的研究生导学关系；与此同时，导师也应保持与学生的深度交流互动，认真听取、正面回应学生提出的意见、建议，并为学生提供适当的宣泄情绪、释放压力的渠道——当学生取得进步时，导师应不吝表扬并予以鼓励；当学生出现问题时，导师也应客观指正并耐心劝导。由此，倘若导师与学生能够真正成为"良师益友"，那么基于双方良性的交流互动，

---

① 人民网：《习近平：国无德不兴，人无德不立》，资料来源：http://cpc.people.com.cn/xuexi/n1/2018/1211/c385474-30457713.html，访问时间：2022年6月20日。

② 参见杨怀珍等：《"立德树人"背景下和谐导学关系的新内涵及建设》，载《现代商贸工业》2021年第29期。

③ 参见刘林：《研究生导师立德树人职责与实现途径探究》，载《思想教育研究》2018年第5期。

则不仅导师和学生可以在学术、科研上互促互进、共同发展，还更可以推动和谐、积极、有益的研究生导学关系的形成。① 此外，导师还应不断提升自身思想道德水平，并特别重视正确行使自身权利。一方面，正所谓"言传身教"，导师对待教学、科研工作的态度将直接影响学生对待专业学习和学术研究的态度，而导师的道德品质和精神面貌更将对学生的心理和思想产生潜移默化的重大影响。是故，导师应当具备正直、公正、守信、包容、善良等良好的道德品质，以真正做到身正垂范。另一方面，导师在行使自身权利时应严格遵守相关行为准则和规范，并将培养学生成长、成才作为第一要务，而不应滥用或盲目扩大自身权利，更不应追求相对于学生的自上而下的、领导式的甚至压迫式的权利。

（二）学生视角的进路

在研究生教育中，导师和学生不仅是权利和责任的主体，同时也是权利和责任指向的对象；申言之，在导师对学生负有智育、德育培养责任的同时，学生也相应地负有对自己和对导师负责的义务。② 有鉴于此，研究生导学关系之所以出现异化问题，除了导师未能充分地、全面地履行职责的原因之外，学生责任意识的缺失、学习研究态度的松懈和心理健康建设的不足同样也是十分重要的原因。是故，从学生视角出发，改善研究生导学关系的进路应当包含以下内容：

1. 强化学生责任意识，端正学生学习研究态度

如前所述，学生作为研究生教育的主体，应当承担起相应的学习责任、创新责任、示范责任、助手责任和服务责任；其中，学习责任应当是学生必须承担起的首要责任，是其得以承担起其他各项责任的基本前提和核心基础。这就要求学生必须端正进行专业学习和学术研究的态度，并在

---

① 参见张旗：《新时代研究生教育导学关系构建探究》，载《创新与创业教育》2021年第4期。

② 参见左崇良：《研究生导师责权机制的体系和要素探究》，载《内蒙古农业大学学报（社会科学版）》2020年第5期。

此基础上，逐步养成积极主动地追求提高自身创新能力、示范能力、助手能力和服务能力的主观能动性。此外，鉴于当今社会对专业型、复合型高端人才的要求不断提高，学生还应着力加强自身在思想品德、专业素养、综合能力乃至情感交流等方面的发展，牢牢把握各类有助于提升专业学术水平和社会实践技能的机会，拓宽视野、增长见识，培养全方位的软实力，以更好地适应社会对于培养能够担当民族复兴、国家强盛重任的时代新人的需要。①

为此，在研究生教育实践中，高校和导师应为学生提供充分的支持和扶助。一方面，高校应制定和完善针对研究生教育的各项教学和科研制度，并在严格根据制度规范对学生进行培养的同时，主抓优良学风建设，做实做好学术道德教育工作。另一方面，导师应将对学生的学习研究规范教育置于指导学生进行专业学习和学术研究的关键地位，并通过对规范要求的详细讲解和切身指导，促使学生更加深入地认识和了解研究生学习研究生活应有的样貌，更快更好地适应和融入研究的角色身份，从而使学生能够切实落实强化责任意识和端正学习研究态度的目标。②

2.加强学生心理健康建设，深化师生交流互动

囿于人生经历和社会阅历，多数在校学生在设定人生规划、处理人情世故、排解负担压力等方面往往会显得力不从心；尤其是在所面临的学业压力、生活压力和毕业就业压力日益沉重的情况下，部分学生出现了社交系统弱化、人际关系淡薄等问题，进而使其心理健康的成长和人格特质的形成遭受了十分不利的影响。③ 是故，除了专业学习情况和学术研究情况之外，学生的心理健康状况也应受到来自高校和导师的足够高度的重视，并应基于行之有效的具体措施，使学生的心理健康建设和

---

① 参见刘倩、李晓波：《共生共融：高校师生关系的现实发展路径》，载《内蒙古师范大学学报（教育科学版）》2016年第6期。
② 参见汤若琪、潘玥、黄沙里：《研究生教育中师生关系和谐发展模式研究》，载《大学》2021年第46期。
③ 参见茹宗志、刘晓敏：《当代导师与研究生关系异化的内在机理与重建思路》，载《教学研究》2022年第1期。

健全人格塑造能够得到有力保障。

一方面，高校在继续充分发挥常规课程思政教学和学生思政工作的育人功能的基础上，还应进一步发掘校内外相关有利资源（校内专业心理师资和校外专业心理辅导机构），为学生寻求心理咨询、疏导提供更加专业、可靠的帮助，并保证心理求助渠道的畅通。① 另一方面，导师应积极发挥在引导学生塑造健全人格、坚定理想信念方面的重要作用，加强对学生专业学习、学术研究、日常生活和思想情感的关心，尤其是在学生确实陷入了心理健康问题的情况下，应及时施以援手，引导并帮助学生进行适当的情绪宣泄和压力释放。当然，学生自身也应积极提升与导师进行交流互动的主观能动性，而不应一味地被动等待导师进行联系——学生可以尝试主动地与导师就学习研究、日常生活、思想情感进行"心灵上的平等对话"②，以增进与导师的相互了解、理解和认同；而当与导师发生矛盾分歧时，学生更应及时地与导师进行有效沟通，以寻求双方得以共赢的问题解决方案。

（三）高校视角的进路

2020 年 7 月 30 日，教育部党组在学习贯彻习近平总书记对研究生教育工作重要指示精神的专题座谈会上强调，"要强化培养单位主体责任，建立科学评价体系，加强监督，强化问责，推动研究生教育更高质量发展"。③ 是故，虽然研究生导学关系的主体是导师和学生，且导学关系的形成也是直接来源于此二者之间的交流互动，不过，高校作为研究生培养单位和研究生教育的管理主体，应同样负有通过制定制度、设计规范、鼓励督促、监督问责等措施应对和处置研究生导学关系异化问题的职责。由

---

① 参见衡利苹、郭璞、刘克松：《研究生培养中的人文关怀策略研究》，载《教育教学论坛》2021 年第 6 期。

② 参见蔡琼、吕改玲：《后喻文化背景下导师与研究生之间的和谐关系探讨》，载《中国高教研究》2008 年第 3 期。

③ 教育部：《加快推进新时代研究生教育改革发展》，资料来源：http://www.moe.gov.cn/jyb_xwfb/gzdt_gzdt/moe_1485/202007/t20200730_475948.html，访问时间：2022 年 6 月 20 日。

此，针对前述由高校环境层面的原因导致研究生导学关系异化的各项具体问题，从高校视角出发，改善导学关系的进路应包含以下内容：

1. 加强导师队伍建设，规范导师遴选制度

以高标准、严要求对导师的各方面能力和素质进行全方位深入考察，以加强导师队伍建设，并规范导师遴选制度、完善导师评价和奖励机制，应当是高校为改善研究生导学关系所必需提供的制度保障。首先，高校在对导师进行遴选和评价时，除了关注导师的教学水平和科研能力之外，还应将导师个人的师风师德情况和人才培养质量纳入考察范围，并将后者置于与前者相当或甚至更高的地位。其次，高校应通过开展思想政治教育和科研技能培训等方式，持续增强导师教书育人的责任感和使命感，并不断提升导师对学生进行智育和德育培养的能力水平，使导师得以切实地在专业学习、学术研究、思想品德等各方面发挥积极的榜样作用；同时，高校还可以尝试面向导师举办关于新时代学生个性与需求的讲座，使导师能够更加深刻地认识和了解学生，从而在彼此理解、认同的基础上建立良好的师生关系。[1] 再次，高校应科学制定针对导师教书育人成效的考核办法，并细化、明确具体的考核指标，由高校学术委员会、教学委员会或学术道德委员会等自治机构，以及校外教育主管部门、同行专家和校内学生，共同对导师的教学能力、学术成果、指导水平和师风师德进行客观、公正、全面的评价。在此过程中，对于教书育人成效突出的导师，应给予一定的表彰和奖励，以促进其继续为提升研究生教育质量作出贡献；而对于存在师风师德问题的导师，则应采取"一票否决"的处置措施，以整肃导师队伍纪律，消除不利于建立和谐、积极、有益的研究生导学关系的障碍。[2]

2. 吸收师生合理诉求，健全相应调适机制

倘若研究生教育实践中确实出现了导师与学生在专业学习、学术研究、日常生活或思想情感等方面的矛盾分歧已经达到无法调和的地步，那

---

① 参见汤若琪、潘玥、黄沙里：《研究生教育中师生关系和谐发展模式研究》，载《大学》2021 年第 46 期。

② 参见张旗：《新时代研究生教育导学关系构建探究》，载《创新与创业教育》2021 年第 4 期。

么及时地对导师和学生进行调适，对于缓解师生冲突、预防或避免研究生导学关系异化、保证研究生培养质量，无疑是十分重要且必要的。为此，高校应对目前相对僵化、刻板且繁杂的导师变更制度进行较为彻底的修正。一方面，高校应为导师变更制度的顺利实行营造宽松的、融洽的氛围，以引导导师和学生正面地、包容地看待这一制度，将其视为研究生教育实践中的一个正常环节，并充分认识到其在及时消解师生之间可能爆发的冲突和维系良好的研究生导学关系方面所能发挥的重要作用，进而转变过往对其持所持的犹豫、怀疑、回避甚至一味排斥的态度。另一方面，高校应尝试精简并加快进行导师变更的要求和进度，以避免过于冗长、拖沓的手续和流程给导师和学生双方带来较大的心理压力和负担。倘若师生双方能够达成一致，则高校主管机构应当尊重其意愿，并可以在征得拟转入导师的同意后，采取"先完成变更再办理手续"的便捷措施；倘若师生双方难以取得共识，则高校主管机构可以适时介入其中，在准确地、充分地掌握了相关情况后，就变更导师与否及如何进行变更做出处理意见。①

在上述基础上，高校还应着力构建能够与经修正的导师变更制度相匹配的、行之有效的协调、问责和监督反馈机制，以形成完备的研究生教育调适机制。首先，当获悉导师与学生之间出现了明显的、严重的矛盾分歧时，应立即采取各类可能的、合理有效的措施，及时加以协调，以化解或至少控制师生之间的矛盾分歧，避免更加激烈的冲突的爆发。其次，对在师风师德或教学能力、指导水平等方面确有问题的导师的问责，应客观、公正、实事求是，并以发挥直接或间接的行为矫正功能，以及对其他导师的警示功能为目的，而不应受到与客观事实不相符合的舆论风向或其他因素的干扰，并避免前期问责形式化、任意化而后期问责又加重化的不当现象的出现。② 再次，应建立高校主管机构与导师和学生之间的长效沟通机

---

① 参见茹宗志、刘晓敏：《当代导师与研究生关系异化的内在机理与重建思路》，载《教学研究》2022年第1期。

② 参见周湘林：《高校科研诚信问责机制：归类、现状及其改进》，载《现代大学教育》2020年第5期。

制，并健全导师和学生之间的互评制度，从而多角度动态地对导师和学生在研究生教育实践中的真实表现，以及研究生导学关系的形成和发展状况进行即时的、有效的监督。

四、涉外航天法治人才培养目标下研究生导学机制构建的整体思路与实施路径

在过去的六十余年间，中国航天事业从"一穷二白"的困境中艰难起步，摸索出了一条自力更生、自主创新的发展道路，不仅逐步实现了"从无到有"的质的跨越，更在近几年来取得了一系列举世瞩目的辉煌成就。正是在航天事业蒸蒸日上的发展势头的带动下，党的十八大胜利闭幕之后，中国便确立了建设世界航天强国的宏伟目标；而在国务院新闻办公室于 2022 年 1 月 28 日最新发布的《2021 中国的航天》白皮书中，"开启全面建设航天强国新征程"作为正文的第一部分，不仅明确了未来中国航天事业发展的宗旨、愿景和原则，更将建设世界航天强国正式确立为指引中国航天事业发展的核心目标。

航天强国建设作为一项系统性重大工程，其内涵是相当丰富而深刻的，包括若干十分重要的，但却相对隐性的，难以通过统一确定的标准进行物化、量化的软实力建设指标。这类指标既是航天强国建设的重要支撑，同时也是决定中国航天事业发展能否顺利实现转型升级的关键所在；在这之中，航天法治、即航天活动的法治化治理能力和水平便是一项核心内容。[①] 对此，应当认识到：加快推进航天法治建设，应当是全面推进依法治国的国家基本方略在中国航天领域的具体落实。这既是建设中国特色社会主义法治体系、建设社会主义法治国家的重要组成部分，也是维护国家航天发展利益和战略安全，促进航天事业发展转型升级和航天强国建设

---

① 参见张振军：《中国航天软实力与世界航天强国建设（上）》，载《中国航天》2013 年第 11 期。

的必然要求。①

在此现实背景下,涉外航天法治人才应当具备熟知中国国情和航天事业发展现状、了解党和国家关于航天事业发展的方针政策、通晓相关国际和世界各主要航天国家国内法律规则、国际视野开阔、外语运用娴熟、精通国际谈判等重要素质和技能。基于此,法学专业高校院系应当被作为涉外航天法治人才培养的基础阵地,而围绕涉外航天法治与外层空间国际法治的研究生教育则应当成为涉外航天法治人才培养的起步基石。② 进一步地,就具有相对较强的专业性、复合性、前沿性和国际性的涉外航天法治人才培养而言,鉴于和谐、积极、有益的导学关系在保障研究生教育质量方面所能发挥的至关重要的促进作用,确有必要明确并厘定涉外航天法治人才培养目标下研究生导学机制构建的整体思路与实施路径。

(一)研究生导学机制构建的整体思路

如前所述,师生认知层面存在的二元对立问题、责任意识缺失问题、情感距离失当问题等,是导致研究生导学关系异化的最为直接的原因。对此,涉外航天法治人才培养目标下研究生导学机制构建的整体思路应当是,确立能够指引导师和学生凝心聚力、即在思想情感上产生同频共振的连结点,进而使师生之间更易于在专业学习、学术研究和日常生活等方面形成共鸣、达成共识,并基于以此为基础建立起的良好的导学关系的正向回馈,使双方都得以在教研工作和学习研究中取得更好的成果。结合涉外航天法治人才培养的具体内容及其特色,在相应的研究生教育实践中,中国航天事业发展史、中国航天精神与航天文化,以及中国推动构建"外空命运共同体"等内容,应可以成为上述有利于导师与学生之间思想引领和情感交融的连结点。

---

① 参见张振军:《关于法治航天建设的再思考》,载《北京理工大学学报(社会科学版)》2014 年第 5 期。

② 参见蒋圣力:《课程思政教学在涉外航天法治人才培养中的价值功能与发展路径》,载《上海法学研究》2022 年第 7 期。

首先，中国航天事业发展史既有对中国航天事业起步伊始所经历的艰难困苦的回溯，也有对当前中国航天事业所取得的辉煌成就的概览和对未来中国航天事业持续高速发展的展望，旨在重点揭示中国航天事业所取得的卓越成绩，是对在党的领导下，中国在改革开放和社会主义发展历程中所取得的一系列重大成果在航天领域的集中反映。是故，中国航天事业发展史实则正是党史、新中国史、改革开放史和社会主义发展史具象于航天领域的一个缩影；而对中国航天事业发展史的深入了解和认识，也正是形象生动、有血有肉的"四史"教育。

其次，伴随着中国航天事业的蓬勃发展，经由一代代中国航天人不忘初心、接续奋斗而形成的中国航天精神，[①] 已经成为进一步增强全国各族人民深刻践行中国特色社会主义的决心和信心的重要精神力量之一；而航天文化则是航天精神在文化层面的具体体现，是以航天精神健全全民尤其是广大青年理想、信念、情怀，以及人生观、世界观、价值观的重要媒介，具有重大的教育意义。[②] 基于由中国航天精神展现出的以爱国主义为核心的民族精神和以改革创新为核心的时代精神，将可以树立和养成学生热爱祖国、开拓创新、艰苦奋斗、无私奉献的良好品德和高尚情操。[③]

再次，以中国促进实现外层空间国际法治、推动构建"外空命运共同体"的鲜活实践为依据，将"人类命运共同体"理念由宏观思想落实于具体实处，以引导学生深入理解"人类命运共同体"理念的科学体系和理论构架，以及"人类命运共同体"理念作为促进实现外层空间国际法治的中国方案和中国智慧的重要意义，进而增进学生对习近平总书记提出的"坚

[①] 中国航天精神的具体内容包括：航天传统精神（"自力更生、艰苦奋斗、大力协同、无私奉献、严谨务实、勇于攀登"）、"两弹一星"精神（"热爱祖国、无私奉献、自力更生、艰苦奋斗、大力协同、勇于登攀"）、载人航天精神（"特别能吃苦、特别能战斗、特别能攻关、特别能奉献"）。

[②] 参见冯宝品：《航天精神与社会主义核心价值观探析》，载《桂林航天工业学院学报》2016年第3期。

[③] 参见张凯、张道明、代秀峰：《航天类高校航天精神融入课程思政建设研究》，载《北华航天工业学院学报》2022年第1期。

持推动人类命运共同体"的认识和认同。①

(二)研究生导学机制构建的实施路径

1. 扶助学生坚定理想信念、树立远大抱负

根据前文的相关分析,强化学生责任意识、端正学生学习研究态度是基于学生视角改善研究生导学关系的基础性的、关键性的进路,而扶助学生坚定理想信念、树立远大抱负,以激发其自驱力、调动其主观能动性,则是保障并促进上述进路的实现的重要路径。

立足于中国特色社会主义法治体系、法治国家建设的根本需要,对涉外法治人才的培养,同时也是对政治立场坚定的本土化法治人才的培养。② 由此,捍卫国家主权、维护国家利益应当是涉外法治人才培养的根本目的。③ 在国家开展对外交往的过程中,涉外法治人才应将捍卫国家主权作为出发点,以维护国家政治、经济、安全利益为重,充分利用专业知识(国际法律知识),保障国家政治、经济、安全等各个领域的独立权、平等权、自保权,并在面对单边主义、霸权主义、保护主义时敢于亮剑,在进行坚决斗争的同时,积极地为国家和人民规避风险、减少损失。④

同样地,维护国家空间利益也应是涉外航天法治人才的理想信念和远大抱负。当今世界,西方发达国家已将外层空间视为开展国际竞争的新的战略制高点,而追求空间利益最大化也相应地成为了国家间开展战略对抗的新目标。由此,受制于发达空间国家围绕"制天权"的争夺日趋激烈、焦灼,中国的国家空间利益尤其是空间安全利益也迎来了前所未有的巨大挑战。⑤ 在

① 参见蒋圣力:《"外层空间法(案例研习)"教学设计》,载上海市教师专业发展工程领导小组编著:《上海高校青年教师课程思政教学设计探索案例集》,上海教育出版社 2020 年版,第 120—121 页。

② 参见叶青:《统筹国内法治和涉外法治 坚持全要素法治人才培养》,载《新文科教育研究》2021 年第 1 期。

③ 参见王利明:《卓越法律人才培养的思考》,载《中国高等教育》2013 年第 2 期。

④ 参见徐伟功:《我国涉外法治人才培养的标准研究》,载《新文科教育研究》2021 年第 4 期。

⑤ 参见刘彦军等:《论制天权》,国防大学出版社 2003 年版,第 15 页。

此现实背景下，中国涉外航天法治人才更应当以坚定维护国家空间利益为己任，充分运用航天法律和外层空间国际法律知识，保障国家自由地、平等地进出外层空间，以及探索、开发和利用外层空间的基本权利；尤其是鉴于中国至今尚未完成制定国内航天基本法的事实，或可以此为契机形成倒逼机制，刺激涉外航天法治人才更加积极作为、主动求变，致力于加快制定和完善国内航天基本立法，以维护国家空间利益尤其是包含战略安全和资产安全等内容的空间安全利益，并进而促成国家航天法治建设。①

2. 拓宽师生之间多元化沟通交流渠道

除了前文已经述及的从导师、学生、高校的不同视角出发，为深化师生之间的沟通交流所应当采取的各项方式方法之外，为切实实现涉外航天法治人才培养的目标，在构建相应的研究生导学机制的过程中，师生之间的沟通交流应当更加深入、顺畅和紧密。为此，应当进一步发掘并提升专属于导师与学生的"师门组会"在凝聚师生情感、聚合师生合力方面所能的重要作用。

建立在导师与学生之间的所谓"师门"是直接影响着研究生导学关系的形成与发展的核心场域，是一个典型的以人际交往的情感逻辑为运行机理的非正式群体。② 以此为依托，师门组会不仅是提高研究生教育质量的重要载体，同时也是促进师生之间交流互动、改善研究生导学关系的重要媒介，具有突出的增进学术浸润和加强情感联结的价值。③ 在开展师门组会的实践过程中，应当注意落实以下三项具体的行为准则：

首先，师门组会应具备轻松民主的互动交流氛围，而不应成为导师的"一言堂"。导师应善于倾听并勇于接受、采纳学生针对专业学习、学术研究、师生关系等提出的意见、建议和观点；而当学生的表现存在不足或出

---

① 参见张振军：《关于法治航天建设的再思考》，载《北京理工大学学报（社会科学版）》2014 年第 5 期。

② 参见李国梁：《非正式组织的运行对人力资源管理的启示》，载《学术界》2016 年第 6 期。

③ 参见郑琼鸽、王晓芳：《什么影响了师门组会发言——基于人文社科博士研究生的质性研究》，载《高教探索》2021 年第 3 期。

现问题时，导师也应尽可能抱以宽容、理解的态度，即便对学生进行批评指正，仍应讲求恰当的方式方法，避免采取简单粗暴的处置措施。

其次，导师和学生应共同全身心投入到师门组会的各项组织活动中。师门组会的重要意义在于切实帮助学生提升专业学习能力和学术研究水平，以及排解日常生活和思想情感中的烦恼、困惑的交流互动平台。为此，不仅导师应当保障组会的制度化、规范化、常态化，鼓励并督促学生积极参与，学生也应自发主动地参与其中，并如实分享专业学习和学术研究成果，以及应对日常生活和思想情感中的各类问题的心得体会。如此，师门组会方才得以实现其价值和意义，而不至于流于形式、浮于表面。

第三，在开展师门组会的实践过程中，应当拓展导师与学生进行交流互动的场域。在组会中，个体状态、个体特征、内部动机和外部刺激等因素都会对学生的实际表现和收获情况产生或多或少的影响。① 是故，应当将师生交流互动的场域由单一的校内情境向丰富多样的校外情境进行拓展。例如，师生可以共同赴校外参加学术会议、开展学术调研、举行学术旅行，进而不仅学生得以开阔视野、增长见识，获得更多锻炼专业学习和学术研究能力的宝贵机会，导师和学生也得以基于更加深入的沟通交流和更加紧密的联系而消除彼此间可能存在的距离和隔阂，以此为建立和谐、积极、有益的研究生导学关系奠定扎实基础。

---

① 参见谷贤林、韩丰：《师门研讨会互动网络生成解析》，载《清华大学教育研究》2015年第4期。

诊所式法律教育在涉外法律人才培养中的应用探索

■ 张　皎①

【摘要】涉外法律人才培养在涉外法治建设中具有基础性的地位和作用。诊所式法律教育模式，将法学理论学习与实务能力训练相结合，让学生在读期间实际参与涉外法律实务工作，培养学生国际视野及投身于全球治理之理想与信念，将成为涉外法律人才培养的有益模式。本文首先梳理诊所式法律教育的发展，发现其实践法律与服务社会的双重价值。其次，在考虑涉外法律人才培养的特殊性及考察国外涉外法律诊所实践的基础上，认为有必要在涉外法律人才培养中引入诊所式法律教育；在结合我国涉外法律人才培养目标及方向，以及我国已在国内法教学中应用诊所式法律教育的实践之基础上，认为诊所式法律教育在涉外法律人才培养中具有现实基础。进而，本文提出，可在高校中现有研究机构及智库、校内外合作机制、国际法模拟法庭的基础上，融入诊所式法律教育的理念，相应地

①　张皎，华东政法大学国际法学院讲师，硕士生导师。
　　华东政法大学2021级涉外法律硕士研究生刘琪、国际法学院2021级法学硕士研究生董婧怡，为本文的写作做了基础研究工作，包括检索梳理诊所式法律教育的发展、国外相关实践以及我国法律诊所的实践。她们本身也是涉外法律人才培养对象，与她们的交流，使我能够同时从学生的视角思考诊所式法律教育的应用，受益匪浅。

开设"内置式"、"外置式"、"模拟"涉外法律诊所。

【关键词】诊所式法律教育　涉外法律诊所　涉外法律人才培养

一、诊所式法律教育的发展及其价值目标

(一)诊所式法律教育的起源与发展

20世纪60年代，受社会公正运动（Social Justice Movements）影响，美国法学院兴起了一种新型法学教育模式——诊所式法律教育（Clinical Legal Education）。"诊所"一词来源于医学院，表明其在形式上借鉴了医学院诊所临床实践的教育模式，学生在法律诊所中，在教师的指导下代理真实案件。[①] 纽约大学法学院教授兼诊所与辩护项目主任安东尼·G.阿姆斯特丹（Anthony G. Amsterdam）认为虽然诊所式法律教育有多种形式，但其本质符合以下特征：首先，学生面对的问题是律师在实践中遇见的问题；其次，问题的情境是具体的、复杂的、未经预设的；再次，学生通过做出决定和行动承担起解决问题的责任；最后，学生的表现会受到教师的事后评价。[②] 美国学者罗伯特·科德林（Robert Condlin）认为，法律诊所教育的定义是："在律师或法学教师的监督下，学生从事实际办案的过程中，培养学生处理人际关系的技能及职业伦理观念。"[③] 时任杜克大学法学院法律援助诊所主任约翰·S.布拉德威（John S. Bradway）将诊所式法律教育的概念纳入法学院的教学课程中，他认为法律诊所不仅是一个实现特定教育目标的机制，它还是一种教学方法，一种将法律作为一个整体，而不是将其当做实质或程序性部分对

[①] 甄贞：《一种新的教学方式：诊所式法律教育》，载《中国高等教育》2002年第8期。

[②] Amsterdam, Anthony G., Clinical Legal Education—A 21st Century Perspective, 34 *Journal of Legal Education* 612(1984), pp.616—617.

[③] ［美］罗伯特·科德林著，袁岳译：《实案法学教育的道德缺失》，中国政法大学出版社1992年版，第80页。

待的方法。① 欧洲法律诊所教育网络（European network for clinical legal education）对法律诊所的定义则是："法律诊所教育是一种基于体验式学习的法律教学方法，其包括各种正式的和非正式的教育计划和项目，这些计划和项目用以实现以实践为导向、以学生为中心、以问题为基础的互动式学习方法，包括但不限于学生在学术界和专业人士的监督下对真实案例和社会问题的实践工作。法律诊所教育旨在培养学生的专业态度，促进学生提高实践技能，以促进法治、提供法律援助、解决法律冲突和社会问题。"②

诊所式法律教育的起源与美国法律教育发展史有关。美国的法律教育可以追溯到 19 世纪，当时虽然正式的法律院校已经存在，但对未来律师的教育和培养是学徒式的。学徒制是培训美国律师的主要方法，而法学院教育被普遍接受为一种替代方式。③ 虽然学徒式教育培养出大量的律师，但对学徒式教育的批评一直存在，包括其不稳定性、不一致性以及潜在的剥削性。1870 年，哈佛大学法学院院长克里斯托弗·哥伦布·兰德尔（Christopher Columbus Langdell）开始试行案例教学法，学生通过分析上诉法院的判决来学习法律。20 世纪 30 年代，美国全方位的社会生活受到经济危机的影响，法律现实主义运动在这个时期蓬勃发展起来。现实主义的先驱杰罗姆·弗兰克（Jerome Frank）认为判例教学法"无可救药地绝对地"简化了法学教育，他认为法学教育应当更重视实际生活中多变的事

① Suzanne Valdez Carey, An Essay on the Evolution of Clinical Legal Education and Its Impact on Student Trial Practice, 51 *University of Kansas Law Review* 509(2003), p.513; *see also* Douglas A. Blaze, Deja Vu All Over Again: Reflection on Fifty Years of Clinical Education, 64 *Tennessee Law Review* 939(1997), pp.945—947; *see also* John S. Bradway, The Legal Aid Clinic as an Educational Device, 7 *American Law School Review* 1153(1934), p.1155.

② 参见欧洲法律诊所教育网络（ENCLE), Definition of a legal clinic, in http://encle.org/about-encle/definition-of-a-legal-clinic，最后访问时间 2022 年 7 月 1 日。

③ Grossman, George S., Clinical Legal Education: History and Diagnosis, 26 *Journal of Legal Education* 162(1973—1974), p.163; *see also* Quigley, William P., Introduction to Clinical Teaching for the New Clinical Law Professor: A View from the First Floor, 28 *Akron Law Review* 463(1995), pp.463, 465.

实和法律规则的灵活性，并由此提出"法律诊所教育"的教育模式，为法律诊所教育奠定了理论基础。①

　　法律诊所的发展与为贫弱群体服务也有着密切的关系。20世纪六七十年代，诊所式法律教育的理念从单纯培养学生的律师技能转变为服务于社会的贫弱群体，从伦理和道德的角度培养学生的社会责任感，培养学生从事关涉穷人的法律实践，在社区中树立法律院校的地位并发挥作用。② 诊所式法律教育的理念从单纯培养学生的律师技能转变为服务于社会的贫弱群体，将法学教育与法律援助紧密结合。20世纪90年代之后，法律诊所在教育之外的社会功能，即促进社会正义方面的功能得到强调，正义和公益成为法律诊所在法律教育过程中的重要内容。③ 对于诊所服务的大多数客户来说，由法律学生提供的代理服务的确使客户对司法系统有了更多的信心，使他们更加坚信人人享有平等的正义。④ 学生在学习职业价值的同时，无数的当事人通过法律诊所项目得到了公平与正义。

　　在美国诊所式法律教育开展的同时，20世纪60年代末和70年代初，⑤法律诊所教育项目也在其他国家出现，例如加拿大、澳大利亚和英国。这些国家的学生出于对社会正义的维护的目标，开展了免费的法律援助。1968年英国出现了法律咨询中心，20世纪70年代加拿大开展了"基于社区的司法救助。"⑥ 20世纪70年代，由于美国福斯特基金会的支持，法律

---

　　① 参见陈建民：《从法学教育的目标审视诊所法律教育的地位和作用》，载《环球法律评论》2005年第3期。

　　② Nina W. Tarr, Current Issues in Clinical Legal Education, 37 *Howard Law Journal* 31，32 (1993)；George S. Grossman, Clinical Legal Education：History and Diagnosis, 26 *Journal of Legal Education* 162(1973)，p.173.

　　③ 参见刘东华：《西方诊所法律教育的形成与发展》，载《国外社会科学》2007年第6期。

　　④ Wilson, Richard J., Training for Justice：The Global Reach of Clinical Legal Education, 22 *Penn State International Law Review* 421(2004)，p.431.

　　⑤ Robert Condlin, Clinical Education in the Seventies：an Appraisal of the Decade, 33 *Journal of Legal Education* 604(1983)，p.604.

　　⑥ Clelia Bartoli, Legal clinics in Europe：for a commitment of higher education in social justice, special issue *Diritto & Questioni Pubbliche* 7(2006)，p.30.

诊所在非洲开展。① 许多在发展中国家建立的法律诊所项目都得到了来自美国的慈善和其他基金会的资源支持，包括福特基金会、开放社会正义研究所、美国律师协会的中欧和欧亚法律倡议（CEELI）和哥伦比亚法大学法学院的公共利益法律倡议（PILI）。② 目前，法律诊所教育不断发展，许多国家的高校都建立了法律诊所以完善法学教育。欧洲几乎每个国家的高校都建立了法律诊所，特别是在德国、法国、意大利等国家。③

（二）法律诊所、法律实习及法律援助

法律诊所一大突出的作用是在传统的学院教育与法律实践之间铺垫了阶梯，让学生在学习期间了解实务工作。耶鲁法学院等一些美国法学院在19 世纪末 20 世纪初出现了由学生自发建立的志愿者法律援助机构，为学生提供学习和实践律师技巧、法律分析能力的实战机会，并邀请具有律师职业经验的法学院教师给予学徒式的指导。④ 虽然，法律实习也能让学生在读期间介入实务工作中，但与诊所教育仍然具有显著的差异。首先，在法律实习中，学生是作为旁观者协助法官、检察官、律师等办理案件，或者做一些辅助性工作，而在法律诊所中是由学生作为主角，整个案件的代理过程全部由学生负责。其次，在法律实习过程中，往往缺少法学院教师的指导和监督，而法学院教师在学生指导方面与其他法律实务工作者不同。法学院教师除了自身可能是兼职律师、仲裁员外，他们的"教师"身

---

① Clelia Bartoli, Legal clinics in Europe: for a commitment of higher education in social justice, special issue Diritto & Questioni Pubbliche 7(2006), p.30. In South and East Africa, in countries such as South Africa, Zimbabwe, Tanzania, the first legal clinics were born in the early 1970s. In West Africa, conversely, clinical legal education developed from 2000s, thanks to the support of private foundations, such as Open Society Justice Initiative.

② Jeff Giddings, Contemplating the Future of Clinical Legal Education, 17 *Griffith Law Review* 1(2008), p.3.

③ Clelia Bartoli, Legal clinics in Europe: for a commitment of higher education in social justice, special issue *Diritto & Questioni Pubbliche* 7(2006), p.9.

④ John S. Bradway, The nature of legal aid clinic, 3 *Southern California Law Review* 173(1930), p.174.

份使他们也或多或少接受了教育学方面的培训，并且在学生培养上具有不可替代的作用。再次，在法律实习中，学生接触到的案子是随机的，而在一些法律诊所的实践中，学生接触到的案子是经过筛选，更具有指导性意义。与前一点相结合，法律诊所更注重学生的培养，是课堂教学的延伸。最后，虽然法律实习也能给予学生职业伦理道德等方面的培养，但从法律诊所的发展过程来看，法律诊所具有的社会功能是法律实习并不具有的价值目标。在此方面，法律诊所与法律援助类似。

对美国诊所式法律教育发展产生最大影响的是 20 世纪 60 年代末期政府对弱势群体利益的关切。随着新客户群体的增加，法律界为所有寻求法律帮助的人提供服务的压力也随之增加。学生对社会敏锐的关注度可以被用来满足为弱势群体提供法律援助方面突然出此案的新需求。①约翰·S. 布拉德威（John S. Bradway）认为："法律援助诊所是在法学院指导下的法律援助组织，它有双重作用：一是作为一种公共服务为弱势群体提供法律援助，二是在法学院内提供一定的机制使得学生能够在适当监督下学习有关法律实践的特定知识。"② 王立民教授指出："法律援助与诊所式法律教育关系密切，它们往往交织在一起。这种情况在美国是这样，中国引入这种教育后，也是这样。"③ 当然，当前法律诊所的实践并不限于法律援助的案件。但是，如何在法律援助案件外获得案源是法律诊所的发展面临的现实问题。法律诊所与法律援助仍有区别：首先，性质不同。法律诊所是法学院进行法律实践的基地，诊所式法律教育是一种教育方法，最终是为了培养法学生的实践能力服务；而法律援助是一种国家的司法救济手段，保护的是弱势群体的合法权益，实现法律面前人人平等的目的。其次，主体不同。法律诊所的主体是老师和学生，而法律援助的主

---

① Marvin J. Anderson & Guy O. Kornblum，Clinical Legal Education：A Growing Reform，57 *American Bar Association Journal* 591(1971)，p.592.

② John S. Bradway，The nature of legal aid clinic，3 *Southern California Law Review* 173 (1930)，p.173.

③ 王立民：《法律援助与"诊所法律教育"》，载《政治与法律》2005 年第 1 期。

体是法律援助机构，是各级司法行政部门负责实施本地区法律援助工作的机构。再次，开展方法不同。诊所法律教育通过教学实践完成自己的目的，提供法律援助只是实施途径。而法律援助是通过为弱势群体提供法律咨询、代理、刑事辩护等无偿法律服务提供援助。此外，法律诊所还包括基于模拟的诊所（simulation-based clinics）。在此类活动中，学生并不直接接触当事人或参与到真实案例中，而是由教师选取真实或虚拟案例，学生对这些案例进行分析、研究、模拟代理、模拟法庭等一系列活动。① 同时，在法律诊所开展活动中，学生还会进行法律研究活动，如对法律或政策的分析，起草法案，或参与机构组织的大型项目。例如，在都灵国际大学推动的关于移民拘留的项目中，学生们采访了被拘留者和前被拘留者、律师、非政府组织成员、志愿者和记者，以研究分析国家层面、欧洲层面和国际层面的人权相关法律在都灵的适用程度。② 罗马第三大学与都灵、佛罗伦萨等城市的大学合作，研究分析决策速度对基本权利特别是对外国国民的司法驱逐和拘留方面的影响。③ 此外，高校法律诊所还会与政府或其代表机构合作，进行立法研究或提出建议。例如，法国卡昂大学、巴黎大学和南泰尔大学通与政府及其相关机构合作，参与了政府组织进行的地区改革项目。④

（三）诊所式法律教育的目标及运行模式

约翰·S. 布拉德威（John S. Bradway）认为诊所式法律教育方法是为了实现五个主要目标：第一，为学生提供了实践的课程，弥补了法学院的理论和职业实践之间的差距；第二，提供一个类似实验室的平台综

---

① Guido Smorto（ed.），Clinica legale. Un Manuale Operativo，Palermo，*Edizioni Next*，2015，p.26.

② STEGE U.，VEGLIO M.，ROMAN E.，OGADA-OSIR A. 2012. Betwixt and Between：Turin's CIE. A Human Rights Investigation into Turin's Immigration Detention Centre，International University College of Turin，IPEL Report Series 2012，available at：http://ideas.iuctorino.it/RePEc/iuc-rpaper/1-12 _ Betwixt-and-Between-1.pdf（last visited on 28 June 2022）.

③④ Clelia Bartoli，Legal clinics in Europe：for a commitment of higher education in social justice，special issue *Diritto & Questioni Pubbliche* 7(2006)，p.38.

合运用在不同课程中获得的理论知识，包括实体性的和程序性的；第三，诊所学生获得研究委托人作为一个整体与社区的关系的机会；第四，学习如何区分最好的从业者所特有的非书面技术；第五，诊所课程在开始时将学生引入案件，而不是在最后结束时，使得学生能够进行建设性的思考并考虑下一步的行动。[1] 法律诊所教育可以实现多重目标，服务社会和作为学生实践法律的手段是法律诊所出现之初发展到现在最本源的两个目标。[2]

美国法律诊所主要有三种设立模式，即"内置式"、"外置式"和"模拟法律诊所"。[3] "内置式"法律诊所是以法学院为基础建立的，其管理、指导也在校内完成。诊所从实践中挑选真实的当事人，因此要求学生解决实际问题。"外置式"法律诊所专指学生在校园以外从事法律工作的诊所，在非教师的法律从业人员（主要是律师）的指导下从事法律服务工作。"模拟"法律诊所是根据真实的问题、实践和程序，从中挑选出问题，并进行重新组织的活动。在这三种模式中，"内置式"相较于"模拟诊所"具有一定的真实环境；相较于"外置式"，更依附法律院系，运作、管理都在校内完成，同时学生能够得到本院系专业老师的指导。"内置式"法律诊所成为当前法律诊所教育的基本教学模式。[4]

上述法律诊所中有些是综合性的法律诊所，诊所从事案件的业务范围非常广泛，几乎涉及了法律实务的所有领域。另外还有一些专门的法律诊

---

[1] John S. Bradway, Some Distinctive Features of a Legal Aid Clinic Course, 1 *The University of Chicago Law Review* 469(1933), pp.469—472.

[2] 参见哈佛大学法学院法律诊所，https://hls.harvard.edu/dept/clinical/clinical-faculty-the-mentoring-advantage/，乔治城大学法学院法律诊所，https://www.law.georgetown.edu/experiential-learning/clinics/，纽约市立大学法学院法律诊所，https://www.law.cuny.edu/academics/clinics/，耶鲁大学法学院法律诊所，https://law.yale.edu/studying-law-yale/clinical-and-experiential-learning，哥伦比亚大学法学院法律诊所，https://www.law.columbia.edu/academics/experiential/clinics，最后访问时间 2022 年 7 月 1 日。

[3] 参见陈建民：《从法学教育的目标审视诊所法律教育的地位和作用》，载《环球法律评论》2005 年第 3 期，第 283 页。See also Milstein, Elliott S, Clinical Legal Education in the United States: In-House Clinics, Externships, and Simulations, 51 *Journal of Legal Education* 375(2001), p.376.

[4] 参见刘加良、刘晓雯、张金玲：《法律诊所教育研究》，载《山东大学法律评论》2007 年第 1 期。

所，它们中的一部分侧重于为特定的当事人提供法律服务，这些特定的当事人包括贫困者、无家可归者、家庭暴力的受害者、儿童、犯人、老人以及小商人；还有一部分诊所侧重于某一特定的领域，如移民、税务、破产、知识产权、国际人权、家庭法、环境法、刑法等。[①]

英国于 20 世纪 70 年代建立了第一个公开的法律诊所，英国诊所法律教育的三种模式与美国类似，即：校内真实当事人诊所（in-house real-client clinics）；校外真实当事人诊所（out-house real-client/real-world clinics）；模拟诊所（simulation clinics）。21 世纪，澳大利亚部分法学院开始出现一些小型的法律诊所项目。[②] 法学院目前不再通过建立自己的法律诊所来发展法律诊所教育项目，而是通过法学院校与社会法律援助中心共建来实施。[③] 日本于 2004 年将诊所式法律教育引入法学教育领域，以各大学设立法科大学院为契机。成立于 2008 年 4 月的临床法学教育学会是目前日本国内关于临床法学教育研究的最权威的组织，该组织在其创设文件中指出，诊所式法律教育的形式主要有三种：法律诊所、模拟课程以及校外实习。[④] 在欧洲，法律诊所较为普遍。例如法国的卡昂大学开展的人权法律诊所[⑤]；艾克斯—马赛大学法学院的国际法和人权法律诊所[⑥]；德国的汉堡法学院开展的难民法律诊所[⑦]；柏林洪堡大学法学院的柏林难民

[①] *See* Schlossberg, Dina, An Examination of Transactional Law Clinics and Interdisciplinary Education, 11 *Washington University Journal of Law & Policy* 195(2003), pp.197—198.

[②] 法律诊所相继在迪肯大学（2003 年）、澳大利亚国立大学（2004 年）、邦德大学（2004 年）、麦考瑞大学（2004 年）、昆士兰大学和悉尼大学建立。

[③] 1994 年，拉筹伯大学与维多利亚法律援助中心建立了法律诊所伙伴关系，这是澳大利亚第一家未涉及社区法律中心的法律教育诊所。1995 年，昆士兰科技大学与昆士兰法律援助中心共同指定了实习项目。

[④] 参见赵向华：《日本临床法学教育及对我国的启示》，载《东北师大学报（社会科学版）》2015 年第 6 期，第 236 页。日本临床法学教育学会：《临床法学教育学会设立的目的》，https://www.jclea.jp/，最后访问时间 2022 年 6 月 28 日。

[⑤] 卡昂大学人权法律诊所，https://univ-droit.fr/clinique-juridique/43231-clinique-juridique-des-droits-fondamentaux-caen-cedex，最后访问日期 2022 年 6 月 28 日。

[⑥] 艾克斯—马赛大学法学院国际法和人权法律诊所，https://dice.univ-amu.fr/fr/dice/ceric/formation/cliniques-juridiques，最后访问日期 2022 年 6 月 28 日。

[⑦] 汉堡法学院难民法律诊所，https://www.jura.uni-hamburg.de/lehrprojekte/law-clinics/refugee-law-clinic.html，最后访问日期 2022 年 6 月 28 日。

法诊所①；爱尔兰柏林圣三一大学法律诊所教育模块②。

二、 诊所式法律教育在涉外法律人才培养中的应用

(一) 在涉外法律人才培养中开展诊所式教育的价值考量

考察各法学院校开展的涉外法律人才培养实践而言，普遍存在学生能力训练中缺乏实践性技能的问题。③ 学生涉外法律实践能力不足，主要因为知识与实践没有紧密的联系以及缺少涉外法律实践的训练。重理论、轻实践的教学模式在客观上制约了涉外法律人才的发展。④ 诊所式法律教育的目标直接定位于培养学生的法律实践能力，通过解决具体而实际的问题，锻炼学生的实践能力。即使在模拟诊所中，学生也需要扮演案件所需要的各类角色，在教师的指导下体验律师、仲裁员、法官等角色办理案件的实际过程，学会如何接待自己的当事人，如何运用法律和诉讼技巧，如何将理论和实际紧密结合在一起。学生在这种未经预设的场景下，检索与案件相关法律，形成对法律适用的动态认识。

基于此，以真实案件及亲身参与为主要方式的诊所式法律教育兴许能成为涉外法律人才培养的新模式及有益补充。虽然国际法各类模拟法庭已如火如荼地开展，仿照相关的国际法院、国际审判庭、国际仲裁法庭等场景组织和开展裁决活动。学生通过自主实践还原国际争议案件的真实处理过程，了解国际法理论知识如何应用于国际争议解决的实际情况，能够有

---

① 柏林洪堡大学法学院柏林难民法诊所，https://www.rewi.hu-berlin.de/de/lf/oe/hlc/，最后访问日期2022年6月28日。

② 爱尔兰柏林圣三一大学法律诊所教育模块，https://www.tcd.ie/law/events/clinical-legal-education.php，最后访问日期2022年6月28日。

③ 参见郭雳：《创新涉外卓越法治人才培养模式》，载《国家教育行政学院学报》2020年第12期。

④ 参见李建忠：《论高校涉外法律人才培养机制的完善》，载《浙江理工大学学报（社会科学版）》2017年第38期。

效提升检索专业材料的能力和实际研究能力，强化法律专业思维和文书写作能力，提高法律英语水平。[1] 但是，模拟法庭毕竟基于虚构的案例，并且在过程中缺乏与"当事人"的直接交流，与处理真实案件相比仍然具有差异。此外，模拟法庭主要提供了国际法"庭审"的训练，但涉外法律服务的范围远大于"庭审"，因而，诊所式法律教育通过开展各类涉外法律服务，能够在涉外法律人才培养方面对国际法模拟法庭形成有益补充。此外，由于缺乏相关实践，离真实的"涉外法律实务"较远，学生较难感受到涉外法律实务中的使命感及价值感。如前述，法律诊所教育最基本的目标就是服务社会和实践法律，相应地，法律诊所也将有助于培养具有国际视野，能够参与国际法律事务，维护国家利益，贡献于全球治理的涉外法律人才。正如塔尔西斯奥·加齐尼（Tarcisio Gazzini）所说，当今教授国际法的方式应运用新技术增强教学体验、提升学生的作用和参与度以及更好地与现实世界相联系，法律诊所是发展实用技能和在学术界和专业实践之间架设桥梁的强大工具。[2]

（二）诊所式法律教育应用于涉外法律人才培养的特殊性

与国内法的法律诊所相比，诊所式法律教育应用于涉外法律人才培养是否可行需要考虑其特殊性。从案件类型角度考虑，如前述，法律诊所的大量实践集中于法律援助案件，而涉外法律援助案件在现实生活中极为罕见。但是，如果从加强学生实务工作能力，让学生直接参与法律实践的价值目标来看，诊所式法律教育却可能在涉外法律人才培养中开拓一片新天

---

[1] 模拟法庭教学的引入在新中国法学教育教学发展史上并没有经历长时间的发展。20世纪90年代，模拟法庭主要是作为普法宣传的形式以及便于展示法庭程序的直观性展示的一种手段出现的。而进入21世纪后，模拟法庭教学作为法学高等教育的重要性辅助教学方式在各大高校逐渐展开。比较知名的有：杰赛普国际法模拟法庭竞赛、国际商事仲裁模拟法庭竞赛、红十字国际人道法模拟竞赛、世界贸易组织法模拟法庭竞赛、国际刑事法院模拟法庭竞赛、世界人权模拟法庭比赛等。参见王祥修：《涉外卓越法律人才培养与模拟法庭教学研究》，载《继续教育》2015年第2期。

[2] Tarcisio Gazzini, A Fresh Look at Teaching International Law——A Few Pedagogical Considerations in the Age of Communications, 29 *Leiden Journal of International Law* 971(2016), p.976.

地。其缘由在于涉外法律人才未来的职业方向，除了涉外律师外，还有政府间与非政府国际组织，各级政府外事部门等，涉外法律实务除了"庭审"业务外，很多是通过撰写研究报告、参与国际事务进行的，而对于这些事务而言，在校学生在学院教师的指导下，是有条件参与、完成并获得"客户"认可的。

从"人"的角度考虑，法律诊所应用于涉外法律人才培养在指导教师、参与学生及"客户"方面亦与国内法的法律诊所有所不同。在师资方面，需要指导教师本身参与各类涉外法律实务，而从事涉外法律实务的机会并不总那么多，需要各种主客观条件。因而，若要开展涉外法律诊所，首先需要为高校教师提供参与涉外法律实务的条件。在学生方面，涉外法律实务除了需要基本的理论基础和研究能力，还需要较强的语言能力、跨文化交流能力和国际视野。虽然法律诊所的设置本身是为了提升学生实务能力的，但没有一定的国际法理论基础和外语能力，是难以真正从事涉外法律实务工作的。因而，涉外法律诊所更适合于设置在研究生阶段，或对于那些在本科阶段设置国际法专业的法学类院校，可设置在大学三年级以上。在"客户"方面，其国籍不限于本国国民及法人，其性质也不仅限于争议或争端"当事人"，因而，开展涉外法律诊所需要所在机构有广泛及长期的国际交流，包括与政府间国际组织、非政府组织、驻外使领馆、驻外企事业单位、开展涉外业务的律所及海外律所等。

（三）诊所式法律教育在涉外法律人才培养中的实践

从当前实践来看，涉外法律诊所[①]不仅可能，并且已经取得了诸多成果。2005 年，加拿大蒙特利尔大学建立了捍卫人权国际诊所（Clinique internationale de défense des droits humains CIDDHU），与加拿大和世界各地的 30

---

① 所谓涉外法律诊所，是指一国大学法学院所开展的、由专门的师资指导的、由一定数量的学生参加的、结合真实发生的案件或事件、对其中的法律和事实问题进行"诊断"并开出应对"处方"的、具有涉外因素的法学实践教学活动。参见朱利江：《涉外法律诊所：一个可开拓的涉外法治人才培养方法》，载《国际法学刊》2022 年第 1 期。

多个非政府组织合作，支持侵犯人权行为的受害者。① 美国有数十所大学开展涉外法律诊所相关课程，主要聚焦于国际人权法领域，包括哈佛大学法学院、波士顿大学法学院、杜克大学法学院、乔治城大学法学院。② 欧洲亦有英国、荷兰、瑞士等国家的高校开展国际法诊所，例如英国的贝尔法斯特女王大学法学院于 1990 年建立了国际人权法诊所，荷兰的阿姆斯特丹大学法学院建立了阿姆斯特丹国际法诊所，瑞士日内瓦国际和发展研究院创立了贸易和投资法诊所、国际法诊所、国际组织法诊所、海洋法诊所、移民法权利诊所等。③

在开展方式上，涉外法律诊所并不仅限于像国内法律诊所一样接待当事人，出庭参与诉讼或仲裁等方式。例如，2011 年 3 月，美国雪城大学就有教授带领学生开展了"叙利亚追责项目"，指导学生运用国际法收集在叙利亚可能发生的罪行的证据材料，以供未来起诉追责。2016 年，该成果被提交到联合国大会，并于 2017 年通过了一项决议，设立了"国际公正独立机制"的调查追责机制。④ 此外，向国际组织等撰写相关报告等，也是涉外法律诊所的重要运行方式。例如，荷兰阿姆斯特丹大学国际法诊所的

---

① 参见加拿大蒙特利尔大学 CIDDHU，available at ⟨https://ciddhu.uqam.ca/fr/⟩ (last visited on 25 June 2022)。

② 例如，美国的哈佛大学法学院、波士顿大学法学院、杜克大学法学院、乔治城大学法学院等。可参见哈佛大学法学院法律诊所，https://hls.harvard.edu/dept/clinical/clinics/international-human-rights-clinic/，最后访问日期 2022 年 6 月 27 日；波士顿大学法学院法律诊所，https://www.bu.edu/law/current-students/jd-student-resources/experiential-learning/clinics/international-human-rights-clinic/，最后访问日期 2022 年 6 月 27 日；杜克大学法学院法律诊所，https://law.duke.edu/humanrightsclinic/，最后访问日期 2022 年 6 月 27 日；乔治城大学法学院国际妇女人权法律诊所，https://www.law.georgetown.edu/experiential-learning/clinics/our-clinics/international-womens-human-rights-clinic/，最后访问日期 2022 年 6 月 27 日。

③ 例如英国的贝尔法斯特女王大学法学院国际人权法诊所，荷兰阿姆斯特丹大学国际法诊所，瑞士日内瓦国际和发展研究院的国际法诊所。可参见英国贝尔法斯特女王大学法学院国际人权法诊所，https://www.qub.ac.uk/research-centres/human-rights-centre/，最后访问日期 2022 年 6 月 27 日；阿姆斯特丹大学国际法诊所，https://acil.uva.nl/ailc/about-ailc.html，最后访问日期 2022 年 6 月 27 日；瑞士日内瓦国际和发展研究院的国际法诊所，https://www.graduateinstitute.ch/academic-departments/international-law/law-clinics，最后访问日期 2022 年 6 月 27 日。

④ 朱利江、杨承甫：《论联大设立叙利亚"国际公正独立机制"的不法性》，载《武大国际法评论》2017 年第 5 期。

研究报告《通过建立个人申诉程序加大遵守国际人道法》和《国际国内实践中对平民受到伤害的金钱赔偿》针对国际人道法和国际刑法领域，并产生了较大影响。[1] 2007—2011 年间，美国埃默里大学国际人道主义法诊所与四个不同的律师事务所和一个非政府组织合作，代表关塔那摩监狱的被拘留者，撰写了多份报告，提交给国际红十字会等组织。[2] 美国加利福尼亚大学的国际法诊所与非政府组织合作，分析研究国际人道主义法的"直接参与敌对行动"的理论，学生和教师在冲突发生地区进行实地情况调查，并为非政府组织编写报告。[3]

此外，涉外法律诊所并非完全不能参与国际诉讼，欧美许多高校的国际法诊所会通过提交法庭之友意见的方式参与国际仲裁或国际案件，例如英国贝尔法斯特女王大学的国际人权法法律诊所曾向国际刑事法院提交刚果民主共和国公民卡汤加案的法庭之友意见；[4] 加拿大多伦多大学国际人权诊所联合有关的国际人权组织向塞拉利昂特别法院就该法院是否对征募儿童兵这项战争罪拥有管辖权提交法庭之友意见。[5] 美国加州大学伯克利分校国际人权法诊所联合主任兼联合法律顾问罗克珊娜·阿尔托尔茨（Roxanna Altholz）代表该诊所向美洲人权委员会审理的埃尔南德斯案案件提交了法庭之友意见。[6]

---

[1]　Jann K. Kleffner, Improving Compliance with International Humanitarian Law Through the Establishment of an Individual Complaints Procedure, 15 *Leiden Journal of International Law* 237 (2002), p.237.

[2][3]　Laurie R. Blank and David Kaye, Direct Participation: Law School Clinics and International Humanitarian Law, 96 *International Review of Red Cross* 943(2014), p.944.

[4]　The Prosecutor v. Germain Katanga, Decision on the Motion Filed by the Queen's University Belfast Human Rights Centre for Leave to Submit an Amicus Curiae Brief on the Definition of Crimes of Sexual Slavery, Trial Chamber II, No. ICC-01/04-01/07-2823-tENG7 April 201.

[5]　Amicus Curiae Brief of University of Toronto International Human Rights Clinic and International Human Rights Organizations, Special Court for Serra Leone, The Prosecutor v. Sam Hinga Norman, Case No. SCSL-2003-08-PT, 29 October 2003. 参见 SCSL-2003-08-PT 案件辩方第四项缺乏管辖权的动议：https://digital.sandiego.edu/cgi/viewcontent.cgi?article=1190&context=ilj，最后访问时间 2022 年 7 月 2 日。

[6]　参见 New testimony strengthens the case of Anastasio Hernandez Rojas, the first extrajudicial killing case brought before the IACHR against the United States, https://www.alliancesd.org/former_dhs_officials_reveal_details_about_border_agency_cover_up_in_new_filing_with_international_tribunal，最后访问时间 2022 年 7 月 2 日。

三、 诊所式法律教育对我国涉外法律人才培养的适应性分析

（一）我国涉外法律人才培养整体目标及方向

2011 年《教育部、中央政法委员会关于实施卓越法律人才教育培养计划的若干意见》中指出，要"培养一批具有国际视野、通晓国际规则，能够参与国际法律事务和维护国家利益的涉外法律人才"。[①] 2014 年，党的十八届四中全会明确提出要加强涉外法治建设，会议通过的《中共中央关于全面推进依法治国若干重大问题的决定》提出要"建设通晓国际法律规则、善于处理涉外法律事务的涉外法治人才队伍"。[②] 2018 年，《教育部、中央政法委关于坚持德法兼修，实施卓越法治人才教育培养计划 2.0 的意见》进一步提出，要"培养一批具有国际视野、通晓国际规则，能够参与国际法律事务、善于维护国家利益、勇于推动全球治理规则变革的高层次涉外法治人才"。[③] 习近平总书记在 2019 年 2 月 25 日中央全面依法治国委员会第二次会议中，提出要培养"涉外法治专业人才"。[④]

为实现以上目标，各高校开展了多种形式的涉外法律人才培养项目。获准设立"涉外法律人才培养基地"的法学院校纷纷推出了本科涉外法律人才"实验班"，并尝试着提出超越传统的目标体系。例如，中国政法大学设立了涉外法律人才培养模式实验班；对外经济贸易大学设立了涉外型

[①] 《教育部、中央政法委员会关于实施卓越法律人才教育培养计划的若干意见》，教高（2011）10 号。参见 http://www.moe.gov.cn/srcsite/A08/moe_739/s6550/201112/t20111223_168354.html，最后访问时间 2022 年 6 月 27 日。

[②] 参见京报：《中共中央关于全面推进依法治国若干重大问题的决定》，参见 https://www.bjnews.com.cn/news/2014/10/28/339131.html，最后访问时间 2022 年 6 月 27 日。

[③] 《教育部、中央政法委关于坚持德法兼修，实施卓越法治人才教育培养计划 2.0 的意见》，教高（2018）6 号。参见 http://www.moe.gov.cn/srcsite/A08/moe_739/s6550/201810/t20181017_351892.html，最后访问时间 2022 年 6 月 27 日。

[④] 参见新华社：《习近平主持召开中央全面依法治国委员会第二次会议并发表重要讲话》，参见 http://www.gov.cn/xinwen/2019-02/25/content_5368422.htm，最后访问时间 2022 年 6 月 27 日。

卓越经贸法律人才实验班；华东政法大学推出了沪港交流涉外卓越法律人才实验班以及涉外卓越国际金融法律人才实验班。[1]

在此基础上，诊所式法律教育以英语为主要实践语言，以国际法规则为基础，注重互动式的个案指导，为学生在学校接受法律实务训练提供机会，将进一步培养学生的国际视野以及涉外法律实务处理能力，同时又将成为一支特别的涉外法律服务队伍，实际服务及贡献于我国涉外法律事务。

（二）当前我国在法律诊所教育上的相关实践

我国的法律诊所教育是由美国的福特基金会赞助和发起的。[2] 1999 年 12 月 6 日，福特基金会主持在北京召开了关于法律诊所教育课程的研讨会。会后福特基金会向全国各高校发出了《关于参加福特基金会召开的拟

---

[1] 中国政法大学涉外法律人才培养模式实验班培养目标：懂法律、懂经济、懂外语的厚基础、宽口径、高素质、强能力的国际化应用型、复合型人才。参见中国政法大学涉外法律人才培养基地实验班课程设置方案。http://xxgk.cupl.edu.cn/_ _ local/0/C8/E5/2DF111A5358E4E5187C1CE412DD _ 0FA44AA8 _ 102400.doc?e＝.doc，最后访问时间 2022 年 7 月 2 日。

对外经济贸易大学设立了涉外型卓越经贸法律人才实验班培养目标：培养具有宽广的国际视野和强烈的民族自豪感，系统掌握法学专业理论知识，通晓国际经贸政策和国际商务知识，专业英语水平突出，能够胜任各类初级涉外经贸法律工作，创新精神和法律实践能力出众的国际化、复合型卓越人才。参见对外经济贸易大学 2021 级法学专业（涉外型卓越经贸法律人才实验班）选拔方案 http://law.uibe.edu.cn/docs/2021-08/5481966ca26f48dda70fc0a3497ca11a.pdf，最后访问时间 2022 年 7 月 2 日。

华东政法大学沪港交流涉外卓越法律人才实验班培养目标：培养在国内的各类外资机构及在境外机构中从事国际经济、国际贸易、国际金融、国际航运等方面法律事务的高素质专门人才。参见华东政法大学国际法学院涉外卓越法律人才培养实验班，https://gjf.ecupl.edu.cn/8584/list.htm，最后访问时间 2022 年 7 月 2 日。

华东政法大学涉外卓越国际金融法律人才实验班培养目标：培养拥有法律、金融财会、数理统计等复合型知识结构、具有娴熟的外语能力，高起点、国际化、应用型涉外金融法律人才。参见华东政法大学国际金融法律学院，https://zsb.ecupl.edu.cn/8949/list.htm，最后访问时间 2022 年 7 月 2 日。

[2] 改革开放以来，我国法学教育得到了较为快速的发展，从数量上看，1976 年我国仅有两所法律系，到 1999 年全国有 330 余所普通高等院校设置了法律院系或法律专业，然而数量的激增并不意味法学教育取得了成功。当时法学教育仍以传授系统和科学的知识为目的，忽视了培养学生的实践能力和社会的实际需求。社会的批评和学生的责难使越来越多从事法学教育的教师认识到了这种教育模式带来的弊端，我国法学教育界开始探索法学教育方法的改进，转向了美国法学教育的改革。参见陈建民：《从法学教育的目标审视诊所法律教育的地位和作用》，载《环球法律评论》2005 年第 3 期。

在中国法律院系中开展法律诊所教育课程会议的报告》。① 到 2000 年 1 月，北京大学、清华大学、中国人民大学、武汉大学、中南政法大学、华东政法大学、复旦大学 7 所高校向福特基金会提出立项申请，要求参加法律诊所项目。② 福特基金会确立了上述 7 所大学院校为首批接受法律诊所项目援助的院校。同年 9 月，上述 7 所大学同时开课，这也标志着福特基金会所资助的诊所法律教育模式正式在中国法律院校中开始进行。③

2002 年 7 月，经中国法学会批准，成立了"中国法学会法学教育研究会诊所法律教育专业委员会"，已有 200 多所院校成为中国法学教育研究会诊所法律教育专业委员会单位会员，并且开设了中国诊所法律教育网作为法律诊所教育的官方网站。中国诊所教育法律委员会每年举行一次诊所教育年会，讨论教学中遇到的问题及解决方案，交流教学技巧和方法，交流教学研究成果。诊所法律教育专业委员会定期进行教师培训，组织诊所教学观摩，对全国诊所项目进行年度总结。截至 2022 年 6 月，开设法律诊

---

① 曲相霏：《法学教育改革的有益尝试——借鉴诊所式法律教育模式》，载《山东大学学报（哲学社会科学版）》2001 年第 6 期。

② 甄贞主编：《诊所法律教育在中国》，法律出版社 2002 年版，第 29 页。

③ 2000 年，清华大学、北京大学、中国人民大学、中南财经大学、华东政法大学、西北政法大学、复旦大学法学院，在美国福特基金的大力支持下，首次开设法律诊所教学课程，是中国法律诊所教学的开端。北京大学法学院的法律诊所依托于 1995 年成立的北京大学妇女法律研究与服务中心，专门从事妇女权益问题的研究，并为妇女提供法律援助保障。北大法律诊所 2021 年秋季学期课程分为诉讼诊所、小创诊所、立法诊所三个方向。参见北京大学诊所式法律实验教学中心，http://www.legalclinic.pku.edu.cn，最后访问时间 2022 年 6 月 26 日。

中国人民大学法学院的诊所在初创时曾定位为：中国人民大学法学院刑事法律诊所，旨在培养既有法学理论知识又有法律实践能力的复合型高级法律人才。参见中国人民大学法律诊所，http://www.law.ruc.edu.cn/flzs/，最后访问时间 2022 年 6 月 26 日。

中南财经政法大学于 2005 年成立了法律援助与保护中心，主要通过向社会提供法律援助来培养和锻炼学生。参见中南财经政法大学法律实验教学中心，http://fxsyzx.zuel.edu.cn/fyjs/list.htm，最后访问时间 2022 年 6 月 26 日。

武汉大学依托武汉大学社会弱者权利保护中心，成立了以法律援助为主的法律诊所。在联合国环境规划署（UNEP）的资助，以及武汉大学及其法学院、社会各界的支持下，武汉大学环境法研究所于 2018 年 3 月正式启动环境法律诊所教育项目。参见武汉大学环境法研究所，http://www.riel.whu.edu.cn/list/146.html，最后访问时间 2022 年 6 月 26 日。

清华大学与北京市消费者协会共同成立了消费者权益保障的诊所。

华东政法大学依托 1997 年成立的华东政法学院法律援助中心，开设了以法律援助为特色的法律诊所。

所、注册成为中国法律诊所会员学校的高校高达 204 所。[①]

目前我国高校开展法律诊所，其授课方式、课程设置等，大多采纳了美国高校的课程安排，将其作为实践类课程开展，既有效仿美国高校的采用真实案件，也有通过模拟法庭、模拟会见当事人等开展课程的方式。此外，部分高校还会设置由律师等法律行业从业者作为主讲人的各类讲座，辅助课程进行，并进行一系列模拟谈判、模拟仲裁等活动，以提高学生的实务能力。

这些法律诊所有综合性的，涉及的领域主要是刑法、民法、行政法、劳动法等。[②] 也有法学院根据自己的特色，设立专门的法律诊所，甚至一些仅仅提供咨询服务的法律诊所。例如，中国政法大学开设有行政法律诊所、环境法律诊所、劳动法律诊所、知识产权法律诊所、少年越轨法律诊所和刑事法与刑事科学法律诊所等六种诊所，分别针对不同法律领域；[③] 武汉大学开设了环境法法律诊所；[④] 北京大学法学院妇女法律研究与服务

---

① 参见中国诊所法律教育网，http://www.cliniclaw.cn/hylm.asp，最后访问时间 2022 年 6 月 18 日。

② 华东政法大学法律援助中心突破了最初单一的坐堂接待咨询模式，建立起了一个覆盖法律咨询、诉讼指导、普法宣传的维权网络；服务对象也扩大到了"老年人、青少年、残疾人、妇女、下岗待业者等弱势群体的各个层面"；活动范围由校内扩展到了市总工会、市残联、市妇联、市老龄委等上海市有关组织。2013—2018 年，华政法援累计开展 240 余次大型普法活动，提供法律咨询 3 150 余次，开庭代理案件 129 个，服务人群数量累计达 75 000 余人次。参见上海市教育系统法律援助中心，https://www.ecupl.edu.cn/shsjyxtflyzzx/list.htm，最后访问时间 2022 年 7 月 1 日。

③ 参见中国政法大学实践教学中心，http://syjxzx.cupl.edu.cn/info/1130/1082.htm，最后访问时间 2022 年 6 月 26 日。

④ 武汉大学环境法法律诊所成立了武汉大学环境法律诊所咨询委员会；与北京自然之友公益基金会共同组建环境法治促进行动网络，并举办华中区域中心建设工作坊会议；确定诊所教学内容并开展第一期教学工作。教学内容由课堂教学和实践活动两部分构成。课堂教学由诊所教师负责，实践活动由诊所指导律师负责。课程内容包括带领学生研究环境案件和环境政策，进行实地调研，举办案例研讨会或模拟庭审，了解相关政府部门、环保 NGO、律所等机构的日常工作等。具体活动表现为：在诊所律师的指导下所有诊所学生参加了河南省固始县政府环境信息公开申请活动，诊所学生表现十分优异，向政府申请的环境信息基本全部获取；2018 年 8 月至 10 月，与自然之友合作展开 2018 年环境公益诉讼案件观察报告编写项目。诊所学生参与收集了法院和非政府组织关于环境公益诉讼案件的法律文件，对这些案件进行了分析并起草了初步报告；2018 年 9 月至 12 月，诊所律师指导诊所学生组建关于"绿色金融"案件的研讨小组，并与诊所学生分享真实的案件资料以及案件进展。其中，四名诊所学生参与了此案并撰写了详细的研究报告；2018 年 11 月 26 日至 28 日，诊所教师吴志良副教授、诊所指导律师虞维肖子和三名学生参加了湖北省襄阳县和河南省南阳县的实地考察，协助收集包括绿色金融案件在内的三起环境公益诉讼案件的证据。参见武汉大学环境法研究所，http://www.riel.whu.edu.cn/view/930.html，最后访问时间 2022 年 6 月 26 日。

中心成立于 1995 年 12 月，是中国第一家专门从事妇女法律援助及研究的公益性民间组织。①

　　法律诊所已然成为中国高校法律教学中的重要辅助，但其仍有许多问题亟待解决。首先，在师资方面，存在着诊所教学与职称晋升的矛盾问题，严重影响了从事诊所教学教师的工作积极性与教师队伍的稳定性。其次，在经费方面，法律诊所教育相较于传统教学模式需要的资金更多。②我国诊所法律教育的运行经费主要来源于三个方面：一是特定单位的资助；二是与诊所法律教育有关的项目经费；三是由法律诊所教师自筹。美国福特基金会对诊所法律教育项目的资金支持有很高要求和严格的审查程序，且近年来资金支持的力度和范围在逐渐减小。法律诊所相关教研教改项目数量极少，其申请具有一定难度，获得经费额度亦十分有限。自筹经费对诊所教师形成较大经济压力，导致教师教学积极性不高。再次，在课程设置上，我国法学院往往倾向于仅将"诊所法律教育"简单地设置为一门课程。多数高校的法律诊所课程以选修课的形式开展，通常是在大三下学期或者大四上半学期开设，并设置一定的报名条件对学生进行选拔。③教师和学生不会接受太多的真实案件代理，而主要以卷宗分析、分组讨论等模拟办案方式授课。这与法律诊所设立的初衷存在差异。最后，法律诊

① 中心以妇女这一特殊的弱势群体为服务对象，以提供法律援助为救济途径，致力于中国贫弱妇女的维权事业。1996—2006 年的十年来，中心共接待来电、来信、来访及电子邮件等各类法律咨询近 60 000 多件，涉及民事、刑事及行政等多方面的法律范围，内容包含婚姻家庭、人身权利、财产权利、劳动权益等多个领域。在案件办理上，中心共为全国的贫弱女性当事人免费代理案件 600 多件，办理各类重大典型有影响的案件和公益诉讼案件 100 多件。在公益诉讼的探索和推动上，中心将公益诉讼的重点放在职场性别歧视、职场性骚扰、家政女工的权益保护以及农村妇女土地权益保护等四个领域，办理了 30 多起典型案件，并采取多种策略和途径积极推动立法和政策的改革。参见公益律师网络（北京大学法学院妇女法律研究与服务中心发起成立），http://www.wrpil.org.cn/PageInfo/CN/ShowNews.aspx?CodeType＝Net，最后访问时间 2022 年 7 月 1 日。
② 参见刘加良、刘晓雯、张金玲：《法律诊所教育研究》，载《山东大学法律评论》2007 年第 1 期。它需要专用的办公设施和办公场所，以方便学生会见当事人和处理法律事务，还需要不少的经费来满足案件代理中的必要耗费，因为学生办案是没有独立经济来源的，而且由于服务对象大多属于贫困群体，无法从他们那里获得经济报酬。
③ 参见杨高峰：《法律诊所教育本土化过程中的问题与对策》，载《中国大学教学》2009 年第 2 期。

078

所在实施过程中，学生面临着尴尬的办案身份，根据我国现行法律法规，学生在法律援助中的身份一直没有专门的规定加以规范，这就导致当学生作为代理人时，其调查取证、刑事案件会见当事人、调阅案卷材料、出庭诉讼等都会遇到困难。

（三）我国在涉外法律人才培养中应用诊所式法律教育的现实基础

从当前实践来看，似乎还未看到诊所式法律教育在涉外法律人才培养中的应用。而根据以上分析，诊所式法律教育应用于我国涉外法律人才培养是具有一定的现实基础的。第一，诊所式法律教育符合我国涉外法律人才培养的整体目标及方向，是为培养"具有国际视野、通晓国际规则，能够参与国际法律事务、善于维护国家利益、勇于推动全球治理规则变革的高层次涉外法治人才"之所需，尤其是在拓宽国际视野、参与国际法律事务方面。第二，诊所式法律教育在我国的发展为其在涉外法律人才培养中的应用提供了重要经验。虽然诊所式法律教育应用于涉外法律人才培养具有一定的特殊性，但当前我国法律诊所的运行证明了法律诊所在我国法律教育中开展的可行性及有益性。其建设经验也将为涉外法律诊所的设立做好充分的准备。第三，涉外法律诊所在国外的相关实践证明了其开展的可能性。当前，国外在涉外法律诊所方面的实践，如前文提及的国际人道法诊所、提交法庭之友意见、向国际组织提交研究报告等，为我国涉外法律诊所的开展拓宽了思路，提供了可借鉴的模式。

当然，诊所式法律教育尚未应用于涉外法律人才的培养必然也存在一定的原因。上文中分析的法律诊所在我国的运行中存在的问题，如师资、经费、课程设置、学生身份等，对于其应用于涉外法律人才培养同样存在。此外，我国涉外法律实务的发展，包括对涉外法律人才培养的重视也是近十年开始日益加强的。对涉外法律人才培养方式的研究和探索，虽然在近些年蓬勃发展，但毕竟仍处于发展的早期，因而，各种培养方案和模式，包括本文探讨的诊所式法律教育，将来都可能共同作用于涉外法律人才的培养。从这一角度来看，诊所式法律教育在涉外法律人才培养中的应用也值得一试。同时，这也意味着涉外法律诊所的发展在很大程度上取决于我国涉外法律实务的发展。当我国涉外法律服务需求越来越多，例如，涉及我国的国际争端数量的增加，我国赴海外投资项目增加，我国参与国际事务的非政府组织的发展，相应地，涉外法律诊所就可能成为涉外法律服务队伍中的有益补充。当越来越多的高校教师参与到涉外法律实务中，并带领出一支支团队（由教师及在校学生组成），涉外法律诊所也就建立并发展起来了。

四、 诊所式法律教育在我国涉外法律人才培养中的应用建议： 从形式走向目的

从诊所式法律教育的发展史来看，其追求的目标价值一方面是加强学生实务能力，另一方面是贡献于社会公平正义的实现。让法学生在读期间就投身于法学事业中实现自我价值，树立职业理想与信念，同时，基于"诊所"切实提供的法律服务，这些法律诊所也成为国家法治建设的有生力量。从加强学生实务能力的角度来看，如何衔接理论教学与实务能力早已是法学教育所重点关注及拟突破的问题。各类模拟法庭的兴起，法律实习、法律援助项目的开展，以及部分院校开展的校内、校外双导师制等措施，都意在理论学习与实务工作之间搭建桥梁。诊所式法律教育的开展将进一步让学生在参与中学习。如本杰明·富兰克林所说："告诉我之后，我忘了；教授我之后，我记住了；让我参与其中，我学会了。"[①] 基于此，诊所式法律教育这种令学生直接参与真实法律实务的教育模式有着不可替代的作用。

考虑到涉外法律人才培养的特殊性，以及我国涉外法律人才培养的阶

---

① 作者译，原文为"Tell me and I forget, teach me and I remember, involve me and I learn"。

段和目标，诊所式法律教育在我国涉外法律人才培养中的应用可以从形式走向目的，即"取其义"，不拘泥于最传统的让学生直接参与真实案件全过程的模式，而重在发展搭建理论教学与法律实务之桥梁，让学生在读期间实际参与涉外法律实务工作，培养学生国际视野及投身于全球治理之理想与信念的诊所式法律教育。既然涉外法律诊所的发展受制于我国涉外法律实务的发展与需求，那么，当前我国正在加强涉外立法工作，构建涉外法律规范体系，以及在全球治理中发挥越来越重要的作用，为涉外法律诊所的开展提供了重要的时机。根据目前我国涉外法律实务所需，借鉴国外相关实践，我国涉外法律诊所可发展的空间至少包括如下三大板块。

第一，"内置式"涉外法律诊所，以现有各大法学院校中研究机构和智库为基础，开设如"一带一路"法律诊所、国际人权法诊所、国际环境法诊所、国际贸易法诊所、自由贸易区法律诊所、外国法查明诊所等。目前，各高校都建立了一系列研究所及智库机构，转化高校教师研究成果，应用于实践，服务于决策。教师在这些机构中实际参与投身于涉外法律实务，为法律诊所的开展提供了"师资"。这些研究机构中的研究人员本身又是高校教学人员，因而，也有条件开设相应的法律诊所课程。此外，这些研究成果主要是通过调研等科学研究方法提供决策咨询报告、外国法查明法律意见书等，其中涉及的法律检索、资料分析、报告撰写等工作是学生（主要指硕博士研究生）在教师指导下有能力完成的，学生有真实参与的可能。基于此，"内置式"涉外法律诊所可以在现有高校研究机构基础上发展。当然，这需要教师付出更大的时间、精力去开设涉外法律诊所课程，也需要高校乃至相关部门为高校教师提供更多参与涉外法律实务的平台与条件。

第二，"外置式"涉外法律诊所，主要基于高校与国际组织、跨国公司、涉外律师事务所、涉外仲裁机构等涉外法律实务部门的交流合作。"外置式"法律诊所能够直接获得参与涉外法律实务的机会。当前，高校与涉外法律实务部门的合作主要有联合组织专业实习，建立实习基地，采取校内校外双导师的模式。然而，如前文所述，法律实习相较于法律诊所而言，侧重点不同，学生更多起到辅助作用，而非处于主体地位。法律诊所更注重对学生的培养。但是，这些现有校内外合作已为"外置式"法律诊所的开展创造了条件。在现有合作基础上，在法律实习之外，开展法律诊所的合作是具有可行性的。当然，需重新考虑及设计具体合作方案以融入诊所式法律教育的理念和目标。

第三，"模拟"涉外法律诊所，基于现已蓬勃发展并已取得卓越成效的各类国际法模拟法庭，在高校中开设相关模拟涉外法律诊所课程，分析"重演"真实涉外或国际法律案件。国际法模拟法庭，以全英语运用国际法进行案例分析，通过竞赛方式，让学生在比赛中集中训练语言、文献检索、法律分析及法律适用等能力，提升实战技能和专业水平。以此为基础，以真实案例开展模拟涉外法律诊所课程，并邀请参与原案件审理的法官、仲裁员或律师作为评审，同样能让学生将所学应用于实践，并在模拟的过程中感受涉外案件审理情境，提升实战能力。由于大多数国际法案件涉及主权国家，案件信息透明度较高，因而，在这一方面模拟涉外法律诊所比国内法的模拟法律诊所更有"真实还原"的条件。

五、 结语

从"走出去"战略到共建"一带一路"倡议，再到构建人类命运共同体，我国始终在积极推动全球开放合作，不断提升我国的国际地位和国际影响力。相应地，我国对涉外法律人才的需求越来越紧迫。诊所式法律教育立足于我国涉外法律人才培养目标，创新转变传统人才培养模式，是培养涉外法律人才的有益尝试，有助于培养一批为我国对外开放战略服务的高水平涉外法律人才。

诊所式法律教育应用于我国涉外法律人才的培养具有现实基础，法律诊所在我国已然形成一定的规模，而涉外法律诊所在国外也已有充分的实践例证。此外，我国高校中现已广泛大量存在的研究机构及智库、法律实习项目以及国际法模拟法庭为涉外法律诊所的运行提供了必要的条件。随着我国涉外法律实务的发展，相信涉外法律诊所的实践将一方面贯通法学理论学习与实务能力训练，另一方面通过这些诊所提供的法庭之友意见、外国法查明法律意见书以及为国际组织与非政府组织提供的研究报告等，将实际服务及推动我国涉外法治事业的发展。

专题二
涉外法治人才能力培养与教学方式探讨

涉外法治人才的能力谱系：解构与展望

■ 洪世宏①

【摘要】本文首先以河北维尔康公司等四家中国主要维生素 C 生产企业在美国长达 16 年的反垄断诉讼经历为模型，展现涉外法治不同于涉外法律的具体事务和争议解决；进而通过解构中国经济实践是否与世界贸易组织的初衷背道而驰这一命题，本文呈现涉外法治人才的能力是以"概念再造"为核心的多维能力连续体。概念再造不是纸上谈兵，而是扎根于现实，敏感事实的分寸，审时度势，推动现实的改变。世上本无一成不变的局面，创建法律规则，因势利导实现符合中国利益和国际社会公平正义的治理目标是涉外法治人才的使命所在。

【关键词】涉外法治　国际礼让原则　概念再造　能力谱系　世界贸易组织

引言：两点方法论

提及涉外法治人才，我们展望想象的是几位特立独行的大侠，还是一

---

① 洪世宏，北京市隆安律师事务所上海分所跨境业务专业委员会主任，华东政法大学国际法学院校外导师。

支精英特种部队，抑或是不计数量的一类人？不同的理想形态意味着不同的能力和能力培养路径。姚明和梅汝璈固然是培养的，但主要是靠天赋和机缘。特种兵部队离不开严格训练，但"精英"顾名思义是极少数，特种部队一定只是在少数特殊情况下施展拳脚。相比而言，一类具有特定素质但不限定数量的人，不仅需要系统训练培养，而且对培养和生长环境有一定要求。这样一类人出现之后也会反过来影响其所在机构、行业、国家乃至国际环境。

我们对涉外法治人才的培养应该要有合理展望。我们也许不能准确地以大侠、精英特种部队和一类人群这个简单的三分法来给涉外法治人才划定坐标，但是有了参考维度，我们的思考就可以有边界、可辩论、可被现实证实或否证，从而避免空中楼阁式的自说自话。

如果培养涉外法治人才是一项公共事业，利益攸关者应该有最低期望：不要重蹈国家男子足球队的覆辙。这是一支具有制度安排的精英队伍，但投入无数资源多年迭代之后，到目前并没有完成其合理的任务目标。在此提起男足不是为了诟病，而是旨在在我们推进涉外法治人才培养这项事业的时候心存谦卑：不是集中力量高开高打就一定能办好大事，有时候夹缝里野生的更有生命力。

以上"展望"是本文的方法论之一，另一方法论是"解构"。一般而言，解构适用于经过较长历史沉淀的人类社会制度性实践，比如福柯对西方社会的权力/知识的解构。显然，中国的涉外法治人才没有久远历史，其能力特征并非需要知识考古学的发掘。但是，作为一类相对不常见的专业人士，中国涉外法治人才的能力从一开始展现其不单纯的特点。

一、 一个模型

我们不妨以一个实际案例来展示中国涉外法治人才的能力特点，其为什么需要解构才能显现，以及解构展现的并非孤立的个别的能力，而是一个能力谱系。

2005 年初，河北维尔康公司等四家中国主要维生素 C 生产企业在美国联邦法院成为被告。作为原告的美国企业是维生素 C 的用户，他们指控中国被告通过中国医药保健品进出口商会下属维他命分会组成垄断组织，对出口到美国的维他命 C "定价与定量"，违反了美国《谢尔曼法》第 1 条。2008 年，联邦地区法院初审判决中国企业赔偿近 1.5 亿美元。2016 年，该判决被美国联邦第二巡回上诉法院推翻。2018 年，美国最高法院认为第二巡回上诉法院适用法律不当，发回重审。2021 年 8 月，第二巡回法院适用最高法院表述的法律原则重审的结果依然是推翻地区法院的判决，至此，根据生效判决，中国出口企业免于赔偿责任，可谓赢了这场长达 16 年的诉讼。

在此案中，中国被告企业约定出口价格是几无争议的事实。司法斗争主要围绕一个法律事实问题，即中国被告企业约定出口价格的行为是否迫于当时的中国法律的要求。这个法律事实之所以至关重要，是因为根据美国反垄断法，如果企业是因为美国境外法律的强制而从事价格协定，则不构成反垄断法下的价格共谋，从而免于反垄断法下的处分。

中国商务部以 "法庭之友" 的身份正式向法庭提交材料，说明在中国走向市场经济的过渡阶段的确存在通过行业协会强制出口企业协商统一价格的法律制度。中国的法律是怎么规定的，是不是由作为中国中央政府主管商务的内阁级部门说了算？这是惊动美国最高法院的问题。[①]

美国最高法院认为第二巡回法院错在把涉案外国政府对其法律的表述和解读当作查明该国法律的决定性意见。最高法院判决给出的原则是："应慎重考虑外国政府提交的主张，但并非必须采纳外国政府给出的声明。"美国最高法院将维他命 C 案发回重审。第二巡回法院在重审中，适用了前述原则，做出了实质上和其之前的判断一致的判断，即中国法律在名义上要求维他命 C 企业协商统一出口价格，从而与美国反垄断法关于不

---

① Supreme Court Rules，Rule 10. Considerations Governing Review on Writ of Certiorari，https://www.law.cornell.edu/rules/supct/rule_10，visited on June 28, 2022.（美国最高法院并非必须聆讯就巡回上诉法院的判决提出的上诉，而是根据情况自由裁量。）

得共谋价格的规定构成"真实冲突"（"True Conflict"），基于"国际礼让"原则，原告的起诉被驳回。中国被告企业由此免于赔偿责任。

此案涉及中国的出口行业领军企业、国务院主管部门、全国性商会、就中国法律提供专家证词的法学教授、协调办案和组织证据的律师，经历了包括美国最高法院在内的三级联邦法院的公开审理，跨越中国"入世"前后以及美国小布什总统、奥巴马总统、特朗普总统和拜登总统的任期，适合作为展望和解构中国涉外法治人才能力谱系的一个模型。

首先，在为中国被告企业庆祝诉讼胜利的同时，我们应该认识到，美国原告企业虽然在此案败诉，但美国法治不仅没有失败，反而在其查明外国法的司法理论中通过此案有了新的发展。中国商务部代表中国政府破天荒首次作为主体以"法庭之友"的身份实质参与了美国民事诉讼，客观上参与了美国法治进程。此案历经 16 年，在此期间，中国出口突飞猛进，中国综合国力跨越式提升，而在本案最终裁决的时候中美关系跌至 30 年间的最低点。美国立法部门和行政部门对华公开持不友好态度，而美国联邦三级司法机关不受影响，独立办案，各司其职，最终做出对中国企业有利的判决，其结果和过程都对中国涉外法治的愿景不无启发。武汉大学法学院甘勇教授有专文介绍美国法院在此案中为查明中国法所做出的严谨、专业和不厌其烦之努力，[①] 在此不赘述。就本文关注的涉外法治人才的能力而言，我们可以对比中国司法部门在查明外国法问题上是否存在甘勇教授指出的相对消极和智力层面的怠惰。涉外法治不只是一支骁勇的"精英明法"之团队，[②] 为祖国奋战在天涯海角。涉外法治无法独立于国内法治。这也正是习近平总书记明确指出的：国内法治和涉外法治要统筹发展。

其次，维他命 C 案作为一个模型还生动揭示了解决涉外法律个案的能力和涉外法治人才的能力是不同的概念。诚然，我们难以想象不以个案处

---

① 参见甘勇：《维生素 C 反垄断案中的外国法查明问题及对中国的启示》，载《国际法研究》2019 年第 4 期。

② 参见张法连：《涉外法治专业人才培养需要厘清的几个问题》，载《新文科教育研究》2021 年第 4 期。

理能力作为基础和表现形式的涉外法治人才的能力，但是不正面阐释二者的区别容易把涉外法治人才的能力混同于解决个案的能力。在维他命 C 案里，表现在外的是解决涉外个案的能力，但表象之下该案不乏涉外法治人才的能力。

我们可以合理推定中国商务部并非为了保护几家出口企业的商业利益就"挺身而出"，以"法庭之友"的形式在美国参与诉讼。商务部应该看到中美经济贸易关系在法律层面存在系统的左右为难局面。一方面，如果中国企业任意打价格战，虽然表面上符合市场竞争的原则，但很可能由此导致低价产品大量出口美国，从而引发美国同类生产企业提起反倾销程序，最终妨碍中国出口。另一方面，如果为避免倾销或其他市场秩序混乱而管控价格，则会引发美国反垄断法项下的诉讼或调查。作为 WTO 的新成员，中国政府还要考虑遵守 WTO 的原则和规定。维他命 C 案把中国国际贸易领域的法治之难推到了聚光灯下。

我们还可以合理推定，为中国商务部提供法律顾问的中外法律专家一定是充分考虑到国际礼让原则在美国类似司法程序下的功用，否则难以想象商务部会挺身而出向美国法庭提交关于中国有关法律的说明。当时这样决策显然不是冲动之举，因为根据当时美国法律的专业分析，可以合理地期待中国商务部关于相关中国法律的正式说明有较大可能达到一锤定音的效果，即让法官做出被告企业是迫于中国法律要求才协议定价的结论。然而，恰恰是在外国政府对其国家法律的说明是否必然被美国法庭采用这个美国涉外法治的基础性问题上，维他命 C 案经历了多年的曲折，其结果是在个案层面挫败了美国原告的经济赔偿诉求，在法律层面澄清并发展了美国有关司法原则，但从中国涉外法治看来，中国政府今后再也不会轻易向美国法庭提交关于中国法律的说明了，因为根据美国最高法院在此案确定的原则，外国政府对其国家法律的说明并不必然被美国法庭采纳。在个案层面取得胜利的同时，涉外法治格局相应有了实质性变数。

2018 年美国最高法院就此案做出发回重审判决的时候，1.5 亿美元的

索赔相比中美的贸易体量（2018 年中国对美出口 5 395 亿美元）已经和
2005 年立案之初和 2008 年联邦地区法院判决赔偿的时候（2008 年中国对
美出口 2 523 亿美元）不可同日而语。中美之间的法治格局也发生了天翻
地覆的变化。案件初期，中国政府有理由期待美国会根据中国加入世贸组
织的协议不晚于 2016 年底即中国入世 15 周年之际承认中国的市场经济地
位。然而，到了 2018 年，不仅很明显美国不会做出这样的承认，而且世贸
组织的争端解决机制的上诉机构因为美国持续阻挠上诉大法官遴选即将停
摆。2021 年 8 月当美国第二巡回法院做出生效判决的时候，美国国会在另
外一个领域即中资企业在美国资本市场遵守有关审计规范这个争议点上的
新立法《外国公司问责法》已经进入实施阶段，特朗普政府完全无视世贸
组织法律规定发起的对华贸易战已经交棒给拜登政府，美国主管部门吊销
中国三大电信企业在美运营执照的工作正在积极推进中，孟晚舟女士尚未
获得人身自由。

二、 能力谱系之核心：概念再造能力

在维他命 C 这个涉外司法个案的 16 年审理周期内，有关适用法律是
相对稳定的，但局部稳定的法律所依存的涉外法治格局恰好经历百年未有
之巨变，好比迪士尼乐园的导游图是准确可用的，但园区地下的地壳板块
已经在错位移动。展望未来，涉外法治人才的任务不仅是在层出不穷的个
案中施展技巧、解决具体问题，更应该主动参与和推动涉外法治格局的演
化。涉外法治人才不只是 rainmaker[①]，而是改变生态系统的人。

改变生态系统的人才不会是一个人或一组人，而是一类人。他们的能
力不是单纯个别的，而是一个谱系上的连续体，各有不同侧重，但是互相
策应。这个能力谱系的核心能力是打破既有界线、构建并重组新单元的能
力。为行文方便，我们简称为"概念再造能力"。这种能力可以在诸如生

---

① 造雨者，喻指产生法律业务的人。

命科学、经济、法治等不同领域体现，甚至还可以超越这些司空见惯的领域划分，毕竟这些领域划分本身也是前人概念再造的成果。

中国改革开放的总设计师邓小平打破当时主流意识形态的条条框框，在深圳设立经济特区，用"一国两制"促成香港的和平回归，主张"贫穷不是社会主义"，推动社会主义市场经济这个创新概念，展现的就是在国家治理最高层面的概念再造能力。作为改革开放的受益者，我们今天可以切实感受到概念再造不是文字游戏，不是纸上谈兵，而是可以改天换地、创造财富的实践能力。

涉外法治人才的概念再造能力不是空中楼阁，而是扎根于法律实践须臾不可离的概念再造能力。美国的 Limited Liability Company（有限责任公司）既有公司有限责任的特点（不同于无限连带责任的普通合伙），又有合伙企业本身不作为所得税纳税主体的特点，这是典型的概念再造。美国的房利美和房地美，没有政府的股份，但有政府的背景和定制的特殊政策待遇，市场把它们视为联邦政府要兜底的企业，但法律上政府并没有这样的承诺。这两家所谓 Government Sponsored Enterprise（GSE，政府支持的企业）在美国的经济生活中发挥了独特的作用。中国的国资委既是行政监管部门，又是国有企业的出资人。传统意义上的"档案"在移动互联网时代成了"数据"。根据数据安全法，"以电子或任何其他方式对信息的记录就是数据"。"档"和"案"是农业时代存储信息的基本器具，而芯片时代信息以数据形态记录和传输，现实改变了，概念也需要改变。档案的安全是防火、防盗、防拍照，而数据的安全，可能在于滴滴出行这样的企业不宜在境外上市直接接受境外的审计。现实的改变不仅催生新概念，而且需要整套新概念体系。

美国国务卿布林肯在其2022年6月的中国政策讲演中明文指出："中国是唯一不仅具有重塑国际秩序的意图——其日益增强的经济、外交、军事和技术力量又使之具备这样做的能力的国家。"美国朝野一致的观点是，重塑当前国际秩序不言而喻就是倒行逆施。而古往今来不乏生动的例子显示：不言而喻的概念堡垒往往就是需要打破的羁绊或桎梏。不破不立，破旧是弥新的道路。

概念再造必须扎根于现实。中国史无前例的高速经济发展是世界无可回避的新现实。归根结底，涉外法治需要概念再造的能力是因为新的现实呼唤新的概念体系。冷战之后的国际经济秩序所依赖的概念体系几乎完全来自美国的高校、智库和政治家。中国的改革开放受益于这个秩序，但是今日中国的体量、治理机制和中国人民的勤奋与创新突破了这个秩序的出厂设置所预设的基本参数。

我们不妨以世贸组织为例，看看中国是如何突破世贸组织的出厂设置的。中国经济发展受益于世贸组织创造的国际贸易环境有目共睹，不做赘述。我们在此聚焦的是中国是否违背了世贸组织的初衷或基本精神。曾担任中国加入 WTO 谈判美方的主要代表的查伦·巴尔舍夫斯基（Charlene Barshefsky）表示："WTO 体制的设计初衷从来都不是为了约束与 WTO 背道而驰的经济体。"[①] 巴尔舍夫斯基指责的就是中国。她说："就中国这个个例而言，由政府主导的模式与市场完全不相容，与法治理念完全对立，无法提高透明度，也有悖于 WTO 的所有单项规则。"

巴尔舍夫斯基的寥寥数语不仅带有强烈的情绪，而且浓缩了一系列事实和价值判断。从她的出发点来看，其上述对中国的定性是不言而喻、毋庸置疑的。在几乎所有公开可见的领域，政府主导和成文政策和不成文的行政实践对法律法规的干预都是中国经济生活的常态。

一边是中国经济波澜壮阔的实践和十多亿人口生活水平显著提高的基本事实，另一边是关于自由贸易、政府、市场和法治的概念体系。两者的不相容，用巴尔舍夫斯基的话来说是背道而驰（"antithetical"）。但是，对于中国涉外法治的事业而言，两者的错位恰恰是概念再造的动力和机遇

---

① 参见 Yuka Hayashi：《美中摩擦令 WTO 上诉机构难以恢复运转》，https://cn.wsj.com/articles/%E7%BE%8E%E4%B8%AD%E6%91%A9%E6%93%A6%E4%BB%A4wto%E4%B8%8A%E8%AF%89%E6%9C%BA%E6%9E%84%E9%9A%BE%E4%BB%A5%E6%81%A2%E5%A4%8D%E8%BF%90%E8%BD%AC-11639369242?tesla＝y，2022 年 6 月 28 日访问。

所在。实践是检验真理的唯一标准。在实践面前，亚当·斯密、哈耶克、弗里德曼、里根总统的市场经济理论和经验都只是可以适时放下的梯子。巴尔舍夫斯基们把本来是梯子的经验之论当成了不可怀疑的原教旨供入神龛，只见树木，不见森林。

巴尔舍夫斯基们在指责中国政府主导或产业补贴措施的时候被真理在自己这边的优越感冲昏头脑，反而"低估"了中国政府的"补贴"之广泛之深入其实远远超过了世贸组织的管辖范围。中国政府的积极作为在自由贸易的理论框架之下被贴上"政府补贴"的标签，或者成为世贸组织单项规则下的具体争议，这些只是局部表象。中国政府在母婴保健、公共卫生、基础设施、义务教育、高等教育和研发领域的持续作为，不仅超出世贸组织的视野和使命，而且恰恰是一个发展中国家政府的分内责任。中国经验生动地说明，这份治理责任落实了，就会产生显著的溢出效应，体现在劳动生产效率和创新能力的提升，从而直接影响产业发展和出口产品竞争能力。如果说世界上没有哪个国家比中国更受益于世贸组织，那恰恰是因为中国政府和社会公众的努力不限于产品在自由贸易体制下的市场竞争，而是在产品成型之前的人才与劳动力端和基础设施端持续投入。如果说这也是政府补贴，那应该是我们可以自豪地分享给国际社会的经验和理论。

"政府补贴"和"政府尽责"是不同理论框架下的概念，它们所指代的现实不无重叠。巴尔舍夫斯基们只盯着单项协议下的禁止补贴，而无视政府面向未来的持续投入与有规划的发展对产品竞争力的积极和深远的影响。在世贸组织的有关单项规则之下，中国或许存在违规补贴，[①]但这些屈指可数的个案不能解释中国入世之后出口经济的惊人发展。逻辑很简单：很多接受过中国政府在信贷、财政拨款、市场准入政策等方面支持或补贴

---

① James Bacchus, Simon Lester & Huan Zhu, Disciplining China's Trade Practices at the WTO: How WTO Complaints Can Help Make China More Market-Oriented, https://www.cato.org/policy-analysis/disciplining-chinas-trade-practices-wto-how-wto-complaints-can-help-make-china-more#, visited on June 28, 2022.

的产业不仅没有成为国际竞争中的佼佼者，而且在中国国内都不能生存。政府的产业补贴从来不是中国经济发展背后的秘诀。

同样的分析适用于美国的经验。美国的铁路公司 Amtrak 和美国邮政（U.S. Postal Service）长期依赖政府补贴，毫无竞争力可言。美国倡导的市场经济和自由贸易格局其实从来没有走出美国政府的巨大身影。1994年，也就是 WTO 成立的前一年，新落成的美国丹佛市新机场是 1974 年以来美国建成的第一座大型机场，因此成了全国性新闻。[1] 20 年不修大型机场的美国，无论在 1994 年还是 2024 年依然是国际上民用航空最发达的市场。如果中国政府从 1994 年到 2024 年也这样从容不迫，就不可能有我们今日看到的中国基础设施。美国的基础设施成就是两次世界大战及近 50 年冷战背景下政府动员资源的产物。美国的基础科学领先地位离不开前述战争背景下政府的持续投入。互联网、谷歌的搜索引擎、核磁共振、人类基因组项目这些如今已经高度商业化的科技成就，都源于美国联邦政府基于国防和公共卫生目的而资助的基础研究。[2]

冷战结束之后，美国长期维持每年数千亿美元的国防预算，对外积极武力干预，但是对内在基础教育、基础研究、基础设施的投入持续减少。套用巴尔舍夫斯基的话，美国宪法无法约束坚持和自身长治久安背道而驰的美国政府。美国人民已经为这样的自由经济付出生命和健康的代价，国际社会也为之所累。美元作为国际通货的地位是第二次世界大战美国军事胜利的直接产物，也为战后国际经济恢复作出积极贡献。但是冷战结束之后，无论是尼克松政府未经国际磋商就突然打破布雷顿森林体系，还是

---

① United States General Accounting Office，New Denver Airport：Impact of the Delayed Baggage System，https://www.gao.gov/products/rced-95-35br，visited on June 28，2022.

② https://www.americanprogress.org/article/redesigning-federal-funding-research-development/ 恰恰因为联邦政府资助的基础科学研究成果通过私有部门商业化，美国 1980 年通过 Bayh-Dole 法案允许联邦政府在特定情况下强制私有部门的专利权人将源于政府资助研究的专利权授权给指定的第三方，如果专利权人不予配合，联邦政府有权自行落实给第三方的授权，即所谓"march in rights". Alexander Kersten & Gabrielle Athanasia，March-In Rights and U.S. Global Competitiveness，https://www.csis.org/analysis/march-rights-and-us-global-competitiveness，visited on June 28，2022.

2000 年以来频繁动用的量化宽松，不同形式的滥发美元作为美国经济危机之后的强心针，几乎到了成瘾不能自拔的地步。这样长期系统性的政府补贴是对美国后代和当前国际经济秩序都不负责任的懒政行为，但并不直接违背成文的国际规则，不仅无涉 WTO，甚至也不直接冒犯 IMF 章程，但是对美国人民和世界经济的伤害却是实实在在的。

以上分析始于中国是否遵守世贸组织规则的命题，告一段落于美国的政府不作为和成瘾的政府补贴行为。概念界限被模糊化，理论堡垒被动摇。但这些并非天马行空的任意罗织，而是紧扣社会经济现实的基本面。如果没有概念再造的努力，涉外法律下的合规行事和争议解决就与涉外法治混为一谈。涉外法律根据具体规则解决具体的事，涉外法治则在变动不居的现实中通过概念再造，划分界定出可说可做的"事"，产生相应的概念和语汇，塑造规则体系，形成价值观和世界观。

美国自奥巴马政府以来一直拒绝配合世贸组织争端解决上诉机制法官的遴选，已经导致该机制的停摆。针对这个具体的涉外法治的僵局，即便在外交和技术官僚层面达成某种和解方案，如果继续固守美国主流的市场、政府、自由贸易概念的窠臼，没有基于中国经验和美国教训的概念再造，世贸组织顶多是在呼吸机上勉强维持生命。

限于篇幅，本文只是以世贸组织为例展开分析。涉外法治的命题显然不限于国际贸易。在联合国改革、海洋权益、气候政策、国际货币、国际军备控制等不同领域，涉外法治都需要扎根于中国与国际社会现实的概念再造。

三、 概念再造能力的谱系特征

作为涉外法治人才能力的核心，概念再造能力的实际运用展现出谱系特征，即其并不孤立存在，而是和一系列相关的能力你中有我、我中有你，交融存在。

涉外法治人才培养机制的反思与创新

概念再造能力若要不流于"就会整新词"的空谈，就必须依赖对事实的敏感和敬畏。法学院的教学严重缺乏处理事实能力的系统培养。案例里的事实都是文字陈述的事实，已经被概念过滤了。法学院应推动学生直接拥抱生活。把美国 clinical legal education（临案法律教育）教育模式是以"临案"为比喻，突出临庭、临案、临当事人、临现实的法律实践的教育功能。重要的事实往往不会扑面而来，需要在林林总总的无关现象中被发现或提炼。无论是医疗事故的无数细节，还是企业并购或反倾销调查中的庞杂数据，在其中发现关键事实的过程难以通过书本或考卷里的案例模拟。

有生命力的概念再造一定是能够解决事实层面的冲突，推动或制止某种行为，所谓惊天地、泣鬼神。法学训练归根结底不是所谓的文科，而是以文字的力量预测或改变个体或集体的行为。法学和经济学都是行为科学。所谓"人情练达即文章"，就是在理想的行为境界和文字规范之间建立吻合，只是中国过去的文章主要是经史子集，法律的文章相对欠发达。国内个体或集体行为的改变除了依靠法治的力量，还有政策和文化的力量。相比之下，涉外法治就是在战争或其他非军事的胁迫措施之外，主要依靠概念和规则改变不利现状、维护有利现状，实现公平正义。

所谓敬畏事实就是要在乎概念造成的现实后果。以保护生命（Pro-life）为由限制妇女堕胎的权利，这是美国社会的重要概念。在 2022 年 6 月 24 日美国最高法院推翻著名的罗诉韦德案（*Roe vs. Wade*）的判决做出之前，大法官艾米·康尼·巴雷特（Amy Coney Barrett）曾在口头辩论阶段问及：因为依法不得堕胎而生下的孩子的女性为什么不可以把孩子交给弃婴收容站，而且依法不需要回答任何问题，从而避免为人母亲的负担?[1] 大法官巴雷特是罗诉韦德案在 49 年之后被推翻的决定性的 2 票之一。她必须要考虑概念导致的社会现实，但她是否真正充分考虑到了推翻罗诉韦德案的现实后

---

[1] Susan Matthews，While Hearing the Case that Could Overturn Roe, Amy Coney Barrett Suggests Adoption Could Obviate the Need for Abortion Anyway, https://slate.com/news-and-politics/2021/12/amy-coney-barrett-abortion-adoption-comments.html，visited on June 28，2022.

果，超出了本文的范围。

宗教概念、政治概念、法律概念、经济概念都具备改变现状的潜能，有的摧枯拉朽，有的带来生灵涂炭。韦伯认为政治家除了要有热情（passion），还应该敢于承担责任（a sense of responsibility），并且在拿捏现实的时候不乱方寸（a sense of proportion）。① 冷战之后美国的政府、高校和智库作为一个整体生动展现了这些品质的反面典型，即概念推陈出新，热情不乏，但是在局面顺利的时候得意忘形，妄称"历史的终结"，遇到灾难性的政策后果（无论是伊拉克战争、2008 年国际金融危机还是新冠肺炎疫情失控），缺乏对现实后果承担责任。即便是美国的诉讼制度，曾经通过开庭审理事实的争议（trial）保证法治是扎根于社会现实的，近几十年也呈现明显的脱离事实甄别的制度性倾向。② 这是中国的涉外法治再造概念、推动国际法治秩序改革过程中应该避免的局面。

概念再造总是有破有立。破的是原有的壁垒界线。法学院在培养专业人才的时候，要引导学生敢于超越门类科别界线，接近现实问题本身。现实浑然一体本无门类科目，区分门类科目只是作为掌握现实的一个手段。一个老师讲多个专业领域的课程应该是常态。学生打破常规界线做研究写论文应该得到鼓励。如果这些条条框框都缺乏打破的勇气，何谈涉外法治的破旧立新？本科不是法学背景的法律硕士不仅不应该被推定为法学基础不扎实，反而应该鼓励他们在法学和其他学科之间的穿梭嫁接。硕士和博士的论文应该超越一个边界明确的领域里既定问题的综述和总结，去发现和勾勒尚不被前人论及的问题。题目可以窄，但是论述所依赖的文献应该宽广，甚至跨学科。

涉外法治的概念再造固然离不开在研究、沟通、表达和传播场合的外语

---

① Max Weber，*The Vocation Lectures*，d. David Owen and Tracy B. Strong，trans. Rodney Livingstone，Indianapolis：Hackett Company，2004，p.77.

② Robert P. Burns. Is Our Legal Order Just Another Bureaucracy，*48 Loyola University Chicago Law Journal* 413(2016)；See also Owen M. Fiss，The Bureaucratization of the Judiciary，*92 The Yale Law Journal*，1442(1983) .

能力，但是强调外语能力的同时应该避免一个认识误区，即外语好、涉外法律经验丰富就一定胜任涉外法治事业。外语好、涉外法律经验丰富往往有助于形成和发展涉外法治人才的概念再造能力，但是很多外语好、涉外法律经验丰富的专业人士对涉外法治既无热情，也不一定善于涉外法治所需要的概念再造。正如前文提及的，涉外法治和国内法治需要统筹发展，在人才能力层面，涉外法治工作所需要的外语能力和对中国国情和历史文化的深刻理解也是相辅相成的。

四、 结语

涉外法治是以中国为出发点，以当前百年未有之大变局为背景的历史性愿景。没有人能提前保证此愿景一定实现，愿景的细节参数也难以事先设定。涉外法治不同于具体涉外法律下的事务或争议解决。涉外法治也不是所有涉外法律的简单汇合。归根结底，涉外法治是以法律的形式建立和表达符合中国利益和人类社会基本公平正义的国际治理秩序。这个秩序不会自然发生，只会来自包括但不限于中国涉外法治人才的人类社会能动性。涉外法治人才的能力是这一历史能动性的组成部分。在可培养的认知能力层面，这一历史能动性体现为概念再造能力。但是，概念再造不是纸上谈兵、"整新词"，而是紧密联系实际，敏感事实的分寸，敬畏现实的力量，用再造的概念把握现实的历史经纬，推动现实的变革。再造概念需要处理纷繁复杂事实的认知能量和敢于破旧立新的勇气，而这两方面都是可以在法学教育中培养的智力品质。

域外视角下的涉外仲裁人才培养

■ 李　晶①

【摘要】2022 年 5 月，司法部、教育部等机构共同印发通知，要建立起与国际通行仲裁制度相适应的涉外仲裁人才培养体系。而中国目前涉外仲裁人才短缺，既无学位教育，也未形成体系化培养，对此可借鉴域外国际仲裁和争议解决项目，由单一零散的课程设置向系统化和专业化转变；打造国际化的课程，增加全英文课程比例；多元化发展师资；丰富教学活动；打造国际仲裁中心，建立国际仲裁生态圈，助力涉外仲裁人才培养。

【关键词】涉外仲裁　系统化　复合课程　仲裁生态圈

当前党中央、国务院高度重视统筹推进国内法治与涉外法治，而培养具有全球视野、通晓国际规则、精通国际谈判技巧的涉外法治人才成为法学教育尤其是法学研究生教育的迫切任务。

2022 年 5 月，为深入贯彻习近平总书记关于加强涉外法治人才培养工作的重要指示精神，认真落实中共中央《法治中国建设规划（2020—2025 年）》和中央人才工作会议关于做好涉外仲裁人才培养的任务要求，司法

---

① 李晶，华东政法大学国际法学院副教授，硕士生导师。本文系 2022 年华东政法大学本科教学改革与发展研究项目"涉外法治人才培养的创新与实践"的阶段性成果。

涉外法治人才培养机制的反思与创新

部、教育部、科技部、国务院国资委、全国工商联、中国贸促会共同印发了《关于做好涉外仲裁人才培养项目实施工作的通知》（以下简称《通知》）。《通知》指出，要创新涉外仲裁人才培养机制，优化涉外仲裁人才培养路径，着力培养一批具有国际视野、通晓国际规则，能够在跨境法律服务市场提供专业服务的中国涉外仲裁人才，建立适应中国国际仲裁品牌和国际商事仲裁中心建设的专业人才培育、培训工作格局，为建设法治中国提供坚实人才支撑和智力支持。同时还规定，要统筹利用现有资源培育涉外仲裁人才，建立涉外仲裁人才培训基地、组建涉外仲裁高端人才库、开展涉外仲裁项目证书教育、实施法律硕士专业学位（国际仲裁）研究生培养项目，到 2025 年，建立起与国际通行仲裁制度相适应的涉外仲裁人才培养体系，打造一支坚定不移走中国特色社会主义法治道路的高素质专业化涉外仲裁人才队伍。

《通知》的出台，一方面反映了我国对涉外仲裁人才培养的急切需求，另一方面也源于我国涉外仲裁人才供求关系不平衡，国内人才短缺的现实。

1994 年《中华人民共和国仲裁法》颁布后，中国的商事仲裁事业迅猛发展。目前，国内有仲裁机构 270 家，每年处理案件超过 40 万件，涉案标的额超过 7 000 亿元，可谓是"仲裁大国"，但是离"仲裁强国"尚有差距。其中一块重要的"短板"，就是处理国际仲裁（涉外仲裁）案件能力的匮乏。以 2018—2020 年统计为例，全国仲裁案件总数约为 142 万件，涉外仲裁案件约 8 100 件，占比仅为 0.6%。纯粹的国际性商事纠纷几乎不会选择在中国境内仲裁解决，大量与中国相关的涉外仲裁案件也在境外审理并裁决。[1]

随着我国"一带一路"建设推进，国际商事活动增多，相关领域的争议随之增加。在跨国商事和投资仲裁争议中，当中国政府作为被申请人或

---

[1] 毛晓飞：《为公正高效解决国际经济纠纷提供"中国平台"》，《光明日报》2022 年 6 月 18 日。

者中国企业作为申请人时，需要政府部门或者法律服务机构来维护国家和企业的利益；对案件中的法律问题，需要高校和科研机构的学者出具相关法律意见或提供智库建议；在涉及国家利益的能源仲裁和公法仲裁中，需要政府部门联合实务界和学界共同应对处理；在国际体育仲裁纠纷中，需要熟悉体育仲裁流程和体育法的人才；而全国 50 余万名律师中，真正具备国际仲裁代理或仲裁员出庭丰富经验的（以 10 案件次为标准）不过 100人；能够参与代理、与境外律师合作管理境外仲裁案件的律师不足 1 000人，占全国律师的 0.2%。[①] 这反映了我国涉外仲裁人才培养中的问题，面对上述国际仲裁案件，实务界人才储备不足，很多案件只能聘请外国律师和外国仲裁员。

面对上述困境，本文将从域外国际仲裁和争议解决项目的设计入手，将其与中国涉外仲裁人才培养的现状相对比，以期对中国未来涉外仲裁人才培养有所裨益。

一、 域外国际仲裁和争议解决项目的他山之石

本部分选取了国际上较为知名的十个国际仲裁和争议解决法律硕士（LLM）项目[②]，分布于美国、英国、法国、德国、瑞典、瑞士、荷兰、新加坡等国，针对其项目优势、课程设置、师资情况、教学活动安排等方面进行比较分析。

（一）项目优势是其国际仲裁中心的地理优势和软环境

法国巴黎政治大学的"跨国仲裁与争议解决项目"，首先强调的是学校的软实力。成立于近 150 年前的法国巴黎政治大学是一所世界一流的大学，拥有国际公认的学位和研究成果、多元文化社区和全球合作伙伴

[①] 姜丽丽：《加快中国特色涉外仲裁人才培养步伐》，《法治日报》2021 年 8 月 31 日。

[②] 分别是美国纽约大学、哥伦比亚大学、伦敦国王学院、玛丽女王大学、法国巴黎政治大学、德国洪堡大学、瑞典斯德哥尔摩大学、瑞士日内瓦大学、荷兰莱顿大学、新加坡国立大学。

网络，学校在与国际经济法相关的事务中享有很高的声誉，尤其关注国际争端解决机制，并且由于国际商会国际仲裁法院设在巴黎，使其成为全球最具吸引力和最重要的国际仲裁场所，最重要的国际仲裁专业律师事务所和许多最著名的专家都在巴黎。

在伦敦国王学院的国际争端解决法律硕士（LLM）项目中，特别强调的是其位于伦敦法律中心位置；总部位于萨默塞特大厦东翼，距离皇家法院、四大律师学院和全球主要律师事务所办公室仅几分钟路程。

新加坡国立大学"国际仲裁与争议解决项目"（IADR）有位于新加坡的优势，新加坡是世界仲裁的首选地点之一，许多顶级仲裁员和学者经常汇聚在一起。

斯德哥尔摩国际仲裁法律硕士（LLM）项目位于斯德哥尔摩，该地以作为众多争议的仲裁地而闻名，也是最活跃和最受尊重的仲裁机构之一斯德哥尔摩商会仲裁院的所在地，因此是从事仲裁的天然场所，在这里可以对国际商事仲裁的理论和实践开展学术上的深入研究。

纽约大学的"国际商事规则、诉讼和仲裁"法律硕士（LLM）项目中，特别提及学生可以与纽约大学斯特恩商学院的教授和纽约律师事务所和公司的主要从业者一起上课。

日内瓦大学"国际争端解决"法律硕士（MIDS）项目则指出：日内瓦有200多个国际组织和联合国机构，如世贸组织、知识产权组织或贸发会议，以及许多领先的仲裁律师事务所。项目与专业界建立了重要的联系网络，该网络由从事教学的顶尖专业人士、MIDS校友、捐助者和从业人员组成，他们在职业活动、会议以及在访问日内瓦世贸组织上诉机构、海牙国际法院和常设仲裁院等国际争端解决机构期间会面；凡是项目的学生，无论是在日内瓦还是在国外，都可以享受访问该网络的特权。这既丰富了课堂经验，也为发展全球专业联系和友谊提供了机会。

上述项目的优势给我们的启示是：国际仲裁中心的所在地天然具有培养国际仲裁人才的优势，为研究仲裁的学生提供实习场所和实践经验，也能提供向业界大咖学习和交流的机会。同时，国际仲裁的人才培养又能为国际仲裁中心的建设源源不断地输送人才。学生毕业后形成仲裁员、律师、主审仲裁事务的法官等仲裁职业共同体，共同促进仲裁业发展和人才培养之间的良性互动。

（二）课程设置覆盖全面，层次合理

1. 法国巴黎政治大学法学院"跨国仲裁与争议解决项目"①

该项目的核心内容是研究各种形式的跨国仲裁，同时涵盖其他国际争端解决机制，包括司法和非司法争端解决手段，例如在国际法院、世界贸易组织（专家组和上诉机构）提起诉讼、人权诉讼（例如欧洲或美国框架）。此外，该项目还将深入了解国内法院的诉讼、调解和在线争议解决。除此以外，该项目不只专注于管理争端解决的"程序"工具，而是开设大量"实质性"讲座，讲授国际公法、国际合同法、国际私法、能源法、国际投资法和人权保护。这些"程序性"和"实质性"课程的结合使学生能在当今世界存在的各种法庭和法院面前采取行动。

法国巴黎政治大学法学院"跨国仲裁与争议解决项目"课程表

2021—2022 年度第一学期

课　程　名　称		学分	总学时
必修课 12 学分			
开幕演讲		4	4
跨国商事仲裁		4	24
国际诉讼中的国际公法问题		4	24
国际商事仲裁的基本问题	国际仲裁中的法律选择	4	24
	仲裁程序中的时刻		
	机构仲裁的优势和劣势，比较方法		

①　本文中涉及该项目的相关资料均参见 https://www.sciencespo.fr/ecole-de-droit/en/content/llm-transnational-arbitration-dispute-settlement.html, visited on 26th, June, 2022。

课 程 名 称	学分	总学时
必修讨论课（seminar）2 学分 6 学时		
国家间争端解决中的诉讼策略	2	6
选修课 12 学分		
海事法中的争议解决	2	12
法国仲裁法律与实践	2	12
调解	2	12
诉讼和仲裁中的国家豁免	2	12
WTO 法律与实践	4	12
研讨会（workshop）：至少 6 个选修学分		
起草仲裁条款	2	8
国际仲裁中滥用权利理论的案例研习	2	8
国际仲裁中的辩护	2	8
证据	2	8
仲裁与第三方	2	8
国际仲裁与犯罪	2	8

2021—2022 年度第二学期

课程名称	课程内容	学分	总学时
必修课（lecture）			
投资法与仲裁		4	24
国际和跨国诉讼		4	24
国际仲裁高级实习		4	24
必修讨论课（seminar）			
仲裁实践中的内部观点		4	\
争端解决中的跨国视角		4	\
ISDS 的改革？变化和机遇		4	\
选修课 16 学分			
比较程序工具		4	24

（续表）

课程名称	课程内容	学分	总学时
区域人权体系		4	24
欧盟冲突法		2	24
仲裁社会学和哲学		2	12
体育仲裁		2	12
投资仲裁裁决的执行		2	12
国际商事仲裁中的分歧和争议：比较法讨论		2	12
公司和并购纠纷仲裁		2	12
研讨会（workshop）：至少 6 个选修学分			
临时措施		2	8
国际仲裁中的证据事项		2	8
跨国诉讼中的证据搜集		2	8
能源仲裁		2	8
复杂合同仲裁		2	8
雷德芬表格导航：国际仲裁中的文件开示		2	8
证人和专家的交叉询问		2	8
证据		2	8
仲裁员的选择		2	8
ICSID		\	8
机构仲裁周——在 ICC 总部		\	15

2021—2022 年度第三学期课程

课程名称	学分	总学时
国际销售法和争议解决（必修课）	4	24
欧盟冲突法（选修课）	4	24
NYU 仲裁日		
硕士论文		
14 周实习		

2. 纽约大学的"国际商事规则、诉讼和仲裁"法律硕士（LLM）项目①

该项目包括证券监管、银行和金融服务、跨国诉讼、国际商业和外国投资仲裁、比较和国际反托拉斯监管、国际破产、贸易法、民事诉讼和商业等课程。具体如下：

必修课：国际商事交易（3 学分）

核心课程 A（10 学分）

复杂诉讼（4 学分）	国际投资法与仲裁（4 学分）
冲突法（4 学分）	投资仲裁条约（4 学分）
国际仲裁与 CISG（2 学分）	国际投资仲裁和商事仲裁中的口头辩护（2 学分）
国际商事仲裁（2 学分）	

核心课程 B——商事法律（选满 10 学分即可）

跨境破产与相关事项（2 学分）	国际贸易与投资法律政策（Seminar）（2 学分）
商法（3 学分）	美国民事诉讼简介（2 学分）
金融发展研讨课（2 学分）	法律与发展（2 学分）
国际贸易法（2 学分）	和解谈判（3 学分）
项目融资（Seminar）（2 学分）	主权金融、资本市场和全球规制的挑战（Seminar）（2 学分）

相关选修课

"特大"破产案例研究：对经济和相关产业的影响研讨会（2 学分）	国际法（3 学分）
反托拉斯法（4 学分）	公司治理法律与商业（3 学分）
反垄断法和经济学研讨会（2 学分）	公司交易法律与商业（3 学分）
合同（针对法学硕士学生）（4 学分）	律师的专业责任和监管（2 学分或 3 学分）
公司（或 5 学分）	公司背景下的专业责任（2 学分）
现代公司中的道德和法律挑战：法律和商业（3 学分）	证券监管调查（4 学分）
毕业律师 I（1 或 2 学分）	第三方诉讼投资：法律、政策和实践研讨会

---

① 本文中涉及该项目的相关资料均参见 https://www.law.nyu.edu/llmjsd/ibrla，2022 年 6 月 28 日访问。

3. 伦敦国王学院的国际争端解决法律硕士（LLM）项目①

该项目的学生在国际争端解决的专业领域有广泛的选择，包括国际商事仲裁和国际投资仲裁模块，由一些世界领先的大律师独家教授，课程包括人权法和诉讼、国际投资法以及政策、谈判、跨国诉讼与世界贸易法。具体课程列表如下：

可选模块课		写作课（必修）
国际争端解决导论（15学分）	全球气候变化法（15学分）	学位论文（45/60学分）
协商谈判（15学分）	跨国人权诉讼（15学分）	10 000字练习或研究模块（45学分）
国际投资仲裁（15学分）	跨国与国际刑法（15学分）	
国际商事仲裁（15学分）		

4. 玛丽女王学院的"比较和国际争议解决"项目课程表②

A22学期		B22学期		C22学期
跨国法律和治理	投资条约仲裁：基础、管辖权和程序	国际商法	国际施工合同和争议解决（2022—2023年未运行）	替代争议解决方案：一些问题
国际仲裁法与实践：理论与背景	国际投资法	实践中的跨国法与治理	国际仲裁法和惯例：法律适用和程序	国际仲裁中的伦理
国际商事诉讼	WTO法：基本原则	律师战略决策	国际商事诉讼	法律技术
网络空间：管辖权和争议解决	国际法院和法庭的比较法和实践	谈判理论与实践（2022—2023年未运行）	商事冲突法	公共事务辩护（2022—2023年未运行）
国际经济法诊所		替代性争端解决：理论与背景	投资条约仲裁：协议和实质性保护	商业纠纷中的辩护
		海事仲裁(2022—2023年未运行)	国际仲裁与能源	

---

① https://www.kcl.ac.uk/study/postgraduate/taught-courses/international-dispute-resolution-llm.aspx，visited on 26th，June，2022.

② https://www.qmul.ac.uk/postgraduate/taught/coursefinder/courses/comparative-and-international-dispute-resolution-llm/，visited on 26th，June，2022.

（续表）

A22 学期		B22 学期		C22 学期
国际经济法诊所		外国投资和公共政策	WTO 法律国内法规和贸易救济	
		艺术纠纷及其解决	和平解决国际争端（2022—2023 年不运行）	

5. 新加坡国立大学"国际仲裁与争议解决项目"（IADR）①

IADR 必修课程（共 11 门课程学分）包括：国际商事仲裁、国际争端解决以及国际仲裁和争端解决若干问题。IADR 专业的一些选修课程包括：国际仲裁法律与实践、国际商事仲裁的高级实务、中国和国际仲裁、国际仲裁中的比较证据、国际商事仲裁中的法律冲突、能源仲裁、新加坡国际仲裁中心（SIAC）仲裁、国际投资法与仲裁、投资者与国家间争端的调解/调解、谈判与调解、体育法与仲裁、亚洲争端的仲裁与策略—比较分析。该计划还提供选择精心策划的"超级强化"18 小时课程，在学期中休息时授课（9 月和 3 月），由客座学者提供。

6. 莱顿大学"国际争议解决和仲裁"项目②

核心课程	专业课程		论文（10 学分）
国际法原则与国际争端解决（10 学分）	谈判与调解（5 学分）	国际商事仲裁（5 学分）	
国际诉讼和仲裁程序（10 学分）	国际法院和法庭的诉讼程序（5 学分）	国际投资法与仲裁（5 学分）	
国际公法中的国际仲裁（5 学分）	国际贸易法（5 学分）		

① https://law1.nus.edu.sg/admissions/pdfs/LLM_IADR_AY2223.pdf，visited on 28th, June, 2022.

② https://www.universiteitleiden.nl/en/education/study-programmes/master/international-dispute-settlement-and-arbitration，visited on 26th，June，2022.

7. 洪堡大学"国际争议解决"项目①

必修课包括仲裁、国际私法、国际投资法与仲裁、替代性争议解决方法（ADR）和学术写作导论和硕士论文。选修课包括参加培养律师和仲裁员书面和口头技巧的 workshop 和实习。

冬季学期课表

课程名称	每周课时	学分
仲裁	4	8
国际私法	4	8
国际投资法与仲裁	4	8
特别领域的仲裁	4	8
学术写作导论	2	5

夏季学期课表

课程名称	每周课时	学分
ADR 方法	3	6
辩护律师和仲裁员的写作技巧	2	5
辩护律师和仲裁员的口头辩论技巧	2	5
实习 I	—	5
实习 II	—	5
硕士论文	—	15

8. 瑞士日内瓦大学"国际争端解决"法律硕士（MIDS）项目②

一般课程

课程名称	具体内容
第一　一般课程（General Course）国际争议解决的结构	什么样的情况会在国际舞台上引起争端？这些不同的争端是如何解决的？什么争议解决方案机制是否可用？本课程将侧重于投资和商业仲裁、国际法院和 WTO 争端解决程序以及某些其他当代争端解决机制。审查每个争端解决机构和程序的主要特点，重点放在可由个人提交的争议类型，以及其他相关的管辖问题。

① https://www.rewi.hu-berlin.de/en/sp/angebote/master/idr/about-the-idr-master-program/curriculum/overview-of-the-curriculum，visited on 26th，June，2022.

② http://www.cids.ch/mids，visited on 28th，June，2022.

（续表）

课程名称	具体内容
第二 一般课程 国际法律程序	本课程涵盖在第一门普通课程中审查的国际法律程序中产生的主要程序问题。由于不同争议解决过程中的程序提出了类似的问题（例如管辖权、临时措施、平等待遇、证据、执行），本课程将对这些方面进行审查，并进行比较和对比。
辅导课 （Tutorials）	辅导是导师与十名学生的每周互动。教程提供两个不同的目的。一方面，他们提供了一个重新访问及更详细探索和说明普通课程中涉及的关键概念。另一方面，在每节辅导课，学生都会提交一份研究论文，并与所有参与者讨论。

强化课程

课程名称	课程名称
1958 年《纽约公约》	中国的商事仲裁
国际商会仲裁	投资仲裁在行动
美国的仲裁	国家与投资者争议解决的改革
欧盟法与国际仲裁	国际商事仲裁中的合同法
海牙国际仲裁庭以及其对国际争议解决的贡献	国际商事仲裁中的法国法
国际商事仲裁中的仲裁协议	国际仲裁中的跨国腐败
WTO 争端解决	英国的国际商事仲裁
非洲的投资仲裁	

诊所培训课程（workshop 学术训练）

课程名称	课程名称
金融损失分析	法律写作和书面辩护
调解	国际仲裁中证人询问

研讨会课程（Seminar）

课程名称	课程名称
关于复杂仲裁	关于建筑仲裁
关于伊朗—美国索赔法庭	关于奥运会仲裁
关于解决能源争端	关于投资条约中的保护伞条款
关于仲裁的后期利益	关于未决程序
国际投资争端解决中心（ICSID）	常设仲裁院（PCA）
关于欧盟和加拿大以及美国之间的 ISDS	

从上述课程设置可见，域外国际仲裁法律硕士学位课程非常系统化，特别强调比较和国际视角。其具体体现为：

第一，课程内容覆盖全面。不仅教授各种形式的跨国仲裁，还包括其他国际争端解决机制，涉及司法和非司法争端解决手段，例如在国际法院、世界贸易组织（专家组和上诉机构）提起诉讼、人权诉讼（例如欧洲或美国框架）。此外，项目还在一定程度上涉及国内法院的诉讼、调解和在线争议解决。

第二，课程设置不只专注于管理争端解决的程序法，而且关注解决争议的实体法和冲突法，开设了国际公法、国际贸易法、国际合同法、能源法、国际投资法、人权保护和国际私法课程。

第三，课程兼具学术性和实务性。既有国际法和国际争议解决的一般理论讲授和学术论文写作，也有实务课程，比如国际仲裁中的口头辩论技巧和法律文书写作等。

第四，课程具备国际视角和比较视野，除国际商会仲裁院、海牙常设仲裁庭、WTO、ICSID 等国际机构的争端解决之外，还有很多课程涉及美国、英国、欧盟、非洲和中国的仲裁制度。

（三）师资雄厚，来源多样化

纽约大学的"国际商事规则、诉讼和仲裁"法律硕士（LLM）项目非常关注与各种社会和经济问题相结合，学生可以与该领域的从业者进行非正式会面，其中一些从业者受到法学院跨国诉讼、仲裁和商法中心的邀请，作为常驻学者参加课堂和活动，并在相关课程中担任评论员。学生、学者和从业人员也会在仲裁论坛上讨论最新话题。伦敦国王学院的国际争端解决法律硕士（LLM）项目大多数师资能将学术背景与领先律师事务所在法律领域的最新实践经验完美地结合在一起，专业课程由国王学院的资深学者和一些世界顶尖的实践者来教授。

新加坡国立大学"国际仲裁与争议解决项目"（IADR）在 2020—2021

学年中，强化课程就邀请了加里·伯恩（Gary Born）、阿尔伯特·范·登博格（Albert Jan van der berg）、贝尔纳·阿诺斯欧（Bernard Hanotiau）和加布里埃尔·考夫曼·科勒（Gabrielle Kaufmann-Kohler）①等知名教授来讲授。欧洲的很多项目也邀请了乔治·A. 伯曼（George A. Bermann)②、威廉·W. 帕克（William W. Park)③、露西·里德（Lucy Reed)④、加布里埃尔·考夫曼·科勒（Gabrielle KAUFMANN-KOHLER）等知名教授兼仲裁员授课。

法国巴黎政治大学的项目主任迭戈·P. 费尔南德斯·阿罗约（Diego P. Fernández Arroyo）教授是海牙国际法学院理事会成员、国际比较法学院秘书长和美国国际私法协会前主席。他作为独立仲裁员和专家积极参与国际仲裁实践。日内瓦大学"国际争端解决"法律硕士（LLM）项目在介绍某个国际仲裁机构时，通常会邀请该机构的秘书长或副秘书长来授课。有的授课老师本身就是联合国的专家，参与过国际投资谈判，在国际法院和法庭担任过律师，比如日内瓦大学法学院马肯·摩西·姆本格（Makane Moïse Mbengue）教授。有的来自知名律师公会，有丰富的仲裁员经验。比如拉迪凯提（Radicati）教授是仲裁和诉讼精品律所阿布里特（Arbit）的创始合伙人，曾就职于伦敦方登大律师事务所（Fountain Court Chambers），参与过多起临时仲裁和 ICSID 投资者国家案件。

---

① Gabrielle KAUFMANN-KOHLER 是国际商事仲裁理事会（ICCA）前任主席，现任名誉主席。她从事国际商业、投资和体育仲裁，并在 220 多个国际仲裁中担任仲裁员。她同时也是日内瓦大学法学院名誉教授和日内瓦国际争端解决法学硕士（MIDS）的创始人、前主任和现任教员。

② George A. Bermann 是哥伦比亚大学法学院教授，现为 Walter Gellhorn 法学教授、"让·莫奈"欧盟法教授，哥伦比亚大学法学院国际商事与投资仲裁中心主任，国际商会（ICC）国际仲裁院理事会创始成员；国际商会国际仲裁院常委会委员，纽约国际仲裁中心（NYIAC）全球顾问委员会主席；曾任美国仲裁协会（AAA）主任。

③ William W. Park 是美国波士顿大学法学院教授，曾任伦敦国际仲裁院院长和《国际仲裁》总编辑。他是国际商事仲裁理事会管理委员会成员、瑞士仲裁协会理事会（Vorstand）和美国仲裁协会理事会的成员。

④ Lucy Reed 是 2020—2022 年届国际商事仲裁协会（ICCA）管理委员会主席，也是新加坡国际仲裁中心副院长、美国外交关系委员会和纽约仲裁俱乐部成员。她之前曾担任美国国际法学会会长、国际商会仲裁院副院长等。

由此可见，这些项目的师资非常雄厚，除本校的教师外，大部分外聘专家均来自国际仲裁机构和实务界，有着丰富的实务经验。

（四）教学活动多样化

在法国巴黎政治大学法学院"跨国仲裁与争议解决项目"中，除了为学生提供一系列小组课程（强化必修课和选修课）外，还在律师事务所和国际商会国际仲裁法院举办讲习班（关于实践技能），举办会议、实习和鼓励学生参加国际模拟赛。法国巴黎政治大学的团队已经组织了15年自己的国际模拟赛，并在世界各地的国际模拟赛中表现出色。项目给学生提供了一个融入跨国仲裁网络的独特机会。

在伦敦国王学院，法学硕士课程的教学通过讲座和研讨会相结合的方式进行。在学生人数较少的模块中，通常每周有两个小时的研讨会式教学。在较大的课程中（即注册学生超过40人），通常会有两个小时的讲座和一些额外的研讨会。除了正式的教学活动如讲座和辅导外，还有评估和独立研究。此外，学生还可以参与国王学院组织的国际争端解决论坛，且每年有一名国王学院的毕业生有机会以国王学院论坛研究员的身份，担任常设仲裁院（PCA）的助理法律顾问一年。

在哥伦比亚大学，国际商业和投资仲裁中心会主办演讲和网络活动，并出版《美国国际仲裁评论》，这是美国唯一的此类出版物。由学生管理的哥伦比亚国际仲裁协会会组织一年一度的"哥伦比亚仲裁日"会议，汇聚诸多仲裁从业人员。

莱顿大学的课外活动，包括对国际法院和常设仲裁法院等国际机构进行访问和短期研学，参加格罗修斯国际法律研究中心举办的讲座和会议，如每年一度的杜加德讲座和范·沃伦霍温讲座等。

德国洪堡大学除了传统教学外，还有成为Vis-moot仲裁赛事柏林国内预赛的仲裁员以及参与讲座、研讨会、参观、实习等一系列的活动。

斯德哥尔摩大学法律系的国际商事仲裁法律硕士（LLM）项目采用多种

教学形式，强调学生参与学习过程，并为学生提供在模拟仲裁练习中应用理论的机会。通过参观会议和仲裁机构，以及通过非常成功的模拟团队等额外活动，学习在课堂外继续进行。在整个项目过程中，学生们磨炼了他们在演讲、研究和写作方面的技能，需要完成一个完整的模拟仲裁和一篇硕士论文。模拟仲裁遵循提交请求、提交文件、收集证据、采访证人、举行听证会和发布最终裁决的流程，学生参加广泛的模拟仲裁，包括撰写摘要、举行听证会、进行质证以及撰写仲裁裁决，有机会将理论付诸实践。而在论文写作中，学生对国际商事仲裁进行深入研究，并参加该领域国际公认的主要从业者、学者和仲裁员的讲座。与会者在国际和当地律师事务所参加研讨会，参加国际仲裁会议，并参观世界著名的斯德哥尔摩商会仲裁院（SCC）。

日内瓦"国际争端解决"项目（MIDS）的学生需要参加 MIDS 学术务虚会（Academic Retreat）以及专题研讨会、小型研讨会和讲座（Workshops，Seminars and Lectures）。学生还可能参加两次国际争端解决会议，一次在瑞士，一次在国外，同时在巴黎和海牙考察访问，撰写两篇研究论文和一篇硕士论文。

（五）对学生入学资质有要求

比如法国巴黎政治大学"跨国仲裁与争议解决项目"的候选人必须拥有法律学位（硕士、法学博士、法学学士或同等学历）和拥有一定的职业经验（含实习）。GPA 不低于 85/100 或 3.5/4。英语要求托福 100 或雅思 7 分（小分不低于 6 分）。斯德哥尔摩大学的国际商事仲裁项目要求本科（或同等学历）为法律专业且英文流利。日内瓦大学的"国际争端解决"项目要求候选人必须拥有法律学位（法学博士、法学学士或同等学历），英语要求托福 100 分或雅思 7 分或两年的英文工作经验。

二、 我国涉外仲裁人才培养中的问题

与域外国际仲裁和争议解决法律硕士（LLM）项目相比，我国目前的

涉外仲裁人才培养存在若干差距，下文将主要从涉外仲裁课程设置的视角进行分析。

（一）涉外仲裁人才缺乏系统化培养

目前，我国并未有任何涉外仲裁的学位教育。清华大学法学院虽然早在 2012 年就开办了国际仲裁与争端解决（IADS）全英文项目，但前提是参加项目学习的学生需完成各自学位教育所要求的学分和培养环节，再加修 8 门全英文国际仲裁与争端解决专业课程（课程学分将计入学生个人选修学分）。学生完成项目之后，获得由法学院颁发的"清华大学法学院国际仲裁与争端解决项目证书"，并非专门学位。2022 年，西南政法大学研究生院在官网发布了法律硕士（涉外仲裁实务方向）简介，但没有具体的课程设置。① 因此，从国际仲裁的研究生学位教育和培养的系统化角度来看，国内涉外仲裁法律硕士培养仍位于起步阶段。

可喜的变化是，近几年来随着国际仲裁的发展，仲裁机构以公开课或者系列讲座形式推进国际仲裁的教学和培训，与相关高校共同开设的国际商事仲裁课程发展迅速。比如自 2018 年以来，北京仲裁委员会/北京国际仲裁中心（以下简称北仲）联合部分国内法学院校，陆续开设了以杨良宜先生的系列著作为教材的国际商事仲裁理论与实务课程。2020 年以来还推出了"北仲有约"系列直播课程。2020 年以来，香港国际仲裁中心在涉外仲裁人才培养方面做出了积极的探索与实践。2022 年中国"法律硕士专业学位"（国际仲裁）项目出台之前，香港国际仲裁中心已经与上海财经大学法学院、武汉大学法学院、复旦大学法学院、上海政法学院、西北政法大学等联合开设国际商事仲裁公开课，同时也和各地律协联合举办仲裁员培训（包括仲裁文书起草、仲裁程序等方面）。2021 年新冠肺炎疫情以来，贸仲香港在线上开设了仲裁公开课，2022 年贸仲举办了"贸仲直播间——

---

① 《法律硕士（涉外仲裁实务方向）简介》，参见 https://yjsy.swupl.edu.cn/pub/yjsb/pygl/fspyfx/45dfd2fa9ae14a42a550b6d7d7456ecb.html，2022 年 6 月 27 日访问。

解读国际仲裁"系列讲座，贸仲湖北分会举办了"仲裁走进校园"系列讲座。2022 年，上海仲裁委员会联合华东政法大学国际法学院、上海政法学院国际法学院、国际商会国际仲裁院等单位，开设了上海国际仲裁学院公开课。这些公开课和系列讲座对听众免费开放，让大量的在校学生和实务界人士能够加深对国际仲裁的了解。

尽管这些系列讲座或者公开课已颇显成效，但基于其时间安排和主题限制，仍不能弥补高校内部体系化课程缺失的问题，涉外仲裁课程的全面性、精细化和系统化有待提升。从提供跨境法律服务和建立国际商事仲裁中心等培养目标来看，目前涉外仲裁人才培养体系尚未与国家战略充分对接，培养方案和课程设置均未完全到位。为推动"一带一路"建设和参与国际治理规则制定，培养未来能够参与国际仲裁和争端解决业务的实务人才，高校涉外仲裁人才的培养体系有待完善。

（二）我国的涉外仲裁的课程设置呈单一化状态，课程地位不高

从课程的开设阶段来看，虽然我国涉外仲裁课程覆盖了本科和研究生（硕博）阶段，但整体上呈单一化状态，课程地位不高，主要体现为：

第一，从课程的内容来看，基本都是单一的商事仲裁课程，未能开设诸如投资仲裁、体育仲裁、能源仲裁和公法仲裁等更为细化的相关课程。

第二，高校的涉外仲裁课程主要围绕仲裁程序法，没有构建以仲裁为主，其他争议解决和实体法课程为辅的体系化课程安排。

第三，课程在法学院课程中的地位不高。虽然从开设的课程类别来看，有作为一般法学院的选修课、必修课（主要是国际法学院）以及针对全校的公选课等，但仍以选修课为主。这是因为国际法律和涉外法律的重要性未得到足够重视，如国际法、国际私法、国际经济法三门课程原先均列为所有法学专业学生需修读的专业核心课程，但近年法学专业核心课程调整后，仅有国际法被保留，其他两门则由学校自主决定是否纳入其学生

的必修课程，仲裁更是位于边缘状态的选修课程。

（三）在涉外仲裁的教学中，欠缺英美法训练

在目前的国际仲裁中，程序上仍以英美国家的程序制度为主流，比如采用大量的证据开示制度，使用雷德芬表格，展开交叉询问等。在国际体育仲裁院（CAS）审理的孙杨案庭审过程中，可以看出中国的当事人、证人和律师对于这套仲裁程序并不熟悉。

培养涉外法治人才，应该着重填补英美法系的知识空白。英美法不仅被广泛应用于美、英及加拿大等英联邦国家及中国香港地区，同时也是国际法院司法诉讼、国际仲裁程序和国际贸易投资规则的基础之一。涉外法治需要引入英美法的课程，例如普通法（合同、财产、侵权）、民事程序法、法律研究与写作；涉及涉外经贸法律制度的课程，例如国际贸易法、国际税法、知识产权法、国际商事交易法、商业组织法等。[①] 中国法学教育在本土化的基础上，应该迎来更加开放和多元的时代。

（四）全英文和双语课程的比例太少

目前涉外仲裁的授课语言虽然有中文、双语和全英文之分，但双语和全英文课程的比例不高。很多法学院都受制于资源约束，涉外教学较为零散，随机性强，且外文课程与整体教学计划融合度不高，导致学生涉外法律基础不扎实。

涉外法治人才应当熟悉外国文化和外国人的思维。在学生的培养过程中，既要"引进来"，又要"送出去"。除了邀请国内外研究国别法或者国际法的专家、从事涉外法律实务的专家提供指导外，还要让学生具有沉浸在外国文化环境的经历，熟悉外国人的思维方式。在学生攻读硕博学位期间，学校要聘请外国教授授课，外国教授课程数应达专业课程总数的三分

---

① 参见于铭：《立足中外合作办学　探索涉外法治人才培养新模式》，《法治日报》2022年5月13日。

之一以上。保证至少一半以上的课程用外语授课。要让学生有一至两年出国学习的机会，参加国外法律课程的学习。要划拨专项经费，有计划、有组织地持续支持高校学生到国际组织实习实践。[①]

（五）课程的实务性还需加强

现有涉外法治人才培养整体仍侧重于法学知识的讲授，学生实务操作方面的积累不足。在此情形下，目前涉外仲裁人才的培养仍以传统的课堂讲授为主，虽然高校设有模拟仲裁庭、法律诊所、模拟谈判等，但受条件所限，尚未大规模普及。

从域外国际仲裁项目的经验来看，要增加涉外仲裁课程的实务性，主要靠两条途径：第一是引入富有实务经验的专家授课。聘请国内的知名仲裁员或者律师授课较为简单可行，但如果需要邀请诸如国际商会（ICC）、世界贸易组织（WTO）、国际商事仲裁委员会（ICCA）等国际机构负责人或者富有实务经验的外国专家授课，还面临诸多困难。一则聘请外教涉及诸多外事手续，开设课程手续较为烦琐；二则高校现有财务制度严格，对经费使用的限制较多，无论是聘请优秀国际学者短期授课，还是学生参与国际赛事及聘请专职外籍教师辅导，具体列支报销往往遇到困难。[②] 第二是增加学生的实习机会，打造实习基地。这需要加强与国内仲裁机构和律所的联系，打造多个涉外仲裁实习基地。而海外实习基地的设立更加艰难，如何拓展重要国际组织和机构的实习机会，仍有赖于相关部门的努力和协调。

三、 对中国涉外仲裁人才培养的建议

习近平总书记指出："参与全球治理需要一大批熟悉党和国家方针政

---

① 马怀德：《加快培养涉外法治人才是法学教育的使命担当》，《北京教育》2022 年第 2 期。

② 郭雳：《创新涉外卓越法治人才培养模式》，《国家教育行政学院学报》2020 年第 12 期。

策、了解我国国情、具有全球视野、熟练运用外语、通晓国际规则、精通国际谈判的专业人才。"对应该目标，除了在宏观层面的整体布局和制度设计，这里主要从微观层面的课程设置、教学师资以及教学活动安排方面，对涉外仲裁人才培养提出以下建议：

（一）由单一零散的课程设置向系统化和专业化转变

针对目前高校商事仲裁课程单一零散化的特点，开设诸如投资仲裁、体育仲裁、能源仲裁、公法仲裁、仲裁文化等更为细化的专业化课程。同时，构建以仲裁法为主，其他争议解决课程（调解、ADR、诉讼等）、实体法课程（国际商法、国际贸易法、国际投资法、欧盟法、WTO 法等）、冲突法（国际私法）课程和实务类课程（谈判技巧、律师策略、口头辩论等）为辅的体系化课程。

此外，还需加强法学学科与其他学科的有机融合，例如政治学、管理学和经济学等，以期拓宽学生的知识面，使其了解多学科多领域的知识，具备参与全球治理的宽厚知识背景。

（二）打造国际化的课程，增加全英文讲授课程的比例

打造国际化课程，在课程设计上，一方面需要构建全英文的中国涉外仲裁课程，将中国的仲裁实践和发展介绍给外国，讲好中国故事；另一方面，还应加强国际化的师资队伍建设，增加境外教师直接授课的比例。

在这两个方面，华东政法大学都做出了有益的尝试。首先，华东政法大学自 2015 年以来，已经建设了两门涉及国际仲裁和争议解决的上海市外国留学生全英文示范课程，授课对象是外国来华留学生。其次，华东政法大学有引智项目，每年资助 5—6 名外国专家来华东政法大学讲授一门课程，其中就包括美国教授讲授的调解谈判课程。在华东政法大学与新加坡国立大学的合作项目中，也有外籍教授讲授的国际商事仲裁课程。这些课程的引进，能拓宽学生的国际视野，培养其在全球化环境下理解运用法律

的能力。

打造国际化课程，还需拓宽对外交流渠道。正如 2018 年《教育部　中央政法委关于坚持德法兼修实施卓越法治人才教育培养计划 2.0 的意见》所指出："进一步拓宽与国际高水平大学和国际组织合作交流渠道，深化与国际高水平大学学分互认、教师互换、学生互派、课程互通等实质性合作，积极创造条件选送法学专业师生到国际组织任职实践。"国内高校应通过交换生项目、联合培养、暑期学校、学术会议等多种途径，为学生提供海外留学机会。同时，与更多国际组织建立联系，开展实习或者培训项目。

（三）由单一师资向多元化的师资转变

强化学生涉外法律实践能力需要汇聚高端师资，强化实务指导。目前涉外仲裁的教学以校内师资为主，有条件的高校可以聘请国外名校的学者前来开设涉外法律实践类课程，给学生讲解涉外法律实践中出现的前沿问题，激发其创新学习能力和自主学习动力。高校也可以主动与国际组织、仲裁机构、知名律所、跨国公司等合作，延请具有涉外法律服务一线经验的专业人士作为校外导师共同指导学生，丰富培养内容。[1]

（四）由单一的教学授课向丰富的教学活动转变

从授课的类型来看，很多域外仲裁项目除了一般的讲授课程（lecture）之外，还开设有研讨课（seminar），工作坊（workshop）、务虚会（Academic Retreat）、学术会议（conference）等。从课堂外的教学活动来看，有参与讲座和国际会议、参观访问、实习和参加模拟仲裁等。

在这点上，华东政法大学国际法学院做出了有益的探索。首先，华东政法大学国际法学院每年会开设大量的系列讲座。比如 2022 年有"涉外金

---

[1]　参见郭雳：《创新涉外卓越法治人才培养模式》，《国家教育行政学院学报》2020 年第 12 期。

融法治"系列英文讲座、"明珠之光"国际法讲座、学术嘉年华讲座和"学术坊"讲座系列等。其次，国际法学院注重模拟国际赛事的影响力，积极参加相关赛事。其在国际模拟竞赛领域开设多门特色课程，积极推进模拟法庭育人制度。2022 年，华东政法大学代表队在第 19 届 Willam C. Vis（East）模拟仲裁比赛中晋级全球第 32 强，国际刑事法院模拟法庭竞赛英文赛获全国第一名，Jessup Moot 国际赛全球排名第 16 位，国际航空法模拟法庭竞赛（IALMC）国际赛取得反方书状全球第一名，正方书状全球第三名等优异成绩。通过模拟法庭的培养训练，学生们提高了国际仲裁实务技能和外语能力，一批涉外卓越法治人才脱颖而出。此外，国际法学院还提供国际商会涉外法律人才实务软技能青训营和国际劳工组织培训等项目。

（五）加强与国际商事仲裁机构的合作，打造国际仲裁中心，建立国际仲裁生态圈，助力涉外仲裁人才培养

域外仲裁项目特别强调其国际仲裁中心的地理优势，能够汇聚国际仲裁业务的各方人士，包括高水平的国际仲裁案件管理机构、优秀的国际仲裁员、专业的国际仲裁律师事务所与律师，他们在当地良好的国际仲裁立法、司法以及政府配套政策支持下，为全球当事人提供国际仲裁法律服务。因此，涉外仲裁人才的培养离不开国际仲裁中心的建设。

上海作为我国仲裁机构资源最丰富的城市，应进一步提升城市软实力，向国际仲裁之都迈进。上海市政府积极推广仲裁，为外国当事人选择上海作为仲裁地提供便利政策。上海的司法界形成仲裁友好的司法环境，法院在仲裁案件中体现对当事人意思自治和仲裁庭的尊重。高校和国际仲裁机构合作，共同形成良好的仲裁生态圈，实现涉外仲裁人才和国际仲裁中心的正向流动和良性循环。

全球深海治理视阈下涉外法治人才的功能与培养

■ 张国斌[①]

【摘要】近年来，随着深海活动从勘探转向开发，全球深海治理的重心转为制订一套深海资源开发规章及相关标准和准则，这需要法学家的知识贡献。涉外法治人才参与全球深海治理的主要方式，是运用国际法学及相关学科知识和信息影响各国政府的立法和决策，甚至直接影响国际海底管理局的决策。我国参与全球深海治理急需涉外法治的护航，来维护和拓展国家利益。涉外法治人才一般是通过议题设置、规则制定和提升在国际海底管理局中的话语权发挥作用。与西方国家相比，我国在涉外法治人才培养方面亟待提高，需要政府宏观统筹、高校改革相关制度和探索参与全球深海治理路径，以及学者探究改革相关科研和教学工作。

【关键词】全球深海治理　涉外法治人才　规则制定　议题设置

前言

深海海底区域（简称"深海"）是指国家管辖范围以外的海床和洋底

---

① 张国斌，法学博士、博士后，上海交通大学凯原法学院助理研究员、硕士生导师，华东政法大学硕士研究生兼职导师。

及其底土，① 约占全球海洋面积的 54％，蕴藏多金属结核、富钴结壳和多金属硫化物等丰富的矿产资源，其中镍、钴、铜、锰的总储量高于陆上相应储量的几十倍到几千倍，是人类 21 世纪的接替资源。随着人类对深海资源的需求不断增加以及深海科技装备能力不断提高，深海资源分配成为全球治理的核心问题之一。全球治理从 21 世纪开始出现了新的趋势，在气候、能源、极地、深海等领域的全球治理日趋领域化和专业化，治理的成果对科学家以及法学家团体更加依赖。② 全球深海治理的目前的核心工作是深海资源开发国际规则的制定，这虽然传统上属于国家外交谈判的"战场"，但离不开涉外法治人才的支撑。

我国深海事业从世界的边缘逐渐迈入国际深海舞台的中央。③ 在全球深海治理处于规则制定的关键时期，我国急需涉外法治的护航来维护和拓展国家利益。目前，我国已从战略高度重视涉外法治人才的重要性。党的十八届四中全会通过《中共中央关于全面推进依法治国若干重大问题的决定》指出，"新时期法治人才培养应契合时代需要，建设通晓国际法律规则、善于处理涉外法律事务的涉外法治人才队伍"。《中华人民共和国国民经济和社会发展第十四个五年规划和 2035 年远景目标纲要》（简称"十四五"规划）提出"加强涉外法治体系建设，加强涉外法律人才培养"。但如何在全球深海治理维度下发挥涉外法治人才的作用，以及如何培养涉外法治人才对我国深度参与全球深海治理提供有效支撑，理论和实务上并不清楚。尤其是在对策提供上，国内学者还没有给予足够关注。本文首先论述涉外法治人才在全球深海治理中的定位和功能，其次对涉外法治人才在

---

① 1982 年《联合国海洋法公约》第 1 条规定国际海底区域是指国家管辖范围以外的海床和洋底及其底土。我国 2016 年颁布的《中华人民共和国深海海底区域资源勘探开发法》第 2 条规定，深海海底区域是指中华人民共和国和其他国家管辖范围以外的海床、洋底及其底土。因此国际海底区域和深海海底区域含义相同，本文统一称为"深海海底区域"。

② 杨剑等：《科学家与全球治理基于北极事务案例的分析》，时事出版社 2018 年版，第 2 页。

③ 刘峰等：《中国深海大洋事业跨越发展的三十年》，载《中国有色金属学报》2021 年第 10 期。

全球深海治理中发挥效果进行详细分析，最后针对我国涉外法治人才参与全球海洋治理的现状和不足提出应对之策。

一、 涉外法治人才参与全球深海治理的需求与功能

全球深海治理是 21 世纪海洋议题的一个重要方面，主要集中在深海资源的分配和开发上。为此，国际社会正在努力制定一部深海资源开发的规章和相关标准和准则，以期对深海资源开发的程序、环境保护、缴费机制以及监管等问题一揽子解决，这离不开法学家的参与。虽然深海及其资源属于全人类共同继承的财产，但是各国在谈判中的博弈显示了主权国家的第一考虑仍然是国家利益。因此，法学家以何种立场以及何种形式参与全球深海治理非常重要。涉外法治人才的提出可以从理论和实践层面回答这一问题。基于目前全球深海治理的时代特征，涉外法治人才有其独特的功能和定位。

（一）全球深海治理的时代特征与法律需求

1. 全球深海治理的时代特征

20 世纪 90 年代以来，全球治理无论作为一个概念还是一种实践，均受到了国际社会的普遍关注。全球治理委员会将全球治理定义为："治理是各种各样的个人、团体——公共的或个人的——处理其共同事务的总和。这是一个持续的过程，通过这一过程，各种相互冲突和不同的利益可望得到调和，并采取合作行动。这个过程包括授予公认的团体或权力机关强制执行的权力，以及达成得到人民或团体同意或者认为符合他们的利益的协议。"[①] 对照中西方学者的主流观点，如英国的托尼·麦克格鲁、美国的詹姆斯·罗西瑙，国内的俞可平、蔡拓等，学者们对于"全球治理"的定

[①] See Global Governance，Our Global Neighborhood-Report of the Commission on Global Governance，at http://www.gdrc.org/u-gov/global-neighbourhood/chap1.htm（Last visited on Jun.30，2022）.

义有三方面的共识：一是治理主体的多元性，包括政府、国际组织、非政府组织、跨国企业、个人等；二是对象的统一性，需要应对共同的危机或追求共同的利益；三是行为的协调性，即需要通过协商和合作来解决问题。①

21世纪以来，深海资源的分配与开发问题再度成为国际社会关注的焦点，与海底资源分配相联系的全球深海治理必将在很长一段时间内影响未来国际海洋形势和世界金属市场的走向。深海资源开发具有牵一发动全身的影响，不仅涉及海洋环境及生态系统保护、其他海洋环境活动、陆地矿产资源市场的稳定，还从更宏观角度影响到海洋与大气环境、沿海国与深海采矿的关系等。从全球治理角度来说，关于深海资源开发的国际谈判与国际规则制定直接影响着国家管辖范围以外海洋生物多样性保护国际谈判（BBNJ）、联合国21世纪可持续发展议题（SDG）的推进。因此，可以将全球深海治理定义为各国政府、国际组织、承包者、非政府组织等主体，为了人类共同利益，通过协商和合作来共同解决在开发利用深海资源及相关活动中出现的各种问题。

全球深海治理的核心平台是国际海底管理局（简称"海管局"）。② 海管局是根据《联合国海洋法公约》（简称《海洋法公约》）③ 成立的独立国际组织。《海洋法公约》赋予海管局为了全人类利益组织和控制深海活动，特别是管理深海资源的职能。深海及其资源是全人类共同继承的财产，海管局代表全人类对深海资源行使一切权利，包括公平分配从深海活动中取得的财政及其他经济利益。全球深海治理具有多元性的特征。海管局的成

---

① 参见托尼·麦克格鲁、陈家刚：《走向真正的全球治理》，载《马克思主义与现实》2002年第1期。罗西瑙：《没有政府统治的治理》（*Governance without Government：Order and Change in World Politics*），剑桥大学出版社1995年版，第5页；陈家刚：《全球治理：概念与理论》，中央编译出版社2017年版，第35—50页。

② 海管局于1994年11月16日《海洋法公约》生效之日起成立，总部设在牙买加首都金斯敦。《海洋法公约》第156条第2款规定，所有《海洋法公约》缔约国都是海管局的当然成员。根据海管局网站公布的最新数据，海管局有168个成员，包括167个成员国和欧盟。

③ 《联合国海洋法公约》（*United Nations Convention on the Law of the Sea*），缔结于1982年，生效于1994年，联合国条约登记号：1833 UNTS 397。公约中文版参见法律图书馆：http://www.law-lib.com/law/law _ view.asp？id＝96408，原文参见联合国网站：https://www.un.org/Depts/los/index.htm，访问日期：2022年2月15日。

员方是参与全球深海治理的主体，这包括了世界上绝大多数国家。从事深海资源勘探、开发活动的承包者是实现人类共同继承财产惠益共享的实践者，在全球深海治理中发挥着独特作用。此外，海管局的观察员和其他利益攸关方也在全球深海治理中发挥着补充作用。在全球深海治理中，行为的协调性是重要特征。国际社会通过海管局这一平台，以协商和合作的方式解决深海资源分配及相关的环境保护、能力建设等问题。

目前，虽然面临越来越多挑战，但《海洋法公约》仍然是国际社会解决海洋问题的基本遵循。《海洋法公约》是约束深海活动的根本性制度，但与其配套的制度体系尚不健全，相关规章制度正在发展之中。近五年来，随着深海资源勘探转向和开发形势加快转变，国际社会在深海问题上协商和合作的焦点是制定一套深海矿产资源开发规章及相关的标准和准则，以满足未来深海资源商业开发的需求，这也是海管局目前的主要工作。谈判中的《"区域"内矿产资源开发规章》（草案）主要包括深海矿产资源开发申请程序、承包者的权利和义务、海洋环境保护、缴费及监督检查等制度。与深海矿产资源开发相关的标准和准则主要涉及环境管理计划、环境监测、深海资源开发安全生产等内容。

2. 全球深海治理需要涉外法治人才提供制度保障

全球深海治理目前的核心工作是国际规则的制定，需要国际社会参与到深海资源开发的造法工作。这虽然传统上属于国家外交谈判的"战场"，但离不开专业人才的支撑。国际专家在全球治理占据重要地位，全球治理的许多关键领域成为专业人员或技术专家构成的知识共同体的专有领域，由此形成"专家政治"的特殊治理现象，[1] 国际组织通过国际专家获得规则制定的合法性以及知识和权威的行使权。[2]

在全球深海治理中，深海矿产资源勘探离不开地质学家的知识贡献，

---

① 参见金茜、刘婧如：《全球治理视阈下国际组织人才培养的实践探索》，载《中国高等教育》2020 年第 8 期。
② 参见何昌垂：《从联合国看国际组织人才任职能力培养》，载《国际人才交流》2018 年第 7 期。

矿产资源开发因为涉及加工冶炼、缴费等制度，需要矿业方面的专家的支持，而深海矿产资源开发中对海洋环境的保护又不开环境学的人才。这些各领域的科学家从自身专业出发为外交谈判提供知识储备和科学论据。而法学家从另外一个维度提供自己在全球深海治理中的贡献。例如，《海洋法公约》规定，国际海底区域的担保国应负有担保义务。担保国的此种担保义务在《海洋法公约》中并未得到澄清。为此，2011 年国际海洋法庭海底争端分庭（简称"海底分庭"）就担保国的法律义务问题发表了咨询意见。[1] 海底分庭的法官们作出的咨询意见作为最有力的"软法"，对深海活动以及国际海洋法的发展有着重要而深远的影响。[2] 咨询意见客观上起到了鼓励深海资源开发活动的作用，打消了担保国的国际义务之忧，加快了深海资源开发的步伐。[3] 又例如，法学家为深海产业发展提供制度配给，对全球深海治理实践产生重要影响。深海新兴产业发展，关键问题之一是需要获得大规模且长期资金支持，故不得不等候金融活动的率先开展，而金融活动的开展无不依赖于法律的承认和保障。通过制定合理的制度，对权利义务进行初始配置，可以提升资源的配置效率，[4] 便利深海企业的资本运作，促进深海产业的高速发展，进而通过实践对全球深海治理产生影响。但如何培养涉外法治人才以及涉外法治人才如何参与到全球深海中？这需要我们首先分析涉外法治人才的内涵和外延。

（二）涉外法治人才的内涵和外延

1. 涉外法治人才的内涵解析

培养涉外法治专业人才的前提是理解涉外法治。涉外法治具有丰富

---

① ITLOS. 2011. Responsibilities and Obligations of States Sponsoring Persons and Entities with Respect to Activities in the Area（List of cases: No.17）Advisory Opinion. Last Modified February 1, 2011. Accessed May 5, 2022. https://www.itlos.org/fileadmin/itlos/documents/cases/case_no_17/17_adv_op_010211_en.pdf.

② 参见高之国等：《浅析国际海洋法法庭首例咨询意见案》，载《环境保护》2012 年第 16 期，第 53 页。

③ 参见张国斌：《深海资源开发应急管理的制度完善建议》，载《法学杂志》2021 年第 7 期，第 89 页。

④ See, Cooter and Ulen, *Law and Economics*, 4th edition, Addison-Wesley, 2003, p.97.

的内涵。① 黄惠康教授将涉外法治人才定义为国家有效参与涉外法律关系，最终推动构建更加公平公正的国际秩序而服务的，具备处理复杂涉外法治事务的高素质法治人才。涉外法治人才是维护和拓展国家利益、参与国际治理体系变革不可或缺的重要战略资源。② 我们可以从行为、立场角度理解涉外法治。

从行为角度可以将涉外法治定义为是一种国家为主体，以法治的方式和程序参与涉外法律关系，最终推动构建更加公平公正的国际秩序的一系列法律活动。③ 涉外法治的法律渊源既包括传统意义上的国际公法、国际私法、国际经济法等，也包括有重要影响力的国别法，还包括本国涉外法。④ 深海资源开发规则属于典型的涉外法律领域，既包括调整国家关系的国际条约，也包括调整国家作为担保国与承包者之间的国内法。例如我国在 2016 年出台《中华人民共和国深海海底区域资源勘探开发法》（简称《深海法》），该法主要规范我国法人、公民进行深海资源勘探开发活动。

从立场角度来说，涉外法治虽然主体内容主要涉及国际法治，但其与国际法治的区别在于立场不同。涉外法治以国家为本位，国家利益的维护是出发点和落脚点，而国际法治则基于国际视角，强调普遍的国际秩序的维护。⑤ 国家是涉外法治和国际法治的参与主体，由于国家利益需求不同，不可能形成关于国际法治的共同意志，而只有通过各国涉外法治不断博弈

---

① "涉外法治"概念在不同语境下可能包含不同含义。例如在治理理念上，它是全面依法治国理念在涉外领域的体现；在思想体系上，它是马克思主义法治理论的创新发展，是习近平法治思想的重要组成部分；在法治体系上，它是中国特色社会主义法制体系的一部分，与狭义的国内法治相对应，构成国家法治的"一体两翼"；在功能作用上，它是国家核心竞争力的重要内容，也是推动构建人类命运共同体的坚实保障。参见黄惠康：《准确把握"涉外法治"概念内涵，统筹推进国内法治和涉外法治》，载《武大国际法评论》2022 年第 1 期。

② 参见黄惠康：《从战略高度推进高素质涉外法律人才队伍建设》，载《国际法研究》2020年第 3 期。

③ 参见张辉：《涉外法治的概念与体系》，载《中国法学》2022 年第 2 期。

④ 参见张法连：《加快涉外法治人才培养体系建设》，载《人民日报》2021 年 3 月 25 日。

⑤ 参见王利明：《卓越法律人才培养的思考》，《中国高等教育》2013 年第 12 期。

而形成有关国际法治的协调意志。可以说涉外法治是国际法治的基石，国际法治是涉外法治的产物。深海及其资源是人类共同继承的财产，代表全人类的利益。但是如何实现全人类的利益，如何制定国际社会都能接受的商业开发及惠益共享制度，需要各国就深海开发规则进行谈判，在谈判的过程中，代表各国利益的主权国家、主张加快开发深海资源的承包者和一些主张限制开发从而保护海洋环境的非政府组织不断博弈，但最终目的是求同存异，以实现深海及其资源为人类带来最大化的利益。这种利益既有经济利益，也有环境利益；既包含发达国家利益，也包含发展中国家利益；既考虑当代人利益，也考虑子孙后代利益。

2. 涉外法治人才参与全球深海治理的定位和特征

涉外法治人才参与全球深海治理的主要方式是运用国际法学及相关学科知识和信息影响各国政府的立法和决策，甚至直接影响海管局的决策。涉外法治人才往往基于自身能力来聚焦于一般国家不作首要考虑的问题，并能将所有的资源投入一些规模较小的专门领域。例如国际公法学者更加专注于深海资源开发中的国家责任、承包者的权利和义务、争端解决方式等问题，而国际经济法学者可能对深海资源开发适用的融资、知识产权、关税等问题更加感兴趣。涉外法治人才在全球深海治理中，其国籍的身份在表面上最大限度被隐去，而是作为"全球公民"的代表。与国家的决策者相比，涉外法治人才拥有相关国际法、国内法的知识更深入、完整，获得有这方面偏好和行为习性的信息更丰富、详细。因此，涉外法治人才是凭借自身的专业法学知识，通过外交谈判、资政建言、学术研究等多种形式，直接或间接影响深海规则制定和相关议题设置，从而参与到全球深海治理中。

虽然是提供专业法学知识的"全球公民"，但正如上文所述，涉外法治人才是以国家为本位，以国家利益的维护为出发点和落脚点。因此，"德才兼备"是涉外法治人才培养的根本。"德"要求涉外法治人才以维护我国国家利益和全人类共同利益为己任，具有强烈的爱国情怀与人文精神，具有维护和拓展我国在深海领域利益的国家责任感与正义感。① "才"要求涉外法治人才经过系统学习从而形成深厚的法学专业素养；拥有丰富的跨领域跨学科知识，知识面广。② 按全球深海治理的特点和涉外法治人才的具体表现形式，可以将涉外法治人才分为三类：一类为政府、承包者的专职法务工作者；一类为智库或非政府组织中的涉外法学研究者；一类为在高校、科研院所等单位从事涉外法律研究的学者。③

二、 涉外法治人才参与全球深海治理的效果分析

正如上文所述，全球深海治理目前集中在《开发规章》（草案）和深海矿产资源开发相关的标准和准则的制定中。虽然是一套法律文件，但规章及标准和准则涉及海洋和人类社会、经济、政治、文化、生态等诸多现象。海管局通过理事会和法技委两个主要平台制定深海资源开发相关的规章、标准和准则。理事会是海管局的执行机关，享有实质性的权力，有权制定海管局的规则、规章和程序及其任何修正案。④ 包括全球绝大多数国家、非政府组织、承包者等多元主体通过理事会参与《开发规章》（草案）和深海矿产资源开发相关的标准和准则的制定。理事会下设经济规划委员会和法律技术委员会（简称"法技委"）。法技委享有向理事会提出规则制定、环境保护等方面建议的权利。⑤ 供理事会审议的《开发规章》和相关标准、准则的基础文本就是由法技委准备的。但法技委由于任务繁重且委员具备的知识背景不足以完全支撑规章和标准、准则的基础文本准备工作。从海管局以往的经验来看，新规章的制定基本都源于以海管局名义举

---

① 参见徐伟功：《我国涉外法治人才培养的标准研究》，载《新文科教育研究》2021 年第 4 期。

② 参见张海文：《关于加强涉外海洋法律人才队伍建设的几点思考——兼谈涉外海洋法律"国家队"建设》，载《国际法研究》2020 年第 3 期。

③ 参见郭雳：《创新涉外卓越法治人才培养模式》，载《国家教育行政学院学报》2020 年第 12 期。

④ 《海洋法公约》第 162 条 2 款 o 项。

⑤ 《海洋法公约》第 163 条。

办的各类研讨会，以若干次专题研讨会的成果为母本，经由法技委讨论修改，部分法律文件还会公开收集利益相关者的反馈意见，最后提交到理事会审议。① 因此，海管局制定发展深海法律一般遵循三个步骤：第一步，研讨会形成基础共识和主要制度框架；第二步，法技委在此基础上形成供理事会审议的基础文本；第三步，理事会讨论修改以及审议该法律文件；② 第四步，大会核准该法律文件。在这些步骤中，涉外法治人才参与的形式是多样的，既可以通过独立专家身份参与研讨会，也可以在法技委、理事会征询利益攸关者意见时发表意见，还可以支撑政府代表团参与理事会。从效果上来说，涉外法治人才一般是通过议题设置、规则制定和提升在海管局中的话语权来发挥作用。

（一）涉外法治人才引导全球深海治理中的议题设置

议程是一次会议上所要讨论的问题及其推动程序，而会议上所要讨论的一个个问题，便是议题。一国难以在较为固定的议事程序和投票规则上主导或有所突破，而议题设置则成为国家竞争的焦点。议题设置是国家话语能力建设的基础，其实质也是话语权的行使和话语权的竞争。W. 李普曼认为议题设置关乎国家的外交问题意识和外交思维方式。③ 通过议题设置可以影响国家对不同事件及其重要性的判断，将国家的注意力转移到特定的事件和问题上来。议题的参与者就议题进行交流的同时也在不断深化该议题所设定的价值取向。因此，美国将议题设置能力视为文化输出战略的核心能力，"一旦拥有议题设置能力，人们即使不同意美国人的理论，但是依旧会用美国生产出来的理论话语来自我审视"。④ 特别是对于没有其

---

① 参见薛桂芳、徐向欣：《国际海底管理局适应性管理办法的推行及中国的应对》，载《中国海商法研究》2017 年第 28 卷第 2 期。

② 需要注意的是：所有规则、规章和程序应于大会核准以前或理事会参考大会表示的任何意见予以修改以前，在暂时性的基础上生效。

③ ［美］罗伯特·基欧汉、约瑟夫·奈著，门洪华译：《权利与相互依赖》，北京大学出版社2002 年版，第 34—35 页。

④ 参见杨安、张艳涛：《议题设置与中国话语建构》，载《理论探索》2020 年第 6 期。

他国际法制度可直接借鉴的深海采矿领域而言，议题设置不仅左右国际社会的注意力，影响深海采矿的短期发展，而且连续不断的议题设置还对相关法律制度的设立、发展、演化起直接引领作用，对深海利益的分配，深海格局的形成产生长期影响。

理事会是讨论《开发规章》文本的主要平台。在规章制定过程中，起主导作用的力量来自对深海矿产资源开发兴趣浓厚的主权国家和在深海采矿保持领先地位、实力雄厚的商业集团。在全球深海治理进程中进行制度设计与建设、议程设置与推广、规范创建与扩散、行动倡导与履行诸方面扮演着领导者角色。尤其是它们的涉外法治人才，能够熟练运用国际法规则深度影响《开发规章》制定以及相关议程设置。例如，2011年南太平洋小岛屿国家斐济提出制定《开发规章》提案，但这提案的内容却是西方财团鹦鹉螺公司注册在瑙鲁的跨国公司炮制的，鹦鹉螺公司在瑙鲁和汤加分别注册了公司，并分别以瑙鲁和汤加为担保国向国际海底区域申请了两块多金属结核勘探区。①《海洋法公约》第162条（o）项规定，海管局成员有权向海管局要求制定深海矿产资源的勘探和开发的规则、规章和程序。鹦鹉螺公司怂恿斐济提出制定《开发规章》提案，目的是延续其深海矿产资源勘探的资本、装备优势，抢先进入深海矿产资源开发阶段，实现商业利益。但是实现该目的的手段是通过正当法律程序。斐济的提案具有重要意义，开启了海管局制定深海资源开发相关规则和配套标准、指南的时代，而这一议题逐渐成为海管局的核心工作。

鹦鹉螺公司在2019年破产之后，其在瑙鲁和汤加的两家子公司被一家注册在加拿大的深绿公司所收购。深绿公司2021年在美国上市之后改名为金属公司。金属公司通过收购、兼并等手段已经在事实上控制了国际海底三块多金属结核矿区，并在装备、融资、市场等方面作了大量准备，急欲进入商业开发。但《开发规章》从2012年启动制定工作以来，由于涉及缴

---

① 海管局理事会：《理事会就瑙鲁海洋资源公司请求核准多金属结核勘探工作计划的申请所做决定》，第十七届会议，2011年7月19日，ISBA/17/C/14。

费制度、环境保护等方面的分歧，并没有按照预期完成。这意味着金属公司申请深海资源商业开发无法可依。为此，2021 年，金属公司又故技重施，通过瑙鲁子公司向瑙鲁表达申请深海资源开发的计划。这次援引的法律依据是《执行协定》第一节第 15 段，即如果某一海管局成员所担保的实体打算申请核准深海资源开发工作计划，则该成员可以提出请求，而理事会应当在请求提出后两年内完成为核准开发工作计划所需的规则。为此，瑙鲁向海管局发出照会，请海管局理事会在照会之日起两年内，完成通过必要的规则、规章和程序的工作，以便利深海矿产资源开发工作计划的批准。[①] 瑙鲁的提案取得了显著的效果。海管局为此设定了 2022 年和 2023 年《开发规章》制定工作的路线图，并投入更多的时间和财政资源来加快规章的制定工作，并决定将 2022 年理事会的两期会议时长从每期一周延长到三周。[②]

我国是深海活动大国，拥有五块具有专属勘探权的国际海底矿区。随着我国在国际海底区域勘探的逐步深入以及深海科技装备等不断提高，我国积累了大量的深海地质、环境等科学数据，但是科学技术水平的提高并不意味着将其转化为议题能力的提升，这需要科学家、工程师将科学技术理论、知识以及我国的利益需求转化为法律文本，涉外法治人才应当对此发挥主导作用。这方面我国与发达国家相比仍有欠缺。但是，我国已经开始采取实际行动逐步提高议题设置能力，争取对全球深海治理和规则制定形成引领。例如，我国一向重视深海资源开发中的环境保护工作。2017 年 8 月，在国际海底管理局第 23 届大会期间，我国承包者中国大洋矿产资源研究开发协会（简称"中国大洋协会"）举办了"资源开发与环境保护的平衡"为主题的边会，初步提出针对西北太平洋富钴结壳资源的三角区合作开展区域环境管理计划倡议，得到了海管局的支持和国际社会的赞许。

---

① 海管局理事会：《2021 年 6 月 30 日国际海底管理局理事会主席给理事会成员的信》，第二十六届会议理事会第二期，2021 年 7 月 1 日，ISBA/26/C/38。

② 海管局理事会：《"区域"内矿物资源开发规章草案现状及 2022 年和 2023 年拟议路线图》，第二十六届会议理事会第二期，2021 年 8 月 23 日，ISBA/26/C/44。

此后，海管局和中国大洋协会议定共同组织召开了关于此议题的国际研讨会推进相关工作。探讨会的成果也作为倡议法律文本提交给了法技委，法技委据此正在制定西北太平洋富钴结壳资源的环境管理计划。这是我国在深海资源勘探转向开发的历史背景下参与全球深海治理进行议题设置的一次重要成果。

（二）涉外法治人才影响国际深海规则制定

除了议程设置，国际规则的制定也离不开涉外法治人才的参与。掌握规则的制定权，就掌握了表述国家利益的国际渠道和实现途径。在海管局的制度下，任何内容都以法律文件的形式得以确定，每一个法律条款都离不开海洋科技的支撑，每一个海洋科技条款的背后又都与法律责任和义务相关联。[①] 将隐藏国家利益的科技条款以法律的形式确定下来，应当是涉外法治人才的核心工作之一。这方面，欧洲国家走在领先地位。例如，2016 年，海管局在公布第一版《开发规章》（草案）后共收到 38 份反馈意见，其中 12 份意见明确提出"适应性管理"制度应纳入规章草案。[②] 适应性管理办法通常在人类对某种活动的知识储备不足而无法确定此种活动对环境的影响，但此不确定性又不足以阻止该活动发生的情况下，一种边做、边学、边调整改进的灵活管理及决策方式。[③] 虽然非政府组织大多支持适应性管理办法纳入到规章中，但是各国政府仅有德国表态支持。此后虽然《开发规章》经过不断修订，但德国政府一直在反馈意见中从法律角度论述适应性管理纳入规章的合理性。正如德国在 2019 年对《开发规章》的反馈意见中写道："迫切需要深入讨论'适应性管理'的概念。承包者通过与海管局签订的合同，享有被授予的利益。当海管局通过'建议'、'决定'或'指南'对合同进行修订，并且引入承包者额外的义务，这将导致

---

①③　参见薛桂芳、徐向欣：《国际海底管理局适应性管理办法的推行及中国的应对》，载《中国海商法研究》2017 年第 28 卷第 2 期。

②　陈思静：《"适应性管理"在〈开采规章〉中的立法前景及中国应对》，载《太原理工大学学报（社会科学版）》2019 年第 37 卷第 1 期。

出现法律上的挑战。"[1] 虽然适应性管理背后反映的是各种利益的平衡，但解决该问题的形式是从法律上制定和建立一个有效的适应性管理理念，在规章中应对用以根据新科学知识和技术修改经批准的工作计划的适应性管理的标准和程序进行准确定义。[2] 目前，适应性管理不仅被纳入到最新版的开发规章中，还被详细列入到了深海资源开发的相关准则中，[3] 大大增强了其在实践中的可操作性。德国的经验表明，将一项法律制度设计成功融入立法之中，需要这一设计本身具有相当程度的合理性，更需要有影响力的设计者在恰当的时间、场合进行推介，这方面涉外法治人才应当发挥主要作用。

从深海资源被发现、国际社会开始对《海洋法公约》的集体协商开始，深海国际规则的形成与发展经历了一系列的嬗变历程，当时我国欠缺能力在参与规则制定的进程中表达自身的利益需求。然而，国际海底区域仍然处于国际法律制度的发展和相关规则的调整期，这为我国维护和拓展在深海的国家利益提供了难得的契机。在《开发规章》谈判过程中，我国深度参与规则讨论，积极提交反馈意见，取得了良好的效果。例如，我国在针对海管局发布的 2017 年版的《开发规章》的反馈意见中建议在规章中加入体现国际海底资源开发制度基本理念的内容，建议进一步明晰开发活动承包者的权利，建议规章全面涵盖深海资源开发活动的重要问题等内容都得到了海管局的采纳，并体现在后续修订的《开发规章》中。

但与发达国家相比，我国的涉外法治人才在深海规则制定上仍然有不小差距。一是在主体上，我国的涉外法治人才基本上以支撑我国政府代表团的工作为主，很少以其代表机构或独立身份发声。二是在参与范围上，无论是作为独立专家参加海管局主办的研讨会还是在法技委，我国大多以科学家或政府管理者为主，法学家的参与凤毛麟角。例如法技委的现任中

---

①② https://www.isa.org.jm/legal-instruments/ongoing-development-regulations-exploitation-mineral-resources-area，2019 年 12 月 12 日登录。

③ 海管局理事会：《环境管理和监测计划编制准则草案》，第二十七届会议理事会届会第一期，2022 年 1 月 31 日，ISBA/27/C/6。

国籍委员和前两任中国籍委员都是地质或矿产知识背景，并不擅长涉外法治。

（三）涉外法治人才助力提高在全球深海治理中的话语权

国际组织已成为一种超越民族国家的全球治理机构，它是制定国际规则、协调多边事务、分配国际资源的重要载体，也是各个主权国家参与国际事务、开展国际合作，并发挥其国际影响的重要平台，同时还会对国家的国内政治产生重要影响。[①] 涉外法治人才在国际组织中体现为国际组织职员、国家代表和国际专家。国际组织职员是国际组织的基本单元，可以在日常工作中融入自己的工作方式、理念、价值观，是主权国家在国际组织内发挥影响力的重要力量；国家代表为国家发声，主动参与政策制定，对于提升国家形象、宣传本国理念、维护国家战略利益具有重要作用。[②] 德国、瑞士、日本等国均将培养和输送国际组织人才视为"国家利益"。[③]

全球深海治理的一个重要特征是由代表全人类利益的海管局行使对国际海底区域资源勘探和开发活动的监管职能。较之极地、外空、网络战略新疆域，全球深海治理程度无疑更加深入系统，这是由于全球深海治理已经形成了一套固定的机制，而海管局作为权威治理平台，正发挥着这套治理机制的核心和枢纽作用。深海国际规则的制定、国际会议的召开、重大议程的设置等全球深海治理活动都由海管局组织进行。我国作为矿产资源消费大国和深海实践活动的大国，应当在海管局发挥重要的作用。2015年，国际海底区域定期审查启动，海管局各机构迎来一次综合审查。随着《开发规章》及深海资源开发相关标准、准则的加快制定，理事会、法技

---

① 参见刘宝存、肖军：《"一带一路"倡议下我国国际组织人才培养的实践探索与改革路径》，载《高校教育管理》2018 年第 5 期。

② 参见刘洪东：《新文科理念下高校国际组织人才培养的思考》，载《中国大学教学》2020 年第 9 期。

③ 参见陆娇娇、贾文键：《德国国际组织人才培养与输送的"螺旋模式"研究》，载《比较教育研究》2021 年第 12 期；张思思、闫温乐：《瑞士日内瓦大学国际组织人才培养研究》，载《世界教育信息》2022 年第 3 期；丁红卫：《日本的国际组织人才战略》，载《国际论坛》2020 年第 4 期。

委的工作方式、召开会议频度和模式可能发生变化，秘书处的职能可能被强化，由相关行业专家组成的工作组应运而生，而新的监管机构和经济规划委员会也呼之欲出。我国应抓住海管局机构短暂的调整变革期，积极参与其中，提升我国在海管局的地位，加强我国参与全球深海治理方面的影响力和引导作用，从而更好塑造我国在全球治理中的形象，提升我国作为海洋强国的影响力。

参与全球深海治理，离不开一支熟悉党和国家方针政策、了解我国国情和海情、具有全球视野、熟练运用外语、通晓国际法律、精通国际谈判的专业人才队伍。涉外法治人才是这支队伍的核心力量。近几年来，随着我国国际地位的不断提升，依靠国家力量推动的"政治任命型"高级人才在国际机构或组织的任职不断增加。然而在国际公开招聘的基层和中层专业人才岗位中，我国籍雇员的占比还相对较小。以联合国秘书处职位为例，会员国按会费分摊比例获取一定数目联合国秘书处职位[①]，我国 2016 年开始成为联合国第二大维和摊款国，2019 年成为第二大会费国，根据第 76 届联合国大会通过的 2022 年至 2024 年联合国常规预算分摊比例决议，我国承担的联合国会费比例由 2019 年至 2022 年承担的 12.01% 提升至 15.25%，仅次于美国的 22%，日本承担比例由 8.56% 降至 8.03%，仍位居第三。与之相对的是，我国籍雇员在联合国系统任职的总体人数仍然较少，"实际任职远低于适当幅度的下限"。[②] 在深海全球治理的核心机构海管局中，我国籍职员极少，而且多位于较为基础的行政处理工作，在这方面我国甚至不如一些非洲国家。我国向国际涉海组织输送的专业人才相对有限，这与我国的国际地位和综合实力不相匹配，可能会构成我国参与全球深海治理的一大瓶颈。

---

① 根据联合国地域普及原则，地域分配限制员额采用适当幅度制度，用于确定幅度范围的三项因素及其权重为：会费因素 55%、会籍因素 40% 和人口因素 5%。

② 参见金茜、刘婧如：《全球治理视阈下国际组织人才培养的实践探索》，载《中国高等教育》2020 年第 8 期。

三、 我国培养涉外法治人才参与全球深海治理的对策

我国的涉外法治人才在全球深海治理中发挥作用已经有了长足的进步，但从我国深海利益的维护和拓展的需求角度来说仍然不足。正如上文所言，培养涉外法治人才参与全球深海治理需要社会各界的共同努力，尤其需凸显政府的宏观统筹作用、高校的人才培养作用以及学者本人的自我能力建设三个方面。

（一）涉外法治人才培养需要政府宏观统筹

参与全球深海治理，作为主权国家的政府要发挥主导作用，但这并不意味着政府必须孤身作战，而应该采取措施鼓励国内相关机构、人才为政府参与全球深海治理提供强大支撑。就涉外法治人才支撑政府参与全球深海治理来说，可考虑采取"两支持、一引导"的组合举措方案：政策支持、经费支持以及项目引导。[①]

涉外法治人才队伍建设是一项长期任务，国家需要在战略上统筹考虑。建议国家在制定涉外法治人才培养战略规划的基础上对参与全球深海治理亟须的涉外法治人才进行精细规划。根据政府职能分工、全球深海治理的特点以及人才培养的规律，建议以我国深海事务管理机关中国大洋事务管理局为主体，协调教育部、外交部和自然资源部等相关部委司局，研究制定全球深海治理涉外法治人才专项培养计划，给予专项经费支持。最为重要的是要改变多年来我国参与国际条约制定过程中所采取的"事后博弈"的方式，即由发达国家提出国际条约草案、主导游戏规则，我国仅扮演一个参赛选手的角色。相反，在未来全球深海治理体系变革的过程中，我国不但要参与规则的制定，而且要做到"事前博弈"，积极推出自己的

---

① 参见郭雳：《创新涉外卓越法治人才培养模式》，载《国家教育行政学院学报》2020 年第 12 期。

议题，并把我国的利益诉求都纳入到议题中。因此，针对近些年深海从勘探转向开发的国际形势和制定《开发规章》及深海资源开发相关标准和准则的核心工作，开展应急式的涉外法治人才队伍建设，针对海管局深海开发规则制定的相关动向，加紧逐一研究，为我国政府提供有效的法律支撑。

在组织机制上，可以考虑利用现有较为成熟的组织机构来实施涉外法治人才参与全球深海治理的教育培训工作。例如，2020 年 11 月 9 日，我国和海管局共同建立了"中国—国际海底管理局联合培训和研究中心"（简称"联培中心"）。联培中心旨在促进发展中国家的能力建设和海洋技术转让，促进和分享人类对深海及其环境的知识。[①] 在形式上，联培中心提供海洋科学和技术以及相关的培训活动，包括了全球深海治理以及与深海相关的国际法、国内法等知识。因此，联培中心可以提供深海科学、技术、环境和法律等全方位的知识、能力培训，并且该中心依托的单位国家深海基地管理中心，是我国的深海技术支撑基地和具有多功能、全开放的国家级公共服务平台，可以得到政府的相关支持。虽然联培中心进行深海知识能力培训面向的学员不仅限于我国，还包括其他发展中国家，但是可以以此为基础，依托联培中心的师资力量和良好的软硬件条件，进行涉外法治人才参与全球深海治理的专项研究和培训。

（二）涉外法治人才培养需要高校改革相关制度和探索参与路径

中华民族伟大复兴战略全局和世界百年未有之大变局这两个大局的历史进程，对涉外法治人才提出了更高的要求。学术界已经对涉外法治人才

---

① 《关于 JTRC》，中国—国际海底管理局联合培训和研究中心网站，网址：https://jtrc.ndsc.org.cn/News/Details/3d6b8b98-d238-4885-a159-46185c2f3fa4，访问日期：2022 年 6 月 30 日。

的内涵、性质、重点和培养标准进行讨论。^① 在全球深海治理发展深刻变革的今天，相关基础条件较好的高校应及时吸收研究成果，调整教学策略，为国家培养全球深海治理涉外法治人才。

制度对事务的发展起到至关重要的作用。然而有关涉外法治人才培养的相关政策尚未制定对评价标准、实施路径等具体规定。^② 因此，高校需要对涉外法治人才的培养评估机制、退出机制和激励机制进行调整完善。^③ 一些海洋和法律相关学科基础较好的高校可以尝试研究设定全球深海治理涉外法治人才培养的标准，以便于人才培养的路径设定和绩效测评。正如上文所述，涉外法治人才是以国家利益的维护为出发点和落脚点提供专业法学知识的"全球公民"。结合全球深海治理的特点，参与全球深海治理的涉外法治人才应当做到"德才兼备"，以"道德标准、知识标准、素质标准"三个方面作为涉外深海法治人才的培养标准。在具体路径上注意制定相关政策对学生进行引导。例如，设立涉外法治人才培养方面的奖学金和高水平实习计划等。此外，涉外法治人才的高要求对师资提出了更高的要求，建议建立长期激励机制以及对教师科研评价机制进行相应调整，以鼓励引导高素质教师从事涉外法治研究教育工作。

另外，正如上文所述，海管局在全球深海治理中发挥着举足轻重的作用。我国应该加强在海管局现有各机构特别是理事会和法技委中的影响，对规则制定、议题设置等方面积极提出我方主张，全方位参与国际海底制

---

① 例如黄进：《完善法学学科体系，创新涉外法治人才培养机制》，载《国际法研究》2020年第3期；杜焕芳：《涉外法治专业人才培养的顶层设计及实现路径》，载《中国大学教学》2020年第6期；黄惠康：《从战略高度推进高素质涉外法律人才队伍建设》，载《国际法研究》2020年第3期；谢靓：《为新时代对外开放提供有力法律支撑——全国政协"建设高素质的涉外法律服务人才队伍"双周协商座谈会综述》，载《人民政协报》2020年4月18日，第2版；徐伟功：《我国涉外法治人才培养的标准研究》，载《新文科教育研究》2021年第4期。

② 例如2011年教育部、中央政法委员会印发《关于实施卓越法律人才教育培养计划的若干意见》、2016年教育部印发《推进共建"一带一路"教育行动》、2017年司法部、外交部、商务部、国务院法制办公室印发《关于发展涉外法律服务业的意见》、2018年教育部、中央政法委印发《关于坚持德法兼修实施卓越法治人才教育培养计划2.0的意见》等。

③ 参见杜焕芳：《涉外法治专业人才培养的顶层设计及实现路径》，载《中国大学教学》2020年第6期。

度与机构调整与变革。除了发挥政府在全球深海治理中的主体作用，还要重视非政府组织机构的作用，鼓励研究涉外法治的高校科研单位申请成为海管局观察员。这方面美国是一个很好的借鉴。美国由于不是《海洋法公约》缔约国，无法成为海管局成员国，但美国自己是海管局观察员，还积极鼓励其国内非政府组织、高校成为海管局观察员，迄今，美国在海管局的观察员数量已经达到 6 个，大多数美国的观察员例如皮尤慈善信托基金会在全球深海治理中非常活跃，为推动全球深海治理、深海国际法律发展发挥着越来越重要的作用。

高校应利用建立智库方面的先天的优势，加强对深海相关国际组织、涉外深海法治人才培养的研究，为涉外深海法治教育和学术研究提供更好的平台。高校里不仅有众多的科研人才，而且许多国际组织已经落户在高校内部，例如 2015 年 11 月联合国教科文组织第 38 届成员国大会正式批准设立联合国教科文组织国际工程教育中心，中心秘书处设在清华大学。[①]依托上海交通大学凯原法学院建立的极地与深海发展战略研究中心于 2017 年申请成为海管局观察员。[②] 该中心主要从事涉及全球深海治理的涉外法治研究和教育培训工作，还在海管局届会、研讨会上积极发声和提供反馈意见。这些大学科研院所可以借助和国际组织的合作积累经验，加强对国际组织规则、运作模式的研究，为国家和高校的涉外深海法治人才培养决策提供支持。但我国研究涉外深海法律、政策的高校科研院所较少，未来应当支持更多有条件的大学成为海管局观察员直接参与全球深海治理。

（三）涉外法治人才培养需要学者探究改革相关科研和教学工作

涉外法治人才的核心是人才本身，除了政府、大学需要采取措施促进

---

① 《联合国教科文组织国际工程教育中心》，载清华大学教育研究院网站，网址：https://www.ioe.tsinghua.edu.cn/info/1126/2058.htm，访问日期：2022 年 6 月 30 日。

② 《极地与深海发展战略研究中心（海洋法研究基地）》，载上海交通大学凯原法学院网站，网址：https://law.sjtu.edu.cn/hyflyzfyjzx/index.html，访问日期：2022 年 6 月 30 日。

全球深海治理中的涉外法治人才培养，存在于大中专高校、科研院所、非政府组织、智库等组织机构中的一些涉海、涉法相关专业学者也需要从自身方面进行完善。例如，理论研究是学者的擅长领域，建议学者多提供理论支持，结合全球深海治理的新形势和发展进行前沿研究，例如深海资源商业开发阶段如何实现人类共同继承财产原则、惠益分享制度等。学者还需要注意理论联系实际，解决全球深海治理中的实践问题，例如深海资源勘探开发与铺设海底电缆的矛盾处理问题。在培养学生方面，涉外深海法治人才的培养要求造就一批实践能力较强的应用型法律人才，这也决定了新形势下的培养模式不是一个简单的单项培养，而应该是一个系统的培养模式。[1] 建议高校教师通过任务驱动型教学方法或者"过程导向"教学方式，转变传统以传授知识内容为主的教学方式，采用多元、主动的教学方式。例如可以邀请参与全球深海规则谈判的外交官以及深海科技、环境方面的科学家进行专题讲座，还可以针对目前《开发规章》谈判的实际情况进行模拟海管局会议等。最后，建议学者加强与全球深海治理相关的政府部门、实务部门相互联动。形成学术与实务互动，理论和经验双向流动、双向补充，培养具备扎实理论功底，又有实践针对性的涉外深海法治人才。

四、 结语

十年树木，百年树人。涉外法治人才的培养应该着眼于一个相当长的时间。在全球深海治理视阈下，本文探讨的涉外法治人才培养定位于目前深海活动从勘探转向开发的时代背景下。然而未来深海国际规则趋于完善时，全球深海治理的重心也会发生转移，可能集中于深海资源商业开发所产生的争端、深海开发活动与其他海洋活动的矛盾与冲突等问题。这需要

---

① 参见裴兆斌等：《"一带一路"倡议下涉外海洋法治人才培养的机遇与挑战》，载《产权法治研究》2018 年第 1 期。

社会各界未雨绸缪，开展应对方案。从空间维度来说，全球海洋治理是一个从近海逐渐发展到深远海的过程。从海洋自由到海洋封闭，由丛林法则到人类共同继承财产原则，全球深海治理的博弈是一个从规则逐渐上升到理念博弈的过程。今天的全球深海治理的核心是规则塑造，然而由于《海洋法公约》解决当今海洋问题的缺陷越来越突出，未来的全球深海治理的核心问题可能逐渐上升到理念塑造层面。这方面我国已经开始有所准备。习近平总书记高瞻远瞩，提出"海洋命运共同体"的重要理念。未来，如何将该理念推向国际，形成国际社会广泛认可的国际规则，是摆在涉外法治人才面前的重要课题。

从涉外民商事裁判文书视角浅谈涉外法治人才的培养方向

■ 秦 男①

【摘要】以当前的世界格局为背景，涉外民商事审判及其裁判文书发挥着重要的法治功能。目前我国涉外民商事裁判文书存在审理程序记载缺漏、缺少国际法问题论述过程、国际法规则解释与演绎混乱等问题。究其原因，是基层审判人才储备、国际法适用规范供给、审判机制构建等外在条件不足与审判人员涉外意识、国际法问题辨识能力、国际法规则应用技能及英语水平等内部素养不足的共同作用。以此为参考，涉外法治人才的培养应注重实践导向，在搭建专属具象场景、增强对具体国际法规则的熟悉程度与应用技能、进行中西法律思维差异方面的理解与培训、提高法律英语的场合化使用能力等方面加大力度。

【关键词】涉外民商事审判　裁判文书　涉外法治　人才培养

一、 问题的提出

2020 年，习近平总书记在中央全面依法治国工作会议上发表重要讲

---

① 秦男，女，华东政法大学国际法学博士研究生在读，上海市浦东新区人民法院自由贸易区法庭（自由贸易区知识产权法庭）审判员。

话，提出"十一个坚持"，其中之一即"坚持统筹推进国内法治和涉外法治"。在中央全面依法治国委员会第二次会议上，习近平总书记再次提出"加快涉外法治工作战略布局"，并明确提出专业人才培养要跟上。与国内法治相对照，涉外法治体系也是包含立法、执法、司法、守法等方面的法治建设体系，其中涉外司法审判工作是不可或缺的重要组成。

我国是诉讼大国。相比于国内案件，涉外案件在体量上显得微不足道。但无论是从诉讼法专章设置还是该领域司法解释的数量、篇幅，以及最高法院相关会议纪要、通知精神的发布频次上看，案件"涉外"这一特征在审判工作中的现实分量却并非以数量为计。这一鲜明对比，能够直观反映出涉外审判"螺蛳壳里做道场"的工作常态。就受理案件体量与审理复杂程度而言，涉外案件中又以涉外民商事案件占比最大、最为典型，审理中不仅可能同时涉及法院地国法律、外国法律和国际公约、国际惯例等国际法规则的适用，而且往往在管辖、送达、调查取证、执行等案件审理的各个环节都存在区别于国内案件的法律问题，有学者表述为"比之于纯粹的国内案件，需要运用更复杂的法律技术与方法。故而，涉外民商事审判水准在一国民事司法体系中具有标杆的作用，代表着一国民商事裁判技术的精致程度，对整个裁判技术的提高具有较强的辐射作用，不能不受到重视"。[1] 在新的国际局势和历史背景下，涉外民商事审判作为国际社会了解内国司法的重要窗口，在国家行为层面承载着更多对外意义，发挥着重大法治功能：首先是我国构建涉外法治体系的重要阵地，对于案件的司法管辖、审理、裁判实际上是我国法院行使司法权参与国际治理的重要方式；[2] 其次是维护国家主权、公共利益的有力工具，如通过认定某些跨国交易行为无效的方式维护国家主权完整与安全、维护国内相应社会利益与公共秩序；[3] 再次是外资了解

---

[1] 宋连斌：《涉外审判之重不在数量》，载《法制参考》2009 年 3 月刊。

[2] 参见霍政欣：《论全球治理体系中的国内法院》，载《中国法学》2018 年第 3 期；吴卡：《中国法院参与全球治理的实践路径与可持续策略》，载《国际法研究》2021 年第 2 期。

[3] 涉外法治包含利用司法手段开展对外斗争、维护国家主权的意义。参见黄进：《强化涉外司法审判工作，促进涉外法治体系建设》，https://cicc.court.gov.cn/html/1/218/149/192/2099.html，访问日期 2022 年 6 月 11 日。

国内营商环境状况的关键因素，如在世界银行对世界各国营商环境进行评价的项目指标中，无论是原全球营商环境报告（DB，Doing Business）项目还是现全球宜商环境报告（BEE，Business Enabling Environment）项目，包含司法在内的争议解决（Dispute Resolution）都是关键的评价要素。① 而涉外民商事裁判文书，正是承载这些意义的直接载体以及最终载体。有鉴于此，有必要从涉外民商事裁判文书的角度出发，观察其目前存在的问题并剖析原因，以期从审判实践视角为涉外法治人才培养工作建言献策。

首先应当看到，与涉外民商事审判工作及其裁判文书的重要性不相匹配的是，涉外民商事司法实践当中仍存在诸多堵点与盲点。最高法院院长周强明确指出，涉外司法工作当前还面临一些问题和挑战，如涉外司法能力不足，涉外审判人才缺乏，涉外审判应对外部挑战的能力不足、手段不足，对新情况新问题有效应对不够，对一些重大、前沿性的国际法问题研究还有待加强等。② 这些问题，在涉外民商事裁判文书当中，有其区别于国内案件裁判文书的一系列具体表现。

二、 涉外民商事裁判文书的现存问题

评价案件审判的维度是多元且多变的，相较之下，裁判文书的评价标准则似乎可以相对固定统一。裁判文书应当语言正式、表述严谨、格式规范、结构完整、说理充分等，已经成为普遍的评价标准。对于涉外民商事裁判文书而言，还有一个不容忽视的评价标准，即是否能够得到境外法院的承认和执行。剔除互惠原则的作用，涉外民商事裁判为境外法院所承认

---

① Business Enabling Environment，https://www.worldbank.org/en/programs/business-ena-bling-environment，访问日期 2022 年 6 月 13 日。

② 《周强在十三届全国政协第五十五次双周协商座谈会上表示 切实提高涉外司法质效 服务更高水平对外开放》，https://www.court.gov.cn/fabu-xiangqing-329311.html，访问日期 2022 年 6 月 11 日。

与执行，不但是直接认可个案裁判结果的表现，也是间接认可导出裁判结果的裁判方法、推理论证、法律适用等审判过程的表现，并直接提高了当事人合法权益最终实现的概率。在当下我国着力提高国际社会地位的背景之下，这一标准显得尤为重要。然而，不同国家承认、执行外国裁判文书的标准显然并不相同，因此为提高被承认、执行的概率，裁判文书首要且当然地应当符合基本的国际法规则与原则。以此为参照，早在 2010 年，已有学者清晰列指我国涉外民商事裁判文书存在的种种问题。① 然而，或因涉外审判的特殊性与复杂性，最高法院于 2015 年印发的《涉外商事海事裁判文书写作规范》仅仅在文书格式和表述方面起到了规范作用（如规定涉港澳台地区裁判文书标题不需冠有"中华人民共和国"字样）。② 在程序记载、问题论述、规则演绎等核心部件上，我国涉外民商事裁判文书仍存在有待解决的问题。

（一）对审理程序的记载存在缺漏

裁判文书是庭审活动的延伸和继续，其法律价值的一个重要方面在于其记载的程序价值，是保证当事人行使知情权、监督权的重要载体。但我国的裁判文书对于审理程序普遍记载简略，一般仅占据一个自然段的篇幅，且记载哪些程序事项并无统一要求。在裁判文书的惯常写作实践中，诸如当事人曾经提出过管辖异议乃至上诉、对审判人员提出过回避等程序事项，均非必要的记载内容。即使是因经常涉及外事、边控单位而要求最为严格的涉外海事裁判文书，也同样存在如漏记当事人中途退庭、合议庭成员变更等特殊情况，未准确载明具体立案时间、公开或不公开审理情况、开庭次数、延期审理原因等现象。③ 相较之下，仲裁裁决书对程序的

---

① 参见郭文利：《我国涉外民商事审判存在问题实证分析——以 757 份裁判文书为依据》，载《时代法学》2010 年第 5 期；宋连斌、赵正华：《我国涉外民商事裁判文书现存问题探讨》，载《法学评论》2011 年第 1 期（总第 165 期）。

② 最高人民法院法〔2015〕67 号。

③ 参见党德强：《涉外海事裁判文书规范路径探析》，载《汕头大学学报（人文社会科学版）》2019 年第 3 期。

记载则通常颇为隆重，几乎从立案到裁决进行了事无巨细的记载。这固然是由于审判"定纷止争"的公共职能与仲裁商业服务性质的差异所致，但也从侧面反映出我国司法审判重实体轻程序的普遍倾向。

然而在普通法系价值体系中，对于司法公正而言，程序正义的价值比重并不亚于实体正义。[①] 在我国涉外民商事裁判文书缺少记载的程序事项中，最为普遍但亟须补充的是关于涉外送达程序的特别表述。在国内案件中，有关于送达的表述仅发生于有效送达后进行缺席审判的场合，且几乎统一为"经本院依法（公告）送达传票传唤"，除此之外，基本无他。不予记载的原因在于，国内案件缺席审理的送达情况基本均可为该表述所涵盖（包括开庭时到庭但始终未有效提交委托代理手续的情形），且送达存在程序瑕疵的法律后果发生于不一定会启动的上诉程序中。自然且机械地，这一表述也复制到了涉外民商事裁判文书当中。然而相比国内案件，一来涉外案件的送达情况千差万别，可能依据海牙送达公约或双边司法协助条约送达，也可能通过外交方式、根据互惠原则送达，或通过向外国企业在国内的登记代办处或有资格代表公司的人员送达等，具体情况比国内案件复杂得多，无法不加区分地"一言以蔽之"。更重要的是，在境外法院审查承认或执行该裁判文书的申请时，过于简要的记载或因无法证明送达的有效性而将当事人置于被动局面。尤其在公告送达境外当事人的情况下，因此使裁判文书被拒绝承认和执行的情况不在少数。[②]

（二）缺少国际法问题"辨识—分析—解决"论述过程

案件审判是一个在事实和法律之间来回反复的过程，法官通过阅读卷宗、查询信息、组织庭审等方式来查明和梳理案件中的法律事实，进而适

① 参见陈轶：《自然正义与正当法律程序比较研究》，载《东南大学学报（哲学社会科学版）》2006 年 12 月刊。

② 对于未能证明送达符合"合法传唤"标准的外国判决，我国法院也不会承认或执行。参见沈红雨：《外国民商事判决承认和执行若干疑难问题研究》，https://cicc.court.gov.cn/html/1/218/62/164/567.html，访问时间 2022 年 6 月 28 日。

用最符合案情的法律规则,通过论证做出裁判。德国法学家卡尔·恩吉施曾将法官裁判的过程描述为"目光在规范与事实之间的往返流转"①。一篇裁判文书中最为关键的"本院认为"亦即说理部分,载明了法官适用法律来评价所查明事实之中的当事人行为和法律关系的整个过程。在国内案件中,较为完整的说理过程是围绕着争议焦点依次而递进展开的。而在涉外案件中,在总结争议焦点之前,仍然可能存在若干并非当事人争议焦点的国际法问题需要调查和论证:管辖权的取得及其依据(以境外仲裁机构仲裁协议的效力审查为典型)、法律关系的识别及其法律适用、对先决问题的审查和分析、选择法律所应援引的冲突规范及具体过程(如合同纠纷中截至庭审终结前双方有无达成选法合意),等等,不一而足。对这些国际法问题,目前并没有形成普遍的论述氛围与表达方式,一些裁判文书不予记载,一些裁判文书虽有所提及但语焉不详、惜墨如金,完整的"辨识问题—分析问题—解决问题"论述过程并不多见。这一方面使文书论述的逻辑链条上产生跳跃,文书内容令人似懂非懂,甚至出现歧义或前后矛盾;另一方面使得许多值得统一裁判尺度进而形成裁判习惯的国际法问题从未出现于裁判文书之中,也并未引起足够的理论关注和实践磨砺。

(三)对国际法规则的解释与演绎存在混乱

以国际条约为代表,国际法规则在一国国内发生法律效力的机制依不同的内容和国别法规定而各有不同。从国际法角度看,在"条约必须遵守"的基础上,一国采用何种机制或方式适用生效条约,本质上是一国在本国国内履行国际条约义务的具体办法如何。从目前我国的司法实践来看,大量的跨国商事行为已经使得我国涉外司法审判活动无法离开国际条约的适用。② 然而长期以来,我国审判实践中对于国际条约中国际法规则

---

① 〔德〕卡尔·拉伦茨著,陈爱娥译:《法学方法论》,商务印书馆出版社 2003 年 9 月第 1 版,第 10 页。

② 参见蔡从燕:《中国崛起、对外关系法与法院的功能再造》,载《武汉大学学报(哲学社会科学版)》2018 年第 5 期。

的适用始终是不确定且不统一的，这使得裁判文书写作中产生的疑问此起彼伏：符合国际条约的适用条件时，是否需要先援引一条据以适用国际条约的国内法规则（直接适用是否等于直接援引）？国际条约与国内法规定内容冲突时，适用国际条约还是国内法？国际条约与国内法规定内容一致时，适用国际条约还是国内法？当事人可否合意排除国际条约的整体或部分适用？当事人可否合意适用未对我国生效的国际条约，其内容属于事实（合同内容）还是法律？这些疑问均引起过学界讨论，并在《民法通则》（第 142 条）失效后显得更加混乱。①

在具体适用于涉外民商事案件中时，国际法规则的解读和演绎亦是乱花迷眼，甚至出现偏误。以《联合国国际货物销售合同公约》（以下简称CISG）为例，一些文书对公约第六条（parties）理解有误，在仅一方当事人拒绝适用公约时即排除了公约的适用；一些文书依据公约第74条判决当事人赔偿损失，但赔偿范围适用了我国合同法规定的赔偿范围，与条文内容不符；一些文书认定邮件订单形成买卖合同，但未考虑我国就合同书面形式做出的保留而适用了公约；一些文书将条约未规定具体利率标准视为未规定利率问题，而适用了国内法调整利率；等等。对国际规则解释与适用的混乱乃至偏误，不但直接影响了当事人正当利益的实现，也严重折损了我国涉外民商事裁判文书的专业性、权威性。

三、 现存问题的原因分析

不难感受到，前述问题的出现，是多方面的"不足"相互作用的结果。具体言之，在外部条件层面，人才储备、规范供给与机制构建上的不足均是导致问题出现的重要因素，而这些因素也在实践层面上共同维持其

---

① 《中华人民共和国民法通则》第一百四十二条　涉外民事关系的法律适用，依照本章的规定确定。中华人民共和国缔结或者参加的国际条约同中华人民共和国的民事法律有不同规定的，适用国际条约的规定，但中华人民共和国声明保留的条款除外。中华人民共和国法律和中华人民共和国缔结或者参加的国际条约没有规定的，可以适用国际惯例。

至巩固了审判人员专业性不足的现状；在内部素养层面，审判人员专业性不足的表现，是其在若干方面的专业素养、技能存在缺失或短板的共同结果。

（一）外部条件之不足

1. 基层涉外民商事审判人才储备不足

如前所述，涉外民商事审判工作具有其特殊性与复杂性。而众所周知的是，绝大多数涉外审判人员并非在踏入审判岗位之初即从事涉外审判工作，因此其专业背景中很可能没有国际法研习或域外学习经历，甚至从未接触涉外领域。换言之，有国际法专业或域外学习背景的审判人员在整个涉外审判队伍中的比例本身并不可观。[①] 此外，有学者指出，2021年某海事法院受理案件近5 000件，在编法官仅36人，近几年还有10多位法官辞职。[②] 而海事法院在整个法院体系中已经是公认最具备涉外审判人才优势的法院。[③] 故从队伍构建的角度而言，涉外民商事审判队伍的组建标准在专业性和针对性上是有所欠缺的，或尚不普遍，现有的制度体系亦未能有效控制乃至阻止专业人才向外流失，而更为现实的原因在于，我国法官队伍中具有专业涉外审判素养和技能的群体规模本身太小，没有足够的人才储备来应对局势变化、任务增加、人才流动所同时带来的严峻挑战。相较于因法律特别规定涉外审判职权而拥有专门审判团队的中级法院和高级法院，这一点在各地有权受理涉外案件的基层法院表现尤为明显。如广东省某基层法院因集中管辖，2019年全年受理各类涉外民商事案件1 536件，与2018年同期收案109件相比增幅达13.1倍；2020年收案1 720件，同比增长11.98%，然而其负责涉外民商事审判的法官仅有10人，以涉外案

[①] 据笔者对某沿海城市某基层法院的调研及采访结果显示，该院从事涉外（民商事、刑事、知识产权）审判的人数共19人，有国际法学习背景的仅占15.8%。

[②] 吕巍：《年受理案件近5 000件，在编法官仅36人，人才缺口如何补？》，载《人民政协报》2021年10月30日2版。

[③] 参见张勇健、王淑梅、傅晓强：《〈关于海事诉讼管辖问题的规定〉的理解与使用》，载《人民司法（应用）》2016年第10期。

件的平均工作系数来衡量，该院涉外审判人员"库存紧张"的状态不言自明。[①]

2. 国际法规则适用规范体系供给不足

工欲善其事，必先利其器。如果说裁判文书的脊梁在于说理，那么说理的脊梁就在于法律依据。在最高法院指导案例、公报案例、人民法院案例选等具有指导意义的典型案例当中，相当一部分是在没有明确法律依据的情形下做出的裁判，可见此类裁判的审理难度与审判指导需求之巨。然而，大多数法律依据不足的案件是无暇、无力成为案例的，法官受到审判质效的约束，需要在符合事实逻辑和法律规定的前提下尽快平息纠纷，并尽量避免裁判错误或瑕疵的情况发生。因而为了减小风险，其裁判可能或另辟蹊径，或顾左右而言他，或扬长避短，即便结果正确，其说理论述实难做到清晰透彻。与"对接国际通行规则"、"加大国际条约适用力度"、"依法准确适用国际条约和惯例"等各类指导意见、通知决定中高频出现的要求形成对比的是，我国法律对于国际法规则的适用一直缺乏清晰明确的规范构架，多年来处于高位阶规范缺位、散见于部门法的状态，与此同时也缺少司法实践统一指导。国际条约及国际习惯的适用方式、适用范围、解释方法、与国内法规则的冲突处理等适用国际法规则的基本、根本规则长期缺位，为审判人员审理案件、撰写裁判文书徒增障碍。

3. 涉外民商事审判机制构建不足

区别于国内案件的"案多人少"，涉外案件的"案少人少"，不但体现在审判力量上，也体现在审判配套机制上。一方面，尚未针对涉外审判实践中的特殊问题建立对应的审判指导机制。如在类案审判指导体系中，目前尚无关于涉外类案裁判的指导性文件；对于外国法院要求我国法院司法协助调查取证请求的办理，既没有司法公开要求，也没有统一的办理标

---

① 魏丽娜：《博士＋英语专八，这家法院的"涉外法官"都是"别人家的孩子"》，https://baijiahao.baidu.com/s?id=1696480988119638103，访问日期 2022 年 6 月 11 日。

准，个案之间无法参考与比较；原合同法、侵权责任法、婚姻法等多部国内单行法不仅有自己的司法解释，还有配套"理解与适用"，[①] 而 CISG、《统一国际航空运输某些规则的公约》（以下简称 1999 年《蒙特利尔公约》）等民商事领域的重要国际条约，有的仅是一本艰涩难懂的翻译件，条款理解只能依靠自行查阅公开案例、裁判文书、学术论文，对于国际上重要公约适用的"案例集"如联合国贸易法委员会关于联合国国际货物销售合同公约的判例法摘要汇编（CISG Digest，UNCITRAL Digest of Case Law on the United Nations Convention on Contracts for the International Sale of Goods），至今没有对应的权威翻译件予以跟进。另一方面，与其他审判条线相比，涉外民商事审判领域的专业培训、经验介绍、交流研讨等专门针对涉外审判需求的交流活动较少，地区之间更因涉外特色偏重不同而缺少流动，使得已有的成功实践尚未形成共享优势。

（二）内部素养之不足

许多学术观点指责审判人员能力不足，但未就何为能力不足再行展开。笔者认为，"能力不足"是审判人员多项具体素养缺失或弱浅的共同作用。据笔者在审判实践中的了解，包含笔者在内，涉外审判人员的专业素养、技能短板表现为各种样态，大致能够区分为四个方面：一是"涉外意识"方面，即理解"涉外"的重要性，但不知如何通过审判体现及实现该重要性；二是国际法问题辨识方面，即辨别不出国际法问题，进而无法做出充分回应；三是国际法规则的应用和涉外特殊事项的处理方面，即未充分理解国际法规则，或不会处理相关事项；四是外语水平方面，即阅读理解书面语言存在困难，影响了对诉辩意见、证据材料的审查及参考资料的查阅。

1. 涉外民商事审判中的"涉外意识"

在涉外审判实践中，"涉外意识"虽然不能解决某个具体问题，却往

---

① 现《中华人民共和国民法典》第三、第七、第五编。

往对于具体裁判方法及案件整体走向起到关键性的引导作用。它包含很多意义：如审判人员的自我定位，是否对所撰写的涉外裁判文书的国家行为属性存在清楚认知；如审判人员对国际事件的敏感度，在案件某节事实的查明过程中，有无将国际事件对于事实发生的实际原因力考虑在内，进而影响到责任分配的合理性；如审判人员的主权意识，跨境交易的标的、过程、对象等要素是否涉及主权完整、主权安全，外国法院要求协助其调查取证的内容是否损害国家和社会利益；如审判人员的平等保护意识，如何合理、不机械地确保域外当事人与我国当事人享受同等诉讼权利，如何在尊重域外当事人程序权利的同时避免厚此薄彼；如审判人员对中西方法律思维的对比意识，在适用域外法律时如何避免法律适用"自说自话"，保证裁判走出国门后的专业性与合理性。

2. 国际法问题的辨识技能

如前所述，涉外民商事审判领域存在许多不同于国内案件的特殊问题，如对这些国际法问题不具备基本的了解，则自然无法辨识这些问题的存在；如果不能准确辨识这些问题的存在，自然也无法作出回应。20 年前，JP 摩根大通银行与海流航空公司传播抵押权纠纷案曾指出，"'涉外因素—管辖权—法律适用'三步走的裁判思路，已成为我国涉外民商事审判的基本裁判方法"。[①] 随着涉外民商事案件复杂程度的提升，笔者认为，在"三步走"的基础上，一个涉外民商事案件中的国际法问题可能包括：

（1）涉外因素的认定；

（2）管辖权的确定（仲裁协议效力认定）；

（3）法律关系的识别、程序问题与实体问题的辨别；

（4）先决问题（如有）；

（5）涉外送达的正当性；

（6）冲突规范的适用；

[①] 《最高法院发布海事审判典型案例》，https://gongbao.court.gov.cn/Details/129e3fcb2fda9e2afdc23ab1b9427b.html，访问时间 2022 年 6 月 16 日。

（7）具体法律适用（国际法、我国法、域外法）。

3. 国际法规则的应用技能及涉外审判特殊事项的处理技能

就具体解决案件的水平高低而言，审判人员对于常用国际法规则的熟悉程度和应用水平往往起到决定性的作用。对于涉外民商事案件中常见的国际条约如 CISG、《蒙特利尔公约》《联合国承认及执行外国仲裁裁决公约》（以下简称 1958 年《纽约公约》），国际惯例如 UCP600[①]、INCO-TERMS[②] 及知名行业惯例等，对其中具体条款的理解与演绎直接决定着案件审理的质量与效率。如笔者所在部门曾受理一件涉及对《蒙特利尔公约》关于诉讼时效规定之理解的案件，在充分研究、多方请教之后，对相关条款的充分理解直接带来了案件的妥善解决。[③] 与此同时，涉外民商事案件还常常附带许多特殊关联事项需要解决，这些事项妥善处理与否，也与案件审理质量密切相关，包括：

（1）域外法查明；

（2）向外国法院提出司法协助调查取证请求；

（3）公证认证、材料翻译审查与委托跨境鉴定；

（4）调解、仲裁与诉讼的对接。

4. 场合化英语的阅读与应用技能

在涉外民商事案件中，经常出现合同、证明书、电子邮件等外语证据材料，语种以英语最为常见。对这些材料的阅读与审查成为涉外审判人员应用英语的最重要场景之一。尤其在当事人双方对于同一英语表述的翻译持不同意见的情况下，审判人员的法律英语阅读与应用水平对于事实查明而言就显得尤为关键。笔者司法实践中，合同条款中的常见表述如"up

---

① Uniform Customs and Practice for Documentary Credits，《跟单信用证统一惯例》，由国际商会制定，是信用证领域最重要的国际惯例（由于是国际商会第 600 号出版物，简称 UCP600）。

② International Rules for the Interpretation of Trade Terms，《国际贸易术语解释通则》，由国际商会制定，是国际贸易领域的基础性国际通行规则。为适应国际贸易实践发展需要，国际商会先后于 1953 年、1967 年、1976 年、1980 年、1990 年和 2020 年对 INCOTERMS 进行修订和补充，最新版本称为 INCOTERMS2020。

③ 泛亚班拿国际运输代理（中国）有限公司与俄罗斯空桥货运航空公司（AIRBRIDGEC-CARGO AIRLINES LLC）航空货物运输合同纠纷案，案号（2019）沪 0115 民初 81742 号。

to"、"no more than"、"advanced fulfillment"均曾引起当事人争论，有赖审判人员判断。除此之外，随着越来越多的外籍当事人本人积极参与诉讼，较为正式的英语口语在谈话、调解、电话等场合中的使用频率亦有所提高。

事实上，如果将以上外部、内部两个层面的原因共同放在人才培养的维度上观察，可以看到，造成涉外民商事裁判文书中前述现存问题的原因，从根本上是同源的：总体上，进行涉外法治实践的力量储备不足，满足不了立法、司法等应用场合的实际需求，故人才培养的方向应以实践导向为宜；个体上，审判人员在专业素养、技术水平、英语能力等方面或多或少存在缺位或短板，而这些不足之处即是人才培养过程中留意补漏的对象。这一结论，能够为涉外法治人才培养方式、方向提供参考依据。

四、 涉外民商事审判实践的现实挑战与涉外法治人才培养建议

随着我国融入国际社会程度的加深，涉外法治建设各个领域迎来更多、更难、更急挑战，涉外民商事审判实践亦然。近期，全国范围内的涉外民商事案件普遍呈现出一些新特征，对审判工作提出了新的要求。

（一）涉外民商事审判实践的现实挑战

1. 更多：受案体量快速增长

数据显示，多地法院受理的涉外民商事案件数呈现快速上升趋势。[①] 从 2019 年至 2021 年，全国法院审结的一审涉外民商事案件数从 1.7 万件直线上升至 2.1 万件。[②] 以笔者所在法院为例，即使受到 2020 年以来全球

---

① 参见苏州中级人民法院：《审判白皮书 涉外商事篇｜山川异域同日月 良法善治共未来》，https://www.thepa-per.cn/newsDetail_forward_17767263，访问时间 2022 年 6 月 12 日；《广州市南沙自贸区法院：21 项改革创新成果助力自贸区高质量发展》，https://www.gdzf.org.cn/zwgd/202112/t20211230_1090895.htm，访问时间 2022 年 6 月 12 日；前海检察院课题组：《涉外专门法院之审判特点与法律监督应对》，载《法制博览》2021 年 9 月中刊。

② 数据来源：2020 年、2021 年最高法院工作报告。

范围内新冠肺炎疫情的影响，所受理的涉外民商事案件数量仍然从 2019 年的 852 件、2020 年的 846 件上升至 2021 年的 919 件，2 年间增长比例达 8.6%。其中涉"一带一路"案件增多，境外当事人应诉率明显提高（缺席判决比例由 2015 年的 22.5% 降至 2020 年的 1.8%）。

上海市浦东新区人民法院 2019 年至 2020 年受理涉外、涉港澳台民商事案件数（不含财产保全案件）

	涉港案件（件）	涉澳案件（件）	涉台案件（件）	涉外案件（件）	总数（件）
2019 年度	178	13	74	581（含特别程序 12、破产 1）	846
2020 年度	167	14	159	498（含特别程序 4）	838
2021 年度	198	14	76	631（含特别程序 3）	919

2. 更难：审理难度明显提高

近年来，上海、广州、天津、苏州、杭州等多地的涉外民商事审判白皮书显示，在案件数量大幅提升的同时，审理难度也在同步提高，呈现新类型纠纷大量涌现、地域分布更趋广泛、跨境司法需求多元、涉案标的额大幅跃升等特征。从各地已发布的典型案例来看，与国际经济新动态、国际政治新局势密切相关的新类型案件如虚拟货币交易、数据库跨境服务、涉伊朗等国家经济制裁、外国股东损害公司债权人权利、外国法院禁令等纠纷在全国范围内纷纷出现，涉诉交易环节、内容、争点亦愈发细节化、专业化。[1]

3. 更急：审判质效要求向国内案件"看齐"

最高人民法院于 2021 年发布的《"十四五"时期人民法院工作规划纲

---

[1] 《杭州法院发布涉外民商事审判白皮书及十大典型案例（2012—2021）》，https://new.qq.com/omn/20220420/20220420A0AR1Q00.html，访问时间 2022 年 6 月 1 日；《最新！广州法院发布涉外涉港澳台商事审判十年白皮书（附案例）》，https://static.nfapp.southcn.com/content/201904/16/c2122226.html，访问时间 2022 年 6 月 10 日；《天津滨海新区（自贸区）法院发布涉外民商事审判白皮书》，https://m.thepaper.cn/baijiahao_17436932，访问时间 2022 年 6 月 15 日；《汕头法院涉外商事审判工作白皮书（2017—2018）》，https://www.stcourts.gov.cn/web/content?gid=35503&lmdm=1071，访问时间 2022 年 6 月 27 日，等等。

要》中提出，要加快推进涉外审判体系和审判能力建设，促进涉外司法质效提升。在 2021 年全国政协"提高涉外执法司法质效"双周协商座谈会上，"完善涉外执法司法标准和程序"亦被高频明确提出。[①] 以案件审理期限为例，2022 年 2 月以来，上海高院已经发布严格规范案件审限管理要求，并自 2022 年 6 月起，将涉外民商事案件的审理期限默认设置为民事诉讼法对国内案件普通程序规定的审限 180 天。亦即，即使民事诉讼法中并未明确规定涉外民商事案件的审限，今后也并非没有审限方面的管理要求。

该些新特征，无疑向涉外民商事审判人员提出了更多挑战。提高涉外民商事司法审判质效、解决各角度"不足"问题的紧迫性已经升级。

（二）涉外法治人才培养方式的方向性建议

2019 年以来，华东政法大学等全国高校对涉外法治人才提出了明确的培养目标，[②] 亦纷纷指出目前培养机制存在缺陷。[③] 在 8 年的涉外审判实践之中，回望近 10 年的国际法专业学习经历，笔者感到：一方面，由于专业设置，除了国际私法相关内容之外，国际法专业的研习思路、适法深度、实践场景等学习要件，似乎与国内法之间存在天然壁垒，加之所涉文化、思维、语言的差异，国际法与国内法专业学习之间也交互甚少，这使得国际法的学习始终存有一种漂浮感与抽象感；另一方面，在司法考试、公务员考试等涉及"人生决定"的大型考试中，国际法或涉外法的存在感很弱，作为学生似乎始终在接收一种"国际法不是公认的必备技能"的信

---

① 《切实提高涉外执法司法质效　服务更高水平对外开放——全国政协"提高涉外执法司法质效"双周协商座谈会发言摘登》，http://www.cppcc.gov.cn/zxww/2021/11/02/ARTI1635818133211223.shtml，访问日期 2022 年 6 月 25 日。

② 叶青：《推进新时代政法院校法律人才培养创新——华东政法大学新时代法律人才培养改革的实践与探索》，载杨宗科主编：《法学教育研究》（第 28 卷），法律出版社 2020 年版，第 16 页。

③ 参见叶青：《统筹国内法治和涉外法治　坚持全要素法治人才培养》，载《新文科教育研究》2021 年第 1 期；郭励：《创新涉外卓越法治人才培养模式》，载《国家教育行政学院学报》2020 年第 12 期；张法连：《涉外法治专业人才培养需要厘清的几个问题》，载《新文科教育研究》2021 年第 4 期。

息。然而来到具体涉外审判实践中，小到判断证据材料中一个英文表述的具体含义，大到以国际法规则为依据分配当事人的法律责任，却时刻需要踏实、深厚的国际法应用功底。因此，笔者认为，对于涉外法治人才的培养，无论是"造就一支高素质涉外法治服务人才队伍"①，还是"加强涉外执法司法人才培养和使用"②，均应从实践需求的角度出发，寻求理论基础、专业背景"落地"于实际应用的方式方法。结合本文论述，笔者对于涉外法治人才培养方式提出方向性建议如下：

1. 注重搭建专属于国际法专业的具象场景

本科和硕士学习阶段，民商法、刑法、诉讼法等国内法专业的同学经常调侃国际法专业"高大上"，一方面在于国际法学习中经常需要使用英语，另一方面在于国际法的使用确实极少出现在日常生活场景之中。已有学者指出，审判人员缺乏相关生活经验是我国涉外民商事裁判文书存在问题的原因之一。③ 因此，以实践性的培养目标为指引，在日常培养模式中，宜更为普遍地搭建出不同的具象场景以模拟国际法的具体应用：如采用真实案件而非虚拟案件进行模拟仲裁或模拟法庭，组织商务合作、学术交流、条约拟定等不同需求的模拟谈判演习，前往国际组织、司法机关、跨国企业、涉外律所等实务部门进行观摩实习等，提高国际法学习的感性认识与"潜意识"，进而充分调动相应的理性思考。

2. 注重增强对具体国际法规则的熟悉程度与应用技能

法律作为一种工具，使用者对工具的熟悉程度直接决定了应用水平，国际法并不例外。我们常说，诸如 CISG、1958 年《纽约公约》等耳熟能详的国际条约，其经过多方、多轮协商与谈判，条文中恐怕没有一个字是

---

① 谢靓：《全国政协召开双周协商座谈会 围绕"建设高素质的涉外法律服务人才队伍"协商议政 汪洋主持》，载《人民政协报》2020 年 4 月 18 日第 1 版。

② 《切实提高涉外执法司法质效 服务更高水平对外开放——全国政协"提高涉外执法司法质效"双周协商座谈会发言摘登》，http://www.cppcc.gov.cn/zxww/2021/11/02/ARTI1635818133211223.shtml，访问日期 2022 年 6 月 25 日。

③ 参见宋连斌、赵正华：《我国涉外民商事裁判文书现存问题探讨》，载《法学评论》2011 年第 1 期（总第 165 期）。

多余的。但至于为何不多余、如何不多余，某个条款具体的适用情景是什么，其与对应的国内法条文（如有）相比差异在何处，或者其如何被吸收于国内法条文之中，本土化的过程中经过了什么改良，是少有人敢自称熟知的。宜采取条款对比、案例讨论等方式，加深对这些具体国际法规则的研习，以潜在地打好实践中举一反三、融会贯通之力的基础。

3. 注重进行中西法律思维差异方面的理解与培训

由于构建过程、运行方式的不同，国际法体系的逻辑与思维方式与国内法是存在差异的。以审判实践为例，由于这种思维方面的差异，使得涉外审判实践中几乎每个"常规环节"都与国内案件存有应予回应的差别：如送达问题上，即使当事人已经依法应诉，如涉及跨境送达仍需注意受送达国是否禁止该种送达方式（如电子方式直接送达）；法律关系的辨别上，除了关注纠纷本身性质之外，还要注意识别本身适用的法律与识别出的法律关系所适用的法律可能在法域或国别上并不相同；对具体条文的内容、有效性以及理解适用上，国内法中的大部分问题可以检索到结论或存在定论，而国际法问题很可能没有定论，也并没有统一的权力机构来确保和验证相关结论的正确性。不可否认，起码在当下，无论从书面语言习惯、裁判说理思路还是"条约必须遵守"的态度方面看，国际法体系的思维方式都与西方法律思维模式更为接近。有鉴于此，增强这方面对比性观察、研习将有益于借"知己知彼"而提高实际应用水平。

4. 提高法律英语的场合化使用能力

虽然许多学术观点提及，涉外法治人才不等同于"法律＋外语"，但毋庸置疑的是，英语作为全球范围内使用最广的官方语言，仍应被视为涉外法治人才需要具备的基础能力。当下，一方面对于法律英语的使用能力并没有统一的评价标准，也没有较为权威的专门性考试，故难以作为一项标准化的技能而去探讨如何掌握；另一方面，对于听力与口语表达等交流过程中的英语应用能力，亦尚未得到普遍性的重视，宜通过增设这些方面的课程与实践性活动，如必修的全英文国际法课程等，提高不同场合下的语言实际使用能力。

新冠肺炎疫情时期，国际局势日益复杂。"我国有效参与国际规则制定，做全球治理变革进程的参与者、推动者、引领者，离不开具有爱国主义情怀、良好政治素养、扎实法学和外语功底、缜密逻辑思维能力和多学科知识，能为国家解决重大复杂涉外法治事务的高素质法治人才。"① 涉外法治人才的培养，必定是任重道远的。以符合实践需求为出发点和落脚点，相信不远的将来，涉外法治人才的队伍定将获得充实，为我国涉外法治体系建设提供坚实的人力与智力支撑。

① 郑雅方、江必新：《加强涉外法治人才培养的四个维度》，载《光明日报》2021 年 5 月 4 日第 7 版。

涉外法治人才培养目标下的案例类课程教学探索

■ 于　丹[①]

【摘要】服务于涉外法治人才培养的目标，案例课程应当融入德法兼修、强化应用的理念。应当在传统案例课程的基础上，通过重新设计案例材料、教学流程和教学方法与内容来实现。案例选取应突出思政成分和比较法成分；教学流程和方法重在利用好课堂内外的时间、线下和线上多平台资源；教学应增加对国际立法人才储备而设计的内容。

【关键词】案例课程　涉外法治人才培养　案例选取　教学流程

"培养什么人、怎样培养人、为谁培养人"，是新时代高校必须明确的育人根本问题。服务国家发展大局，我国现阶段法学人才培养的重点目标指向了政治立场坚定、具有国际视野、通晓国际规则、能够参与国际实务、善于维护国家利益的涉外法治人才。[②] 作为推进涉外法治人才培养目标的一部分，本科课程方案中实践类课程所占比例相应提高。案例类课程属实践课程之一种形式，被引入我国法学本科教学方案已有多年。但是，

---

① 于丹，华东政法大学国际法学院副教授，硕士生导师。
② 参见最高人民法院院长周强在对外经济贸易大学调研座谈时的讲话。https://baijiahao.baidu.com/s?id=1703504925899407596&wfr=spider&for=pc 2022 年 6 月 1 日访问。

案例课程如何服务于涉外人才培养的目标，高等教育学界的探索才刚刚开始。传统案例课程的教学目标重在传授法学知识和锻炼法律技能，对于价值引领和服务国家利益的目标研究不多。服务涉外法治人才培养目标，需在传统案例课程的基础上相应调整教学内容和教学流程、引入思想政治价值目标。结合笔者所在单位近两年来开设案例类课程的教学经验，本文将探讨如何通过案例选择和教学流程的调整来融入"德法兼修、强化应用"的理念，以及如何使课程内容服务于国际立法人才的培养。

一、 采用案例课程的意义

案例课程是以单个的案例作为研究对象，通过引导学生运用法律思维和法学方法对案例进行分析，从而使学生掌握基本的法学原理，并发散思维解决相关法律问题的一种教学方法和课程模式。[1] 案例课程相对于讲授类课程的一个主要特点就是实践性。课程通过在案例的具体情境中引入法律问题，围绕着解决法律问题推动学习者开展法律研究、锻炼法律分析能力和法律推理能力。所以，相比讲授类的授课方式，更易于避免理论与实践两张皮的现象。从功能和模式角度来看，传统的案例课程可以分为两个类别：一类是以案例引入的例证教学。通过案例引入涉及的法律知识，结合案例内容进行分析，从而加深对于理论的理解，并学会使用。此类案例课程引入我国高校已经有数十年的时间，几乎所有的法学课堂上都有不同程度的使用。[2] 另一类是最近几年引入我国法学课堂的案例研习课程。案例研习，正像其名称表述的那样，课堂教学的主要内容是"练习"。案例旨在引导学生融入案件情境，撰写案例研究报告，展开苏格拉底式问答和互动式讨论，在事实与规范的对应中发现法理。[3] 目前案例研习课程已经

---

[1] 王家启：《法学案例教学模式与方法述论》，载《北京科技大学学报（社会科学版）》，2009 年第 3 期。

[2] 何美欢：《理想的专业法学教育》，载《清华法学》2006 年第 3 期。

[3] 王康：《对民法案例研习教学实践的思考》，载《法学教育研究》，2015 年第 1 期。

涉外法治人才培养机制的反思与创新

广泛应用于民法学、刑法学等法学基础类课程，课程对于培育学生法学思维能力的效果受到肯定。以上两类课程虽都属案例课程，但两者的教学目标却存在明显差异，前者的目标重在知识传授，而后者则重在法学分析技能的提升。

服务于涉外法治人才培养的目标，华东政法大学国际法学院在本科生课程的第 5 至第 7 学期，设置了系列案例课程，如航运法案例研习、国际经济法案例研习。国际法学院开设的案例课程兼具传统两类案例课程的特点，教学目标中既有传授法知识的一面，又有锻炼法律技能的一面。首先，国际经济法和航运法都具有一定的交叉学科属性，其中涉及的法学知识仍然需要课堂讲授。所以"案例"在相当程度上发挥着"例证"和"分析素材"的作用，用以引导学生去理解特定法律制度产生的背景、存在的理论基础。其次，国际经济法和航运法亦具有鲜明的涉外性，解决该领域法律纠纷所需的分析和推理路径有其自身的规律。虽然学生们普遍在一、二年级的学习中掌握了一定的法律分析技能，但是距离解决实践问题的操作性能力仍需进一步培训获得。这也正是本文介绍的案例课程所致力于实现的目标——从法学基本分析方法向法学实践操作技能过渡。课程通过案例研究、问答、讨论活动锻炼学生对法律事实与法律规范的分析能力。因此，案例课程适合开设于本科三、四年级，要求学习者已经掌握法学知识的基本原理和法学各学科的基本架构。另外，通过本科前二年的学习，大部分学生已经掌握了法学分析的基本方法。

案例课程对于贯彻德法兼修、强化应用的理念，具有突出的优势。习近平总书记强调："人才培养一定是育人和育才相统一的过程，而育人是本。"[①] 法治是复杂的系统性工程，不仅需要法治体系的构建，也离不开正确思想的引领与道德的支撑。国际经济、航运都属于国家战略利益非常集中的专业领域，近年来国家在这两个领域出台了系列体现顶层设计的规划和政策。学习法律知识，离不开理解、领会法律制度背后的政策目标。也

---

① 《习近平在北京大学师生座谈会上的讲话》，《人民日报》2018 年 5 月 3 日。

只有深刻领会国家规划和政策的精神，才能真正将所学知识转化成国家建设的砖和瓦，真正成为合格的涉外法治人才。现代大学生处于信息大爆炸的时代，互联网以及移动电子设备虽然方便他们随时随地获知信息，但是也容易将他们淹没于信息碎片的洪流中。信息爆炸的现象反倒影响了学生们系统全面理解国家规划和政策的全貌。报纸和新闻对于政策的内容介绍往往比较简单；思想政治理论课学习的内容又相对比较抽象。案例类课程恰好可以提供一个在具体的情境中体会、理解国家政策涵义的机会。比如，案例课会聚焦美国经济制裁、国家供应链安全建设，通过法学制度介绍分析法律背后蕴含的国家利益以及国际供应链治理面临的瓶颈性问题。通过具体案例的分析，可以给学生提供一个系统、深刻领悟国家对外经贸战略的机会。从而在知识传授、能力培养的过程中融入价值培养内涵，潜移默化地引导学生将爱国热情转化为学习专业知识的动力。

二、　案例教学内容的选取

案例课程的成功与否在很大程度上依托于案例的质量。高质量的案例能够调动学习兴趣、渗透价值观教育并使课堂教学过程推进顺畅，所以案例的筛选工作非常重要。传统案例课程选取案例考虑的指标主要是：蕴含的知识内容的典型性、时效性和案例事实的清晰性。[①] 服务于涉外法治人才培养的案例课程，选取案例的指标除了以上几个特点外，还要考虑到思政成分和面向涉外法治工作的实践成分。

（一）面向涉外法治的思政成分

"政治立场坚定、善于维护国家利益"，是涉外法治人才培养的一项目标。知识与价值是不可分割且彼此支撑的。知识传授与价值引领是育人的

---

① 刘衡：《案例教学在国际商法课程教学中的运用》，载《安徽工业大学学报（社会科学版）》，2008 年第 6 期。

基本实现形式，也是育人实践在学校场域中最具效能的实现形式，教育教学中既要注重在价值传播中凝聚知识底蕴，又要注重在知识传播中强调价值引领。[1] 所以，案例的选取应充分考虑其中蕴涵的思想政治底蕴和国家利益要素，以为后续教学活动进一步展开阐述相关法律制度背后的政策利益作出铺垫。比如，关于国际货物运输中货损责任的案例数以万计，法学教科书中介绍的该领域经典案例也很多。教师经过思政要素的衡量，选择了 2019 年发生的联邦快递公司"误运"华为公司包裹案[2]作为教学案例。因为这个案子中不仅包含了"国际航空运输"、"法律适用"、"货物运输中断"等运输法中的典型事实，还涉及美国通过国际运输遏制中国经济发展的时政话题。通过此案例的教学，可以让学生在具体情境中理解供应链安全对于国家安全和发展的重要意义，由此可进一步对中国的交通强国战略、反外国制裁举措加以阐释。通过引入国家战略的宏观背景，法学知识——"国际货物运输法律制度"背后蕴含的法政策也同步得到明确。在此基础上再展开法学知识的讲授就更易理解。所以，在航运法案例研习课程中作为教学材料的 12 个案例中，教师都充分考量，使其中蕴含思政成分。希望以此为基础，帮助学生在情境中理解专业学习与国家发展之间的紧密联系，从而更加明确学习的方向。

（二）面向涉外法治的比较法视野

知己知彼、百战不殆，涉外法治人才应具有良好的比较法视野。教学案例的选择应兼顾不同法系、不同法文化背景，注重不同国家或地区法院对于同一类法律案件的处理路径差异。比如在介绍多式联运法律制度时，教师分别选取了英国、德国和中国法院的相关案例。英国的案例[3]取材于

---

[1] 高德翼、宗爱东：《从思政课程到课程思政：从战略高度构建高校思想政治教育课程体系》，载《中国高等教育》，2017 年第 1 期。

[2] 2019 年 5 月华为公司寄出两件包裹分别至香港和新加坡的办公室，但却被联邦快递公司（FEDEX）转运至美国。虽然 FEDEX 极力声称只是错误操作，但评论普遍认为真实的原因是 FEDEX 受到美国国家安全部门的指示有意将包裹送至美国。

[3] 参见本文第三（一）部分。

上诉法院判例，其中的司法推理过程阐释详细、案例事实也很具代表性，在普通法系国家有广泛影响。于是教师将英国案例作为教学分析的主要素材，但在课上对该案的评析结束后，又布置阅读德国法院和中国法院案例，要求同学们带着比较法的思维去对比各国法院对于"多式联运合同"认定路径的差异，从而引出各国处理相同问题的不同法律思维以及背后的法政策原因。此外，案例的选取还要兼顾中、英文材料的搭配，兼顾原始材料和教学加工材料的搭配，以方便学生了解法律实践的真实样貌。比如，上述英国上诉法院关于多式联运的案例材料，教师同时下发了中、英文版本的案例摘要和英文判决书原文。

三、 案例课程的教学流程与方法

鉴于案例课程的目标既有知识传授又有技能练习，必然需要较多的时间投入。而选修课课程有 2 个学分，每个教学周用于课堂教学的时间只有 2 个课时。课堂教学时间有限，就要尝试着将部分教学活动转到课堂时间之外。案例下发后，法律检索和研究活动主要由学生在课堂以外的时间完成。案例的事实部分之后会布置具有一定开发性的思考题，学生为了找到答案，就要学习如何像律师或法官一样思考：为了搞清楚法律关系，要研究分析案例、画出法律关系结构图；为了找到法律依据、理解双方诉请，要进行法律检索；要在现有法律规范抽象或空白的时候，提供解决法律问题的方案，要尝试进行法律推理和类比。很多时候，学生为了更好地完成任务，还会自发组成学习小组，对于案例思考题进行讨论。根据任课教师对四轮开课情况的统计，学生投入课下和课堂时间的平均比例为 3：1。即在每个教学周，在课堂 2 节课的时间之外，学生还要投入 6 个小时左右的时间用于课前准备。

（一）教学流程

教师会提前一周下发案例材料，提出需要思考的问题。课堂上通过提问或小组汇报的形式了解同学们的思考路径和结论。教师对案例涉及的知识点进行梳理、介绍分析案例、进行法律论证的方法。为了形象阐明课程教学的流程安排，下面就以国际货物运输法一个案例的教学过程为例进行介绍。英国上诉法院于 2010 年审理的昆腾公司诉法国航空和普雷恩卡车公司案①涉及国际运输法律的知识，同时该案解决过程应用到国际公约的解释、国内法与国际法的衔接等法律技能。但是该案的英文判决原文字数较多、专业术语较为艰涩，所以教师提前对英文判决文书进行剪裁编纂、翻译成中文，下发的案例事实如下：

量子公司诉普雷恩卡车公司和法国航空案（Quantum Corporation Ltd v. Plane Trucking Ltd and Air France）

案件事实：1998 年 9 月份，原告委托被告法国航空托运一批硬盘，起运地为新加坡，目的地为都柏林，申明货物价值为 150 万美元。被告接收货物后，出具了航空运单。由于法航没有从新加坡到都柏林的直飞航线，所以运单上载明的行程为两段：新加坡至巴黎戴高乐机场；巴黎戴高乐机场至都柏林。原被告之间有长期的业务往来，原告托运的其他批次货物运单也是如上记载。原告知道法航会将从巴黎到都柏林的运输委托给卡车公司和海运公司实际运输。该单货物到达巴黎以后的陆路运输由普雷恩卡车公司承运，后者也是法国航空的常年合作伙伴。货物运至英国境内时，被普雷恩卡车公司的雇员盗走（涉案 2 位雇员已被刑事起诉）。普雷恩卡车公司承认其自身的责任，但案发时已进入破产程序，偿债能力有限。原告又向法国航空主张硬盘丢失的赔偿。法航认可自己应当承担赔偿责任，但称只能按照其运输总条件规定的赔偿责任限额——17SDR②/公斤进行赔偿。双方最终不能就赔偿达成一致方案，原告遂在英国对两被告提起诉讼，请求法院支持被告赔偿其硬盘丢失的全部损失。运输总条件的内容属于运输合同的一部分，对合同双方都有约束力。法航的运输总条件声明不适用

① ［2002］EWCA Civ 350；［2002］1 W.L.R. 2678.

② SDR 为国际货币基金组织创设的国际货币记账单位，简称"特别提款权"。

《经海牙议定书修订的华沙公约》第 25 条（该条规定：承运人的代理人、雇员也可以援引承运人责任限制的保护，但如果雇员或代理人明知自己的行为将会导致货物损失仍有意为之，则不受赔偿责任限额保护。）原告主张，在巴黎—都柏林运输区间内，承运人的责任应该受《国际公路货物运输合同公约》（CMR）的约束。该公约第 1 条规定，公约适用于"公路运输合同，只要货物的起运地和目的地位于两个不同的国家，并且其中至少有一个国家是公约的缔约国"。公约第 23 条规定，承运人可以将货物丢失或损坏的赔偿限额限制在每公斤 8.33SDR。公约第 29 条规定，如果货物的丢失或损坏系由承运人、承运人的雇员或代理人、其他实际承担运输任务的人的有意不当行为造成，则承运人无权援引第 23 条限制自己的责任。法国已经加入了 CMR。被告法航辩称：损失发生在法航负责承运的期间，应适用合同约定的条件来确定赔偿标准和条件。法航的运输总条件规定，法航对于货物的赔偿责任仅在规定的限额内（17SDR/公斤）承担，仅在货损是由法航故意或过失导致的情况下，责任的限额才能免除。本案货物的丢失是由法航代理人的雇员造成的，与法航无关，所以法航依然仅在限额内承担赔偿责任。

随事实材料下发的思考题是：从巴黎—都柏林期间内的运输关系，性质上属于公路运输还是航空运输的一部分？CMR 和华沙公约关于货物丢失的赔偿责任规则有何差别？本案被告的责任应依据哪一个法律规范确定？

学生组成 5 人为一单位的讨论小组，各小组上课之前自行安排时间和方式对上述三个思考题进行讨论。课上各小组分别派代表发言，每人发言时间不超过 5 分钟。教师对多式联运和国际运输立法的情况进行介绍，说明对多式联运和单式运输合同进行区分的意义和方法。然后，对各小组的发言成果进行点评。上课结束时下发的阅读材料有三项：（1）案件的英文判决书原文，以方便学生了解国际运输法律的术语表达以及英国司法文书内容；（2）德国法院和中国法院关于国际货物多式联运的案例，要求学生阅读并总结德国、中国法院对于"多式联运合同"认定路径的差异，下次上课进行小组汇报；（3）国内外学术期刊关于案例的评析类文章的链接，这项材料属于课外延伸阅读的内容，非课程教学内容，仅供学有余力的学生后续研究探讨之用。

（二）教学进度安排

案例课程的教学时间为 16 个教学周，每周 2 课时，共 12 个案例。案例材料和技能要求的深度在 16 周的时间里逐步推进。具体来说，教学内容难度在学期初（1—4 周）、学期中（5—8 周）和学期末（9—16 周）三个阶段里逐步加深。学期初选取法律关系相对简单的案例，下发的案件材料经过教师的编辑更易于阅读。课堂教学内容主要集中在法律关系分析，重点讲授国际经济关系的法律性质、各方主体的法律身份识别。学期中选取的案例法律关系相对复杂，主体众多。课堂内容集中于国际经济法律关系分析的方法，同时对其中涉及的特殊法律制度，如信用证、提单予以介绍。学期末下发的案例分析材料，包括原始判决文书和相关的证据材料。将包括当事人的诉求和举证内容、法院认定的事实、裁判说理以及判决等材料，原汁原味地呈现于学生面前。目的是让学生分析推断引发纠纷发生的事实的来龙去脉，放在真实的情境下考虑法律制度和司法活动的作用。课堂教学内容重点放在剖析制度背后的法理。学期末阶段的每一次课前都有案例分析报告的作业，由研究生助教负责批阅。课堂上除了继续讲授案例涉及的知识和理论外，还会留下一些开放性的问题供同学们思索。比如 Quantum 案课堂教学完成后，提出了"多式联运的国际立法内容设计"的课题。根据已完成几次的课程教学反馈，发现开放性问题对于激发学生科研热情的效果明显。通过对教学案例的深入分析，一些学生对相关法律问题产生继续研究的动力，继而在学年论文、论文竞赛等活动中选择撰写同一主题的论文。而从后续撰写论文的情况来看，经过案例课程对于法律问题的分析，论文成果普遍比学生自主选题的论文具有更深入的理论探索。

（三）教学平台

现代的多媒体技术给师生间的交流提供了前所未有的多种联系渠道。在课堂教学之外，教师选择了多种线上平台作为师生、生生交流的辅助渠道。"学习通"是学校指定的线上教学平台，该平台的特点是可以长时间保存教学资料、能够记载学习的浏览痕迹，但缺点是即时查阅功能不够灵活。教师于是把需课前阅读的案例材料、课后查阅的教学 PPT 和延伸阅读材料放在学习通平台上，并通过学生浏览记录统计预习和复习情况。微信群的好处是方便即时通信，并且发布消息相互可见。教师因此开设微信群发布通知和答疑。2000 年上半年和 2022 年上半年因新冠肺炎疫情流行，案例课堂教学活动又转移至腾讯会议室。

多平台交流有利于师生间更直观的交流。经统计发现，在微信群答疑的效果好于线下答疑。按照学校坐班答疑的规定，每门课程的任课教师都要在每周的固定时间在办公室或教室现场答疑。但实际上在答疑时间里几乎没有学生到指定地点提问和交流。其中原因可能有如下两点：（1）时间和地点不够灵活。指定的答疑时间学生多有其他学习活动安排，指定的答疑地点与学生宿舍楼、教学楼也未必处于相近区域。另外，学生对于课程内容的疑问可能产生于任何时间，但指定的坐班答疑时间却是固定于每周的特定时段，所以疑惑待到指定答疑时间往往就不太清晰了。（2）学生紧张情绪。部分同学在和老师面对面交流时是比较紧张的，如果不是特别重大的问题往往羞于当面提问。所以，在指定的坐班答疑时间内，很少有学生主动提问。然而微信平台上，以上两个影响答疑活动顺利开展的问题似乎可以迎刃而解。首先，微信群答疑不受时间和地点的限制。学生们产生疑问后可以第一时间在微信群里留言。其次，微信群里以文字形式提问，可以克服部分同学因面对面交流产生的紧张感。文字形式提问需要学生整理思路、措辞、凝练问题，这一过程也有助于训练学生的思考和表达能力。再次，微信群答疑还能产生更大范围的回馈效果。学生提问的内容往往带有普遍性，一个提问的内容可能也是其他同学所疑惑的。所以，通过教师在微信群里的解答，提问同学以外的其他同学也获得了解答或启发，某些同学甚至在此基础上进一步提问，从而推进问题的深入思考。正是针对微信群的这种公共聊天室的特点，教师看到某些问题后不会直接作答，而是在群里征集其他同学的答案。在相互答疑、互助学习的交流后，教师再进行点评，效果更好。通过微信平台开展的答疑和讨论活动，教师可以及时发现学生的困惑以及教学过程中可能存在的问题，进而及时作出调整。

四、 案例课程与国际立法人才培养

国际经济与航运法的渊源很大部分都来自国际公约或惯例，国内法的内容亦深受国际立法的影响。国际经济立法的原则、规则和体系主体形成于第二次世界大战之后，当时我国在国际法律和国际规则的塑造过程中话语权非常有限，既有规则难以体现我国以及我国为代表的广大发展中国家利益。国际经济立法过程往往是首先从法律专家研究、形成专家建议稿，国际组织或会议研讨，最后才召开外交会议讨论通过。所以，法律规则的内容深受立法专家的影响，而立法被接受的程度则深受立法技术的影响。比如，《联合国国际货物销售合同公约（CISG）》① 的诞生离不开英国法学家施米托夫关于现代商人法的理论以及他所主持的草案起草活动，促进高价值移动设备国际融资活动的《移动设备国际利益公约》② 的诞生离不开英国法学家罗伊古德关于国际统一商法的理论和他所主持的草案起草活动。上述两项公约都在获得通过后很短的几年里就吸引了众多国家接受和加入。其中的原因固然要归结为统一的实体法规则确实迎合了主权者对于相关领域的私法统一化需求，但立法所应用的精妙技术也是国际立法获得

---

① 1980 年在维也纳举行的联合国外交会议上通过，1988 年生效，目前有 95 个缔约方。
② 2001 年在南非开普敦外交会议上通过，2006 年生效，目前有 83 个缔约国。

成功所不可缺少的。比如，以上两项公约都为缔约国提供了灵活的选择权，允许缔约国选择自己所承担的公约义务内容。① 后者还确立了公约与议定书结合生效的创新生效机制。②

国际法的立法过程显著区别于国内立法。当前国际社会进入百年未有之大变局，全球治理体系变革进入关键阶段。在新一轮的国际立法和规则塑造过程中，我国应当发挥主导性作用，贡献能够发挥引领作用的国际立法人才。我国传统法学教育对于如何塑造和储备国际立法人才一直鲜有涉猎，国际立法的人才储备不足以服务于国家引领全球治理的规则塑造需求。因此，涉外法治人才培养的目标之一也正是为国际法律和规则塑造储备法学专业人才。朝向这一目标，案例课程的教学内容在让学生"熟悉国际法律规则"的基础上，也要培育他们"参与国际法律实务"的实践能力。在案例所涉的问题现阶段没有完善法律制度保障的时候，教师会引导学生思考如何去建构、发展国际立法的问题。引入立法者视角，推动学生锻炼像立法者一样思考的能力。课堂教学在分析案例结束后，会对涉及的公约、惯例、软法的形成、使用效果、面临挑战等几个问题进行介绍。比如，Quantum 案涉及的国际立法之一是 1980 年通过的《联合国国际货物多式联运公约》。该公约萌芽于国际运输普遍采用多种运输方式联运的现实需求下，由联合国贸发会组织法学专家起草，由联合国外交会议讨论通过。但遗憾的是，这样一部既"生逢其时"又"出身高贵"的国际立法，并未得到主权国家的广泛支持，以至于迄今还尚未生效。课堂上教师会引导学生对公约未获广泛接受的原因进行讨论，对影响国际立法的经济、政治、文化和技术原因进行剖析。所以，课堂在介绍规则、制度的同时也要穿插规则背后的故事。比如，对《联合国国际货物多式联运公约》草案起草小组的组成构成和经历进行介绍。通过这种介绍，让学生了解国际立法人才的基本要求：扎实的法学理论功底、宽广的比较法视野、多语言工作

---

① 参见《联合国国际货物销售合同公约》第 92 条。参见《移动设备国际利益公约》第 50、54、55 条。

② 参见《移动设备国际利益公约》第 6 条。

能力和特定专业领域经验，进而可以为学生规划自己的学业和职业生涯，提供目标导向。

五、 结语

服务于涉外法治人才培养目标的案例课程建设，要在教学目标、教学内容和教学流程三个方面贯彻德法兼修、强化应用的理念。课程建设目前仍属于早期探索阶段，今后将通过教学效果反馈的指标作出进一步优化。

涉外法治人才标准界定下的课程设计与教学内容改革初探

■ 甘　瑛①

【摘要】涉外法治人才培养在新的时代背景下被赋予全新内涵和要求，高校作为涉外法治人才培养的重要基地，只有在深刻明确"涉外法治人才"界定标准基础上进行有效的课程体系设计和教学内容改革，才能解决人才培养的核心问题。本文提出涉外法治人才之"德"、"智"、"勇"有机统合的"一体三层"界定标准。培养涉外法治人才的课程体系设计应紧密围绕此界定标准进行，设置"三位一体"综合性课程总体系。在综合性课程体系设计中，一是充分围绕涉外法律素养形成的需要，培养人才之"智"，设置第一位的突显中国心的法律素养课程子体系；二是强化国际事务解决实践能力（含外语能力），培养人才之"勇"，设置第二位的维护国家利益能力的实践性课程子体系以及第三位的强化法律与实务外语能力课程子体系。同时，对"三位一体"综合性课程体系中的教学内容进行改革，强化人才之"德"的培养。由此解决"涉外法治人才"培养中的核心问题。

【关键词】涉外法治人才　界定标准　"三位一体"　课程体系　教学内容改革

---

① 甘瑛，华东政法大学国际法学院副教授，硕士生导师。

一、"涉外法治人才" 界定标准分析

（一）涉外法治人才培养之背景

当今世界正面临全球化与逆全球化的国际问题，新的国际格局与秩序的巨大变化使国际社会来到了新的十字路口。[①] 中国在推动构建人类命运共同体目标之下，坚持统筹推进国内法治和涉外法治，加快涉外法治工作战略布局，协调推进国内治理和国际治理，更好维护国家主权、安全、发展利益。[②] 在涉外法治工作战略布局之下，我国的"走出去"、"自贸试验区"、"一带一路"等极大激发了诸如国际投资、贸易、金融、知识产权、贸易救济、反垄断、国际争端解决等诸多涉外法律交流合作的市场需求。从区域层面看，以"一带一路"建设为例，它覆盖了政治经济文化各方面差异巨大的众多国家，要求"政策沟通、设施联通、贸易畅通、资金融通、民心相通"的"五通"建设，必然有众多法律问题亟须解决。而在全球层面，中国要防止以美国为首的西方国家大搞逆全球化的情况，坚持公平公正地参与全球治理进程。面对目标宏大、需求剧增的情况，中国具有爱国情怀、国际视野、熟悉国际法律规则、能熟练处理涉外法律事务的涉外法治人才供给却显得相当紧缺。

法律人才是建设法治国家的第一资源[③]，在上述背景下对涉外法治人才的培养提出了更新要求。涉外法治人才培养是一个系统工程，我国高等院校教育作为重大环节，肩负着时代赋予的历史使命。高校要有效达成使

[①] 习近平主席于 2018 年 7 月在南非约翰内斯堡举行的"金砖国家工商论坛"发表的《顺应时代潮流实现共同发展》重要讲话，载中国共产党新闻网：http://cpc.people.com.cn/n1/2018/0726/c64094-30170246.html，2022 年 6 月 22 日访问。

[②] 参见习近平主席在 2020 年中央全面依法治国工作会议上的讲话，载中国共产党新闻网：http://cpc.people.com.cn/n1/2020/1117/c64094-31934454.html，2022 年 6 月 22 日访问。

[③] 霍宪丹：《法律人才是建设法治国家的第一资源——从法律职业到法学教育》，载《中国法学教育研究》2006 年第 4 期。

命，必当在培养目标和机制、课程体系建设、教学内容改革、教材研究开发、师资队伍建设等诸多要素之间形成有机联系的统一整体。其中，课程体系的设计和教学内容的改革，是培养人才的核心环节，而这必须建立在厘清"涉外法治人才"界定标准的基础上。

（二）人才界定之"一体三层"标准

对于"涉外法治人才"的界定标准，学界并无统一看法。有学者认为，应着力培养"具有战略思维、世界眼光、精通 WTO 规则和国际经济、法律的复合型、应用型人才"[①]。有学者认为，应培养"通晓国际规则、熟悉中国法律、能够熟练运用外语教学国际法律、外交事务的国际化、涉外'复合型'高端法律人才"[②]。笔者认为，对于"涉外法治人才"的界定应从"涉外法治"和"人才"这两方面着眼。

首先，就"涉外法治"这个重要因素，学者存在不同看法，有的认为，涉外法治是具有涉外因素的由中国国内法管辖的法律关系法治范畴，是国内法治的一个方面，在国内法治和国际法治之间发挥着桥梁纽带、互动融通的作用[③]。有的认为，"涉外法治"还应当包含由国际法（条约、习惯国际法等）所调整的法治范畴。[④] 前者为狭义理解，后者为广义理解。笔者认为，从国家推进参与全球治理的需要出发，基于高校全面育人的以期培养具备综合解决问题能力的人才需要出发，采用广义理解更为合适。

其次，就"人才"这一着眼点，国家出台了培养涉外法治人才具有重要的指导意义的文件。党中央提出建设中国特色社会主义法治体系、建设社会主义法治国家的总目标，要求"建设通晓国际法律规则、善于处理涉

① 阎亚林：《谈"入世"与现代法律人才培养》，载《陕西师范大学学报：哲学社会科学版》2003 年第 5 期。

② 王文华：《论涉外法治人才培养机制创新》，载《中国大学教学》2015 年第 11 期。

③ 黄惠康：《习近平关于国际法治系列重要论述的核心要义》，载《武大国际法评论》2021 年第 1 期。

④ 黄进：《如何加强涉外法治人才培养》，载《法制日报》2019 年 11 月 20 日第 9 版。

外法律事务的涉外法治人才队伍"。① 教育部和中央政法委曾指出,"为适应世界多极化、经济全球化深入发展和国家对外开放的需要,培养一批具有国际视野、通晓国际规则,能够参与国际法律事务和维护国家利益的涉外法律人才"②。习近平主席指出:"参与全球治理需要一大批熟悉党和国家方针政策、了解我国国情、具有全球视野、熟练运用外语、通晓国际规则、精通国际谈判的专业人才。"③ 结合中国圣人孔子的提出"人才"(君子)必须同时具备"仁、智、勇"的观点来分析,④ 笔者认为,"涉外法治人才"应以"一体三层"的标准加以界定。

第一层次,也是首要层次,就是文件中"中国特色社会主义"、"党和国家方针政策","国家利益"所指明的,人才应当具备"仁德"的基础要素。这一层次强调人才要有真正的"中国心",有坚定的社会主义理想信念,有为祖国乃至人类利益服务的情怀和人文素养。只有如此,才能真正在涉外法治建设中坚持中国立场,维护发展中国家利益,最终为全世界最大多数人谋福利。正所谓"仁者必有勇,勇者不必有仁"⑤,任何知识技术层面的掌握,一定是在"德"的指引下才能发挥在正途上。所谓"德才兼备"将"德"至于前位,就是要强调"德";具备"德"的才,能最大限度地发挥正向作用。不具备"德"的才,对国家人民而言是危险的,无德之"才"越大,危险性越高。当前高校培养出诸多"精致利己主义者",其重要原因之一,就是没有强调人才的"德"的培养。

第二层次,文件中"具有国际视野"、"通晓国际规则"等措辞表明,涉外法治人才必须具备涉外法律素养,这就要求人才之"智",有"智"才能晓"义"。正所谓"君子义以为上,君子有勇而无义为乱"⑥。这要求

---

① 2014 年 10 月,中国共产党第十八届四中全会通过的《中共中央关于全面推进依法治国若干重大问题的决定》。

② 2011 年 12 月,教育部和中央政法委联合制定的《中央政法委员会关于实施卓越法律人才教育培养计划的若干意见》。

③ 《提高我国参与全球治理的能力》,载中国共产党新闻网:http://theory.people.com.cn/big5/n1/2018/0104/c416126-29745992.html,2022 年 6 月 22 日访问。

④ 参见《论语》里仁篇及以下。

⑤ 语见《论语》宪问篇。

⑥ 语见《论语》阳货篇。

人才在确立法律信仰的基础上，明白世界格局大变动的背景，了解全球政治经济格局，知晓多元法律文化所带来的法律规则差异，厘清其底层逻辑与来龙去脉，乃至可以高屋建瓴地洞悉未来发展可能性，求同存异以预备应对策略。

　　第三层次，涉外法治人才在具备"德"和"智"的基础上，就是要发挥其"勇"，所谓"力行近乎仁"，"见义不为非勇也"，人才之"勇"这体现在上述国家文件"参与国际法律事务"、"维护国家利益"、"熟练运用外语"、"精通国际谈判"等措辞中，也表明涉外法治人才应具有国际交流能力、国际竞争能力、国际事务中运用法律解决争议能力，即把静态的法律素养变成行动，最终体现为在涉外法治建设中表达中国立场、维护包括中国在内的广大发展中国家的利益。"涉外法治人才"以上述"德"、"智"、"勇"三层标准有机统合形成"一体三层"的界定，完全符合我国在当前时代大背景、符合国家建设中国特色法治社会、参与全球法治建设目标。

二、　三位一体的课程体系设计

　　对高校而言，实现涉外法治人才培养的根基是在体系化课程设计的基础上进行课程建设。课程体系设计决定着学生的知识结构，是实现上述"一体三层"涉外法治人才队伍建设的核心依托，直接决定其培养质量。目前，国家并无统一的课程体系建设标准，基于"涉外法治人才"是"德"、"智"和"勇""一体三层"人才，相应地，培养涉外法治人才的课程体系设计就应紧密围绕此界定标准进行：一是在课程体系设计中充分围绕涉外法律素养形成的需要，培养人才之"智"；二是在课程体系设计中强化国际事务解决实践能力（含外语能力），培养人才之"勇"；三是强化课程体系下教学内容的"中国心"，培养人才之"德"。由此笔者认为，应从如下方面来加以设计"三位一体"综合性课程体系：第一位——突显中国心的法律素养课程子体系；第二位——维护国家利益能力的实践性课程子体系；第三位——强化法律语言能力的课程子体系。三者是相互独立而又有机联系的。

(一) 突显中国心的法律素养课程子体系

突显中国心的法律素养课程子体系，主要是为了让学生养成基本法律思维，掌握基本法律方法和具备基本法律知识，[①] 同时在一定程度上掌握交叉领域实务知识；尤其应当从中国立场和实践出发以培养涉外法治人才之"德"。以国际法学科为例，它本身就是一个与国内法学科紧密联系又相对独立的完整学科体系，它所覆盖的知识领域几乎与国内各部门法都有交集。就这样一个庞大的学科体系而言，在其课程体系设计中，由于受传统观念、专业设置以及办学条件等诸多限制，不少高校法学院的传统课程体系设计大多采用如下做法：以国际法、国际私法和国际经济法为主，加上相关的诸如国际贸易法、国际投资法等少量选修课程，几乎不涉及专门的国内法涉外法律课程；或少量开设外国合同法之类的课程，基本仅涉发达国家法律，遑论目前亟须的"一带一路"相关发展中国家的法律课程。显然，这样的传统设计过于简化，限制了课程体系涉外性的广度和深度，无法满足涉外法治人才法律素养形成与夯实的需要。

有鉴于此，笔者认为，涉外法治人才培养的法律素养课程子体系应充分考虑上述问题，对传统体系加以改革。以国际法学科的课程体系设计为例，可作如下五大板块有机结合的整体设计（参见下表）。

第一板块，是专业方向课程，以涵盖教育部规定的 14 门主干课设置为准。就国际法学科而言，即包含国际公法、国际私法和国际经济法这三门课程。此板块是所有国际法学科的学生应当重点学习和强化掌握的课程，为其后分方向进行专业化学习打下坚实基础。

---

① 王利明：《卓越法律人才培养的思考》，载《中国高等教育》2013 年第 12 期。

以国际法学科为例的"三位一体"课程体系设计

	第一板块 专业方向课程（以涵盖教育部规定的14门主干课设置为准）	第二板块 学科基础课程	第三板块 国内法涉外法律课程	第四板块 外国法与比较法课程（选修）	第五板块 交叉领域课程（选修）
国际法学科课程体系设计	国际公法学	国际组织法、国际条约法、国际外交和领事关系法、国际人权法、国际海洋法、国际环境法、国际刑法，等等。	涉外文教科技管理法、涉外劳动管理法、涉外卫生环境管理法、涉外公共安全法，等等。	大陆法系概论、欧洲联盟法概论、英美法系概论、经济转型国家法律概论、外国冲突法与比较法概论、外国民事诉讼法比较法、外国民事诉讼法与比较法、区际私法学等等。	国际政治与国际关系概论、国际事务与当代外交概论、国际文化宗教概论（"一带一路"沿线国家政治、经济、文化、宗教等方面的相关课程）、国际谈判实务、宏观微观经济学、国际会计实务、世界经济概论、国际贸易地理、国际金融实务等等。
	国际私法学	国际经济法冲突法、国际民事诉讼与其他争端解决法，等等。	涉外民商事程序法、涉外物权关系法律适用、涉外侵权合同法律适用、涉外婚姻家庭关系法律适用、涉外继承关系法律适用等等。		
	国际经济法学	国际贸易法、国际投资法、世界贸易组织法、国际金融法、国际商事仲裁实务、国际税法、国际知识产权法等等。	外商投资法、海商法、对外贸易管理法、涉外工商行政管理法等等。		
是否宜用双语/全外语（含小语种）	鉴于其基础性，原则上不使用双语或全外语。	可用双语/全外语。	作为国内法的涉外部分，不建议用全外文。可用双语，比如在中文基础上适当加入外语（例如关键词等），作为对外交流中介绍和运用中国法的基础培训。	可用双语/全外语。	可用双语/全外语。交叉领域课程作为人文素养和相关实务的补充课程，为让学生有更佳实务能力，可在中文基础上适当加入外语。

183

第二板块，是以上述"三国法"细分的专业方向为导向设置学科基础课程。在国际公法方向上，可设置国际组织法、国际条约法、国际人权法、国际海洋法、国际环境法等。在国际私法方向上，可设置国际民事诉讼法等。在国际经济法方向上，可设置国际贸易法、国际投资法、世界贸易组织法、国际金融法、国际商事仲裁实务、国际税法、国际知识产权法等。第二板块是在已经学习第一板块"专业方向课"的基础上分三个子方向进一步深入地学习和探究，重在细化和深化"三国法"当中各分部门的内容。

第三板块，是国内法涉外法律课程，也以专业方向为导向设置。在国际公法方向上，可设置涉外文教科技管理法、涉外劳动管理法、涉外卫生管理法等。在国际私法方向上，可设置涉外民商事程序法，涉外物权、合同、侵权、婚姻家庭继承关系的法律适用法，等等。在国际经济法方向上，可设置外商投资法、海商法、对外贸易管理法等。第三板块强化我国国内法的涉外法律部分，作为连结国内法治与国际法治的桥梁，是使得涉外法治人才立足本国而面向世界的重要一环。这也是目前高校法学教育中相对比较薄弱的一环。根据传统专业方向设置和教学内容编排，往往是民商法或经济法学科方向的课程特别关注国内法治，而国际法学科方向课程尤为关注国际法治，这两个学科方向都认为这属于对方应当详细讲解的内容而己方或可一带而过，最终导致此重要部分遭到忽略。因此，进行专门化的课程体系设置，一方面可以弥补这个缺失，另一方面则可以大大增强涉外法治人才"中国心"的培养。

第四板块，是外国法与比较法课程。可设置大陆法系与英美法系、欧洲联盟法、"一带一路"有关国家法律概介与比较法；外国冲突法比较、外国民事诉讼法比较、区际国际私法等等，由学生依据专业方向加以选择。

第五板块，是有关法律与实务交叉领域课程，例如国际政治与国际关系；国际事务与当代外交；国际文化宗教概论（"一带一路"沿线国家政治、经济、文化、宗教等方面的相关课程），国际谈判实务、宏微观经济学、国际会计实务、世界经济、国际贸易实务、国际贸易地理、国际金融实务等等，由学生依据专业方向加以选择。

第四和第五板块的课程体系设置，是为了增强涉外法治人才对有关法系和外国（不仅是英美等发达国家，还包括"一带一路"相关发展中国家）政治、经济、文化的了解，增强人才应有的人文素养，为日后全球治理事务的复合型挑战夯实复合型的理论与实务基础。

（二）维护国家利益能力的实践性课程子体系

强化维护国家利益能力的实践性课程子体系是培养涉外法治人才的必然要求。涉外法治人才从法律素养课程子体系中获得的静态理论知识，属于人才之"智"的培养；仅此尚不足以完成其参与国际事务、维护国际利益之"勇"。人才之"勇"必须由"三位一体"中第二位的实践性课程子体系培养，强化其国际事务解决实践能力。这些实践能力包括：对于涉外法律文献（如各类工具书、学术著述、立法资讯、司法文书等）的高效率运用、对于外文案例的逻辑思路剖析、运用法律规则形成问题解决方案等具体能力。

笔者认为，实践性课程体系应主要涵盖四种形式的课程，即案例研讨课程、模拟庭审课程（包括法庭和仲裁庭）、模拟赛事，以及涉外法律综合性社会实践课。目前，除了华东政法大学、厦门大学、对外经济贸易大学等少数院校非常重视模拟庭审课程（包括法庭和仲裁庭）以及模拟赛事的训练和参赛，也积极与社会法律机构共同建立实践基地培养学生之外，多数高校法学院校仍在"重理论轻实践"的传统教学理念影响下，主要采用传统的案例研讨课程形式，而对另三种形式的课程重视度不够。这使得学生缺乏被带入模拟情景进行角色与环节体验的机会，弱化学生接触实践机会的可能性，这些都将阻碍涉外法治人才的培养。中国涉外法治人才必须面对的客观现实是，中国企业在与西方商界打交道过程中，一再在遭受损失，却往往被人家指责为"不遵守规则"①；国际争端解决中占主导地位的是西方法律传统（尤其是英美法系传统）的法律思维，例如，世贸组织中涉及中国的电子支付案、稀土案、原材料案②，国际投资争端解决中心（International Center for Settlement of Investment Disputes，以下简称 IC-SID）仲裁领域中国平安诉比利时案③等，都凸显中方在不能熟练运用西方法律思维的情况下招致意外的不利后果。④ 中国的涉外法律工作对此无法回避⑤。可见，培养跨法律文化思维体验力必须成为涉外法治人才培养的重要一环，而上述四种形式相结合的实践性课程恰恰是最得当的应对。

在实践性课程体系设置中，首先，应当以案例研讨课程基础，培养学生提炼争议点、裁决者分析要点和结论的能力，以及比较案件事实与分析要点异同的能力。其次，以模拟庭审课程（包括法庭和仲裁庭）作为实操演练，将案例研讨的理论经验加以运用，并熟悉庭审各环节过程和各角色参与角度，为参加模拟赛事做准备。国际争端解决程序主要涉及国际经济法方面的国际诉讼、国际商事仲裁，国际投资争端解决中心（ICSID）仲裁，WTO 争端解决，等等。通过对这些争端解决程序的模拟，增强对学生实操能力的培养。对于表现突出的学生，还可组织进入第三种形式的实践性课程——模拟赛事。比如，"杰赛普"国际法模拟法庭大赛、维也纳Vis Moot、"贸仲杯"国际商事模拟仲裁庭辩论赛等，都是较著名的法律模拟赛事。通过定期参赛，形成多层次训练，有助于提升学生检索资料的能力，提升对涉外法律文献的理解和逻辑把控力，为学生提供跨法律文化思维的强大实践体验。最后，通过"涉外法律综合性社会实践课"，将前面三种形式所学的模拟经验在学校就读期间就有运用于正式社会实践的可能，为出校后真正畅游于涉外法治之海打下基础。

---

① 杨良宜：《国际商务游戏规则：英国合约法》，中国政法大学出版社 2000 年版：序言。

② 孙昭：《寸土必争的世贸争端》，知识产权出版社 2015 年版，第 72 页。

③ 该案是我国大陆企业作为海外投资者首次在 ICSID 寻求投资争议解决的案例。

④ 参见刘彬：《论高校涉外法治人才培养中对西方法律思维的研判训练》，载《法制与经济》2021 年第 3 期。

⑤ 张法连：《增设法律英语专业，系统培养涉外法治人才》，载《中国律师》2020 年第 8 期。

总之，实践性课程体系重在对于西式法律思维方式的把握，对于西式庭审过程的模拟，并在综合性社会实践中加以验证，从而实现涉外法治人才能够"师夷长技以制夷"的效果，为将来真正有效参与涉外法治建设夯实基础。

（三）强化法律与实务外语能力的课程子体系

语言能力是涉外法治人才界定的应有之义。涉外法治人才以外语处理全球法治事务的语言能力应包含两个层面，一是语言学意义上的普通社会交往外语能力，二是法律以及与法律相关的专业实务（如贸易、金融、投资实务）的技术性语言能力（本文将此简称为"法律与实务语言能力"）。

在"一带一路"建设形势下，多数高校采用全球性通用语言英语作为法律语言的做法已经无法满足需求，因此，高校结合自身优势逐步开设"一带一路"沿线国家通用语言的小语种课程体系是必由之路。然而，从中国法律学生的外语能力现状来看，能熟练以英语作为工作语言的仍属相对少数，更遑论以小语种作为工作语言。因此，高校对于涉外法治人才的语言能力（尤其是法律与实务语言能力）的培养，应当是"高高山顶立，深深海底行"，在设立分层次目标的前提下，从实际出发循序渐进地以恰当方式安排分层次的课程体系，做到逐步提升。

笔者认为，就目前高校的对法律与实务语言能力培养的实践来看，可以根据实际条件，设置分四层次递进的强化语言能力课程体系：第一层次是以语言学为主导的外语课程；第二层次是过渡性质的法律外语课程；第三层次是双语专业课程；第四层次是全外文专业课程。

以国际法学科为例的强化法律与实务外语能力的课程体系设计，参见上表。

1. 第一层次：以语言学为主导的外语课程体系

第一层次以语言学为主导的通用外语课程是初级层次，基本作用是培养涉外法治人才的基础日常社会交往外语能力。

从英语来看，多数高校普遍开设大学英语，要求学生达到英语四级和六级，加上学生自主学习的托福、雅思等英语培训，为进一步学习法律专业英语打下了较好基础。但是，当前"一带一路"建设新形势下，涉外法治人才的语言能力还应扩展到"一带一路"沿线国家和地区语言。除了一些外国语大学或对外经济贸易大学这些传统上重视小语种（传统上主要为法语、西班牙语、阿拉伯语等）的高校之外，多数高校对于小语种课程设置是缺乏准备的。"一带一路"沿线国家和地区语言的复杂性，决定了涉外法治人才的外语不能仅局限于英语或传统小语种，还应涵盖东亚的蒙古国和东盟 10 国、西亚 18 国、南亚 8 国、中亚 5 国、独联体 7 国、中东欧 16 国等所涉及的小语种，例如俄语、希腊语、阿拉伯语、马来语、孟加拉语等等。

就培养涉外法治人才的小语种外语能力而言，笔者认为，全国高校可以根据自身的地缘优势及专业优势，也可采用上述分层次方式设置强化法律外语能力的课程体系。在初级阶段，其课程体系可以采用上述第一层次，开设"第二外语必修课程"，例如，国际法领域通用的法语和西班牙语；有条件的可设置涉及"一带一路"沿线国家和地区的其他小语种课程。然后，再进入第二层次，即进阶阶段的以小语种为媒介的相关国家法律和人文知识课程。由此，扩张涉外法制人才的人文和法律及实务知识视野，形成相对完整的知识体系。当高校对小语种语言课程已达到成熟阶段，再做第三、四层次的设计，即设置以小语种为主要语言的双语乃至全外语课程。涉及小语种的语言学教学、双语专业课程、全英文专业课程的课程体系设置，以国际法学科为例，可以参考上表所显示的设计。

2. 第二层次：法律外语课程体系

这是属于向第三、四层次过渡性课程体系。对于法律语言能力培养条件不够成熟的院校而言，采用此层次的课程体系，是比较务实的做法。

以英语为例，日常英语不能代替法律英语。法律语言是严肃语言，欧美国家以英语为母语的普通人若未经专门法律培训也难以理解。作为过渡性的法律英语课程，实际是法律科学与英语语言学相结合的课程，以在一定程度上培养学生以法律领域专门性技术性极强的英语语言应用于法学理论及实践的能力。

然而，法律英语课程作为专门用途英语（ESP）的一类，一般是作为通用英语课程的后续，大多以较为宽泛而浅近的英美法律制度概介为主，简要介绍诸如宪法、合同法、侵权法、商法、刑法等各部门法。这类课程受限于学时要求，容易造成面面俱到却无法深入的情况，不足以达成涉外法治人才运用英语去引证法律规范、表达法律观点、撰写法律文书等培养效果。因此，高校很有必要向第三层次逐步迈进。

3. 第三层次：中文与外文并用的双语专业课程体系

作为强化法律与实务外语能力的中级阶段课程体系，应根据法学各有关专业课的性质和需要加以设置。这类课程体系，目的是使学生以中文建构和理解法律和相关实务的知识概念和人文理念，再实现中文和外语之间切换，以充分领悟外文原始内容。当然，对于双语教学的中外文语言比例的探讨已是汗牛充栋，对于双语教学的质疑之声亦不绝于耳①。但是，从现实角度看，现阶段全国各高校囿于教师师资力量限制和所招收学生外语水平的参差程度，开设此层次中级阶段专业课程体系，仍是实用而可行的主要选择，正所谓"适合的才是最好的"。

4. 第四层次：全外文的专业课程体系

尽管现实制约因素决定了现阶段我国培养涉外法治人才法律与实务语言能力的主要是上述前三层次，但是，高校教育培养高素质精英涉外法治人才的追求不能停留与此，而是应当根据学科需要以及具体课程性质向最高阶段的全外文专业课程体系（即第四层次）的方向前进。

以国际法学科为例，国际公法、国际私法、国际经济法皆属"舶来品"，学科知识的原始承载语言即为外文（尤其是英文），中文表述往往是

---

① 石佑启、韩永红：《论涉外法律人才培养：目标、路径和教学模式》，载《教育法制》2012 年第 16 期。

翻译的"二手信息"。因此，充分掌握原始外文专业信息反而更有利于精准到位地学习上述三法。其中的国际经济法方向，涉及国际货物买卖法、国际贸易管制与世贸组织法、国际投资法、国际知识产权保护法、国际金融法、国际税法、国际商事仲裁等专题，这些正是从事经贸方面的涉外法治人才应当通晓，而这些专业知识的主要语言载体就是外语（尤其是英语），其主要实践环境更是外语环境，例如 WTO 争端解决机构、ICSID 投资仲裁机构的工作语言都以英语为主。因此，根据学科和具体课程性质的需要，对于国际经贸方面的涉外法治人才培养，要使其日后能真正驰骋于国际经贸法治疆场，就必须努力将相关双语课程体系尽早提升为全外语课程体系。

当然，这并非轻而易举，上海市已经在此道路上努力前行，铺开全英文课程教学科研项目。本人在华东政法大学开设"国际商法"课程，已有十来年双语教学的经验积累，在此基础上完成上海市高校示范性全英文教学课程"国际商法"教学研究项目，[①] 形成了目前的全英文课程。从教学效果看，学生在全英文课程中直接进入原汁原味规则和案例阅读，以英文进行思辨讨论和模拟庭审，相较于双语教学中以中文和英文就规则和案例进行重复讲解、翻译而显得啰嗦滞涩的情况，全英文课程中以纯粹英语来理解思考和表达显得更为顺畅和准确。可以说，全英文课程在学生英文基础水平普遍提升的前提下值得尝试并逐步推广提升。

三、"三位一体" 综合性课程体系之教学内容改革

根据上文分析，涉外法治人才应以"一体三层"标准界定，首先强调的就是人才应当具备的基础是"仁德"标准，即人才要有真正的"中国心"。虽然涉外法治人才的日常工作是处理技术性法律事务，然而处理事务的立场和方向乃至最终结果，关键取决于超越技术层面的高尚道德情操

---

① 甘瑛：上海高校示范性全英语教学课程建设——"国际商法"课程（2015 年结项）。

和深厚人文素养。由此笔者认为，前述由五大板块所构成的"三位一体"法律素养课程体系，应特别强化课程体系下教学内容的"中国心"（人才之"德"）和本土化法律自信的培养。

（一）强化培养人才之"德"的教学内容

国家自 2004 年以来实施的马克思主义工程项目，对于包括法学在内的哲学社会科学主要学科专业的基础理论课程和专业主干课程逐步形成具有中国立场、中国特色、中国风格的哲学社会科学教材体系，就是国家强化人才之"德"的重大举措。在"三位一体"课程体系下教学内容改革应有的最基本立场，就是中国的立场、马列主义的立场。

有学者睿智地提出，应联系国际时事、注重爱国主义教育[①]，笔者认为，不仅如此，"中国心"可以体现于法律哲学、法律文化、逻辑思维等诸多层次，贯彻到规则分析、案例解读、实务处理等诸多方面，"德"的培育应贯穿于全课程。教学内容中不应再持续传统教学内容将西方规则和西方思维方式奉为最高圭臬的做法，相反地，应转为以中国立场看待西方规则和思维方式，学习本身是为了"师夷长技以制夷"，涉外法治人才了解、掌握、运用国际法律规则，根本上是为将来构建公平公正的全球治理秩序，为中国争取最大国际利益。

笔者在长期教学过程中对此深有体会。以国际经济法课程内容为例，不论是国际经济法基本原则的研究，还是诸如国际贸易法、国际投资法等各专题的探讨，都应以"中国心"为基础对西方法律观点进行辨析。

例如，对于国际经济法所涉联合国基本文件是否应被视为正式的国际经济法渊源问题，我们可以看到，国家经济主权原则源于《各国经济权力与义务宪章》等文件，承认这些文件为正式法律渊源并强调其法律拘束力，应当从发达国家和发展中国家的斗争历史的本质和根本利益分歧以及

---

① 王玫黎：《从教学实例中看国际法研究生培养新思路——以培育高素质涉外法律人才为目标》，载《教师教育论坛》2020 年第 7 期。

建立真正公平合理的国际经济新秩序的角度分析。又如，对于国际贸易法当中的 WTO 争端解决机构案例，中国不少学者受西方学者的影响，都认为这些案例应视为"判例"，从而使之具有英美法系中"判例拘束力"的作用。① 这种观点无疑为"法官造法"铺平道路，使得 WTO 专家组和上诉机构成员，成为可能创造 WTO 规则的人。但我们应看到，WTO 专家组或上诉机构成员大多来自西方国家或者是接受西方国家传统法律教育培训之人，长期熏陶使得其内在思想以及思维方式亲西方是必然的，那么在解释和适用 WTO 规则时受此左右是无可避免的，如此形成"判例"是否会对发展中国家产生深刻不利影响，颇值得深思。正如巴塞尔教授在其《艺术与法律中的善与恶》一书中所阐论的，法官的潜在思想意识和价值观决定其所写判决的倾向，美国赫赫有名的大法官霍姆斯也能做出强制智力迟滞者绝育的反人类判例，就是其潜在的斯宾塞丛林主义思想的体现。② 再如，即便是国际规则的讲解，也应在教学内容中融入维护中国利益的运用方式。比如国际贸易术语规则的运用，除了规则本身的厘清之外，还应展现如何选择适用贸易术语在特定情境下来帮助国有企业节约外汇、防止外贸欺诈等维护中国利益的做法。而对于 WTO《TRIPS 协议》乃至区域贸易协定"超 TRIPS 规则"的讲解，并非单纯介绍或崇拜英美制度构建，更应探讨其推动规则形成背后的潜在思维和政策措施，由此形成符合中国国情的应对方略。

以上举例挂一漏万，而根本指导思想始终如一：课程应当培养涉外法治人才之"德"，而这需要渗透体现在课程中的点点滴滴。国际制度背后往往体现西方利益本质，在看似客观中立规则的背后或存在事实上的非中立性、西方法律思维对国际制度的渗透性、中国涉外法律相当程度上的继

① 例如，张乃根：《上诉机构的条约解释判理或先例之辨——兼论 WTO 争端解决机制改革》，载《国际经济评论》2019 年第 2 期；冯雪薇：《从稀土案看上诉机构建立判例纠错制度的必要性与可行性》，载《国际经济法学刊》第 22 卷第 1 期；许楚敬：《从判例看国内法在 WTO 争端解决中的适用性问题》，载《对外经贸实务》2011 年第 6 期。

② ［英］巴塞尔·马克西尼斯著，甘瑛译：《艺术与法律中的善与恶》，法律出版社 2013 年版，序言及第 72 页。

受性。在涉外法治人才培养"三位一体"课程体系中，其教学内容对此应当体现充分的知晓和思辨，对学生通过潜移默化的熏陶，树立正确价值导向、增强社会责任感、培养崇高的道德素养，才能使之成为德才兼备的涉外法治人才，而不至于沦为利用法律技巧谋取私利甚至危害社会的"精致利己主义者"。

（二）强化培养本土化法律自信的教学内容

上文所论"三位一体"课程体系中"凸显中国心的法律素养课程体系"，其中第三板块，即作为国内法治与国际法治连结桥梁的国内法涉外法律课程，是目前多数高校法学院尚未重视而专门设置的。

事实上，在高校法学教育领域，尤其是国际法领域，长期以来形成仰视西方、虚心向外国学习的传统，这样的"国际化"理念必然促使课程教学内容倾向于照搬或移植国外法结构和制度理念。由此造成很大问题，西方法制内容受其政治经济制度和法律文化环境等诸多因素的影响，照搬照抄的结果不仅与我国法律制度缺乏紧密关联性，甚至可能形成为违反我国政治制度的意识形态错误，更无法形成自己独立的、"本土化"的知识体系和学术思想体系。[①]

通过专门的国内法涉外法律课程体系设置，以构建中国倡导的新型大国关系理论为基本方向，使得高校更加重视当代中国法学理论研究成果，重视对本土政治法律制度、法律文化的发掘研究，形成具有中国特色学术思想体系的国内法涉外法律课程，强化教学内容的本土化，培养涉外法治人才的本土化法律自信，才能更好地适应我国涉外法治实务的现实需求。

---

① 李建忠：《论高校涉外法律人才培养机制的完善》，载《浙江理工大学学报（社会科学版）》2017 年第 8 期。

内涵式发展转型期来华留学研究生法学教育培养目标研读与教学法探索

■ 彭　溆①

【摘要】随着中国日益深度参与和积极推进全球化进程，来华留学生高等教育步入向内涵式发展转型的新时期。本文对标 2018 年 9 月教育部颁布的《来华留学生高等教育质量规范（试行）》，以本人作为课程负责人建设的"上海来华留学生英语授课示范性课程"华东政法大学留学生 LLM 课程——"国际贸易法和中国对外贸易法律制度"为例，领会国家社会发展赋予来华留学生教育"以质量为核心，兼顾规模、结构、效益协调发展"的新使命内涵；研读在当前时代背景下来华留学生人才培养目标的传承和创新发展；针对留学生高等教育的特有规律，将国外的先进教育理念、经验与中国教育的优秀传统相结合，探索法学教育的先进教学法，以期服务国家战略和面向国际社会需求，培养通晓中国大陆法律和国际商贸规则、具有优异语言能力以及跨文化和全球胜任力的国际高级法律专业人才。

【关键词】内涵式发展转型　来华留学研究生法学教育　国际高级法律人才培养　跨文化和全球胜任力　CLIL 教学法

---

① 彭溆，法学博士，华东政法大学国际法学院副教授，硕士生导师，国际经济法教研室主任，上海来华留学英语授课品牌课程、上海高校示范性全英语教学课程、上海高等学校一流本科课程负责人。

2018 年 9 月，教育部颁布《来华留学生高等教育质量规范（试行）》（以下简称《质量规范》），这是我国首次制定国家层面的来华留学生教育标准，是高等学校和其他高等教育机构开展来华留学生教育的基本准则。有学者称《质量规范》的出台，是来华留学研究生教育由"以规模扩大"为主的外延发展全面转向"提质增效"为核心的内涵发展新时代的重要标志。[①] 据参与草案研制工作的清华大学教育研究院的专家解读，明确教育质量内涵，提高和保障教育质量是制定来华留学生教育国家标准的主要目标，也是来华留学生教育内涵式发展的关键所在，而人才培养目标及其要素构成是来华留学生教育标准研制的核心问题。[②] 应当如何解读内涵式发展转型期的来华留学研究生的人才培养新目标，如何创新地实施法学教学法以实现提高和保障教学质量的宗旨，从而为派遣国和国际社会培养国际高级法律人才，值得我们从高等法学教育的理论和实践层面加以探索。

《质量规范》中规定来华留学生的人才培养目标由学科专业水平、对中国的认识和理解、语言能力、跨文化和全球胜任力四个方面构成，这是在"知华友华的高素质人才"的传统培养目标的基础上创新发展而来，既考虑了来华留学生教育发展的现实性，也考虑了国际高等教育发展的未来性，本文将以"上海来华留学生英语授课示范性课程"华东政法大学 LLM 课程——"国际贸易法和中国对外贸易法律制度"为例，重点研读语言能力以及跨文化和全球胜任力两项新培养目标，并围绕上述人才培养目标，检视为提高和保障教学质量而实施的教学法创新实践。

一、 语言能力

《质量规范》第一部分人才培养目标中的语言能力要求规定："以外语

① 杨大伟、高磊：《新时期高校发展来华留学研究生教育的困境与举措》，载《学位与研究生教育》2021 年第 7 期。
② 林健、陈强：《引领内涵发展的来华留学生教育国家标准——〈来华留学生高等教育质量规范（试行）〉研制、解读与实施》，载《清华大学教育研究》2019 年第 6 期。

为专业教学语言的学科、专业中，来华留学生应当能够顺利使用相应外语完成本学科、专业的学习和研究任务，并具备使用相应外语从事本专业相关工作的能力。"①

（一）法律英语

英语是当今世界的通用语言之一。在法律领域，由于英语为母语的英国和美国先后成为战后国际秩序的"制定者"角色，几乎所有的国际条约和文件均以英语起草，在国际会议中英语成为口头谈判的首要语言，是多数国际组织的第一工作语言，也在众多的国际论坛中出现。英语也是"一带一路"建设中的主要工作语言之一，截至2022年3月23日，中国已经同149个国家和32个国际组织签署200余份共建"一带一路"合作文件。②"一带一路"沿线国家官方语言众多，据不完全统计超过60种，且有相当数量是非通用语种。法律英语是提供国际法律服务的国际高级法律人才必须掌握的工作语言。

华东政法大学来华留学研究生法学专业课采用英文授课，但是留学生中有相当多的学生母语并非英语，本科也不是法学专业，之前有较多课程曾直接套用国内研究生的学术型培养模式，忽略了来华留学生教育基础、文化背景和留学动机的差异性，导致了学生普遍感到课程压力大，学习成绩不佳，甚至出现不及格的现象。为此，有些教师试图通过降低要求加以改善，例如不要求学生阅读篇幅较长的法规、完整案例、法学著述等，取而代之以相关术语或者名词解释，讲解时尽量减少使用法律英语，而改用简单平实的日常英语对法学专业术语及法律规则做"通俗易懂"的解释。但是，法律英语与普通英语存在很大不同，法律英语的专业性极强，严谨性极高，词汇句型极为特殊，哈佛大学的斯特罗姆韦尔（Stromwell）教授在给新生致辞中曾指出，"A legal education means you will learn to speak

---

① 教育部《来华留学生高等教育质量规范（试行）》第一部分　人才培养目标。
② 中国"一带一路"网，https://www.yidaiyilu.gov.cn/xwzx/roll/77298.htm。

in a new language"，即法学教育意味着学会一门全新的语言。因此，这样做法的后果就是学生难以独立阅读法条、分析案例以及进行论文写作。对照《质量规范》的要求，就是并不具备使用英语从事法律工作的能力。

针对这种情况，我尝试借鉴国际上先进的"内容与语言整合学习"（Content and Language Integrated Learning，CLIL）教学法，取得很好的效果。简单地说，CLIL 就是语言和内容相结合的一种教学模式，是通过主题导向的教学，巧妙而潜移默化地完成外语教学的一种方式。

外语在课堂中是教授其他学科内容的工具，学生在学习学科内容的同时，潜移默化地学习语言知识。[①] 该教学方法最先起源于欧洲、加拿大等发达国家和地区，目的是为了适应全球化对双语人才的需要。目前被越来越多的教育机构所认可，例如剑桥英语教学知识水平测试 TKT（Teacher Knowledge Test）下设 CLIL 模块。[②] 融合 CLIL 教学法，能够为学生的法律英语学习提供真实的语境，使得法律英语独特的术语、语法、句型的教学尽在法律语境中，因此更利于学生理解和记忆，符合语言学习的规律。[③] 它还能使学生及时地联系和运用所学的语言技巧，而不是先学习而后应用，通俗地说，就是"即学即用"，通过反复被使用，语言逐渐内化，直至熟练掌握。

例如在"国际贸易法和中国对外贸易法律制度"课程中学习提单的法律制度时，如果只是抽象地将提单作为一个名词进行解释，列举出提单的三个法律性质，学生在短时记忆之后很快就会忘记，也无法真正理解其法律性质。引入 CLIL 教学法，通过向学生展现一份英文的提单样本，将提单法律问题置于一起海上货物运输纠纷案例场景中，因为具象和重复，学生很快就会记住提单以及与提单交易相关的法律英语词汇，厘清票据与商业单据的异同，辨明不同种类提单的区别以及法律效果，理解提单法律属

---

①　See Christiane Dalton-Puffer, Content-and-Language Integrated Learning：From Practice to Principles? *Annual Review of Applied Linguistics*，vol.31，March 2011，pp.182—204.

②　什么样的教学才是 CLIL 教学法，如何运用？https://www.zhihu.com/question/26391574。

③　See Christiane Dalton-Puffer, Content-and-Language Integrated Learning：From Practice to Principles? *Annual Review of Applied Linguistics*，vol.31，March 2011，pp.182—204.

性对于当事人的权利义务的影响。经过这样的学习，留学生们做起案例分析来游刃有余，有学生还因此对提单的某些具体制度产生浓厚的学术兴趣，写成了毕业论文。

（二）法律汉语

虽然我校来华留学生的法学专业课程原则上是英语授课，但是在教学过程中，我使用的学习资料却不局限于英文资料。我一直注重搜集和使用官方渠道的双语学习资源，推荐并指导学生同步使用中英文进行学习，以提高学生的法律汉语水平。例如《联合国国际货物销售合同公约》，其生效的官方版本中既包括英文版，也包括中文版；其他学习资料亦如此，如一些国际组织的官方网站，联合国国际贸易法委员会、国际货币基金组织、联合国贸发会议等；我国的一些国家机构网站，如全国人民代表大会、外交部、商务部、最高人民法院的官方网站等；中外的学术网站，如上海 WTO 事务咨询中心、武汉大学国际法研究所等，都有中英双语网页，包括文献和音视频资料等都提供双语。

针对来华留学生的法律专业课运用双语教学有以下三方面的培养目标。第一，根据《质量规范》中对来华留学生的中文能力要求规定，"硕士来华留学生的中文能力应当至少达到《国际汉语能力标准》三级水平"。① 提升汉语能力是外国学生来华学习的一项重要预期。在汉语语言课的课堂之外，在法学专业课的课堂上也提供汉语学习和使用的机会，本身就可以为留学生提高汉语水平延展更多的空间，营造更多的场景来练习，甚至在我们的模拟仲裁庭训练、模拟谈判练习中也时不时有留学生会用汉语说出一些关键术语或是成语，既活跃了气氛，又精准地表达了意见。可见，潜移默化中，讲汉语已经成为留学生们的一种自觉。

第二，使用权威的法学专业的双语教学材料，会极大地便利学生同时掌握法律英语和法律汉语对应的词汇、表达方法等，也同时为留学生们的

---

① 教育部《来华留学生高等教育质量规范（试行）》第一部分　人才培养目标。

中文学术研究工作逐步积累起学习资源，解决了留学生们不知道如何找中文资料的难题，为学生今后使用中文资料进行学术检索和研究工作打下了坚实的基础。比起单独的汉语教学甚至是法律汉语教学，双语学习能起到事半功倍的作用，效果更佳。我们得到非常多留学生们的反馈，称在他们的课程论文及毕业论文写作过程中，查找中文资料、阅读中文法律法规以及撰写中文论文摘要等都变得较为轻松，能够有效把握。

第三，更为重要的意义在于，通过展现我国政府部门和学术机构的双语网站，展示中国越来越开放的国际形象；另一方面，留学生们会注意到在越来越多的国际组织中，中文成为官方工作语言，越来越多的国际文件，中文版本成为官方版本，彰显了中国愈加重要的国际地位和大国形象。伴随着现代中国的快速发展，在国际舞台上地位上升，毋庸置疑，造就未来的国际高级法律人才，英语和汉语都必须同时是他们的工作语言。

如果说对于留学生法律英语技能的培训，我比较注重借鉴国外先进的语言教学法，那么讲解起法律汉语来，我们中国教师则是自成一体、胸有成竹。语法教学法就是经常会使用的教学法之一。例如，"由于汉语语法缺乏严格意义上的形态变化，语序就成了汉语里表达语法意义的一种重要手段，有时语序不同，语句的意义也就有所不同"。[①] 学生在使用汉语时，有时会受其母语的影响和干扰而常会在语序上出错。在法律逻辑中，一般和例外的逻辑关系适用非常普遍，若翻译成汉语时语序有错，可能会"失之毫厘，谬之千里"。"国际贸易法和中国对外贸易法律制度"课程在学习《联合国国际货物销售合同公约判例法摘要》时就碰到过这种情况，英文版为"However, the court in that case stated three exceptions from the rule that the seller need not know and observe the standards in the buyer's country：…"其官方中文译文为："在以下三种例外情况下卖方不必知道和遵守买方国家标准的规则：……"但是通过阅读上下文进行汉语语法的语序分析，正确中文译文应当是："卖方不必知道和遵守买方国家标准的

---

① 语法教学法——简明对外汉语教学法，https://www.guayunfan.com/lilun/132626.html。

规则，除非存在以下三种例外情况：……"由于词语排列的语序不同，在意义上也就存在着差别。前一句的意思是：一般情况下卖方有知道和遵守买方国家规则的义务；后一句的意思是：一般情况下卖方没有知道和遵守买方国家规则的义务。通过这样的对比，学生就能清晰掌握法律汉语的语法，避免犯同样的错误。对于留学生而言，能否正确使用语序，也可以看作是衡量其汉语水平高低的一个标准。

二、 跨文化和全球胜任力

《质量规范》的人才培养目标中提出"跨文化和全球胜任力"的要求："来华留学生应当具备包容、认知和适应文化多样性的意识、知识、态度和技能，能够在不同民族、社会和国家之间的相互尊重、理解和团结中发挥作用。硕士层次来华留学生应当在本学科领域中具有较好的国际视野，能够在多个国家的实际环境中运用和发展本学科的知识、技能和方法，并具备参与国际事务和国际竞争的能力。"[①]

跨文化和全球胜任力（Intercultural and Global Competence）是从发展的角度出发而制定的具有前瞻性的培养目标，是未来人才须具备的核心竞争力。在全球化日益深化和我国所倡导的人类命运共同体的语境中，为达到培养国际高级法律人才的目标，我理解应着重在以下几个方面加强来华留学研究生的培养。

（一）养成正确的国际观

我认为，各国的留学生教育都首先要帮助来自世界不同角落的学生们树立全球性观念，即以全球性的眼光审视人类命运共同体，关注世界各国共同面临的问题，使培养的法律人才具有国际化的适应能力。这既是留学教育的使命，也是留学教育独具的优势。来华留学生来自世界各地，他们

---

① 教育部《来华留学生高等教育质量规范（试行）》第一部分 人才培养目标。

代表着未来一代的全球治理者，将代表各国参与国家间谈判，进行博弈，缔结全球治理的国际规则，构筑全球治理的法律框架。所以，他们正确的国际观的养成，对待全球事物的认知价值取向对世界发展至关重要。在"国际贸易法和中国对外贸易法律制度"课程讨论各国的对外贸易管制措施时，我引导学生将一国的对外贸易管制制度放在以 WTO 为框架的多边贸易法律制度中考量，思考分析中美贸易战、区域贸易保护主义抬头等国际事件和国际趋势；再进一步，将新一代国际贸易管制法律制度的构建放在更广泛的全球治理语境中，考虑其对于国际投资法律制度、国际金融法律制度、国际税收法律制度、国际环境法律制度、国际卫生法律制度、国际劳工法律制度等的相互作用和相互影响乃至冲突和对立如何协调发展，藉此拓宽学生的眼界，开拓视野，胸怀天下，以动态发展的眼光看待国际法，而不是僵硬地局限于某个国家现有的内国法律。

（二）拓展法律以外的知识体系

要满足培养复合型人才的需要，就要改变现有的法律课程设置，不断充实法律以外国际化的教学内容，补充国际经济、贸易和国际文化知识到整个课程体系中去，从而有助于培养学生参与国际交往、国际竞争的能力。我的课堂上在学习国际商事交易法律制度之前，首先会向学生介绍国际货物买卖交易流程，然后才引出法律问题，使得学生了解法律制定背后的商业和经济原理。在学习世界贸易组织的《与贸易有关的知识产权协定》（TRIPs 协定）时，我引导学生思考为什么药品专利强制许可制度的谈判非常艰难。通过对医药产业的研发定价市场销售等背景知识的介绍，学生意识到一种新药的研发到上市，可能要耗费一家药企数年、数十年的时间，资金投入更是天文数字，还要承担研发失败的后果。政府实施强制许可会极大地削弱创新药企药品研发的积极性，如果实施不当，还会导致国际纠纷和贸易摩擦，甚至使"用不起高价药"演变为"无药可用"。[1] 药

---

[1] 文玉众法商机构：《疫情在线：药品专利强制许可即将突破"零实践"？》，澎湃新闻，2020-02-26，https://www.thepaper.cn/newsDetail_forward_6181821。

品专利强制许可制度是为了平衡专利的私权属性与公共健康的制度，既可以实现对健康权这一基本人权的保护，又可以补偿专利权人以此维护专利权人的合法权益。再比如，许多同学对跨境数据流动的管制非常感兴趣，在探讨目前中国、欧盟和美国在数据流动保护和管制方面的法律制度大相径庭的原因，以及目前达成全球性数据管理法律制度的可行性问题之前，我会建议学生调研一下上述国家和地区各自电子商务发展的现状，同时初步了解包括数据存储、传输、处理、删除等技术在内的数据跨境流动的管制技术手段发展情况，只有装备了这些产业和技术知识之后，才有可能理解相关的法律问题。

（三）分析和解决问题的能力

案例教学法和模拟法庭/仲裁是法学院常用的两种教学法，但是，来华留学研究生的模拟教学和案例教学设计还是应当紧紧围绕特殊的人才培养目标，适应留学生高等教育的特殊规律。根据《质量规范》的精神，人才培养目标"既要符合我国高等教育的统一要求，也要体现来华留学生的特点和服务面向"。从适应需要的角度，人才培养目标"既要满足我国对来华留学人才的潜在期待，也要考虑派遣国和国际社会对于人才的需求"。[①] 随着我国国际地位的提升，特别是"人类命运共同体"理念的提出和"一带一路"建设的推进，实践型高端国际法律服务人才的培养迫在眉睫。不仅如此，中国作为负责任的大国，我们培养的法律人才应当为国家在国际舞台上争取更多的话语权，尤其需要相当数量和较高素质的国际型法律人才。鉴于此，分析和解决问题的能力训练对于实践应用型的国际高端法律人才而言非常重要。

"国际贸易法和中国对外贸易法律制度"课程，除组织学生进行案例讨论外，还会利用进行模拟国际商事仲裁对留学研究生进行实训。在模拟

---

① 林健、陈强：《引领内涵发展的来华留学生教育国家标准——〈来华留学生高等教育质量规范（试行）〉研制、解读与实施》，载《清华大学教育研究》2019 年第 6 期。

国际商事仲裁时，主要通过以下步骤来循序渐进地培养和训练学生的案例分析能力：（1）解决前置程序性问题，确定管辖权（jurisdiction）及准据法（proper law）；（2）识别涉及的法律问题（legal issue）；（3）构建各法律问题间的逻辑结构框架；（4）收集和梳理相关案件事实制作"案件事实表"（fact sheet），对案件事实做法律分析；（5）检索和运用法律依据（authority）进行法律说理（reasoning）；（6）所有的法学院都非常重视学生学术写作能力的培养，以及口头表达能力。在案例教学中，就表现为撰写书面（memo），模拟当庭口头辩论（oral presentation）。①

（四）批判性思维能力

研究生教学的重要任务之一是培养学生自主思考，发现问题和解决问题的能力，批判性思维对于法科学生更是尤为重要。传统研究生的专题讨论会②，教师布置论题，学生自行收集资料做口头报告，然后由老师点评。这样做的缺点在于，若教师不指定具体议题以及参考书目，学生的研究过程缺乏引导，检索和研究方向都很盲目，不聚焦；而若教师指定具体议题和参考书目，则会限制学生的研究方向和角度，变成了阅读心得交流会。学生的主要精力都放在指定材料的阅读和消化上，即被动地简单地阅读理解和做读书笔记，导致在 presentation 中基本上是复述阅读资料中的观点和论据，不能有效地引发学生的思考。所以，在以教师为主导的传统教学方式中（填鸭式教学），学生往往只能被动服从，没有太多自由发挥的空间，因此容易消极怠学，导致学习效能低下。

谈到主动学习和被动学习的关系，就必然提及著名的学习金字塔理论。它是美国缅因州的国家训练实验室研究成果，是一种现代学习方式的

---

① Will Pasley and Traci Yoder, *Changing Legal Pedagogy*, see https://www.nlg.org/wp-content/uploads/2016/03/Changing-Legal-Pedagogy.pdf (last visited on June 22, 2022).

② Prateek Raushan, *Legal Education and the Present Pedagogical Techniques*, see https://www.juscorpus.com/legal-education-and-the-present-pedagogical-techniques/ (last visited on June 22, 2022).

理论。最早是由美国学者、著名的学习专家爱德加·戴尔1946年发现并提出：学习效果在30％以下的几种传统方式，都是个人学习或被动学习；而学习效果在50％以上的，都是团队学习、主动学习和参与式学习。① 不过，主动学习的前提是学习者要有想要达成的既定目标。有了这个目标，才有去主动学习的动力。所以，教师的职责就在于如何激发学生主动学习。

我的做法是这样的，教师在释出拟讨论议题前会先引入非教材内容，这些材料多数时候甚至并非法学的内容，例如世界贸易组织（WTO）发布的《世界贸易报告》，联合国贸易和发展组织（UNCTAD）发布的《世界投资报告》。先引导学生意识、了解和关注到国际地缘政治变化，数字科学技术发展，国际社会共同面临的公共健康、气候变暖等国际社会面临的新危机和新挑战，然后启发学生主动思考，对比课本上学习到的现行法律制度进行反思，意识到国际经济治理规则与时俱进变革的必要性和迫切性，这就是发现问题阶段。

学生对问题的好奇就是最好的研究动力。无需等待教师的指定参考材料，他们会自主开始由浅及深、由泛及专地逐步有序查找相关资料。此时学生进行的检索和研究是主动的，有的放矢的，对资料的收集、阅读、消化和筛选，都是有着强烈的问题导向，自然而然由之前的"被动阅读"转变为"主动阅读"。② 这是分析问题阶段。教师在这一阶段应当审阅学生的参考书目列表，推荐相关的补充阅读材料；与学生一起讨论、调整和确定提纲，及时纠正研究方向的偏差。老师将为学生提供必要的资源和辅助，至于怎么运用这些资源和辅助，最后构建出什么样的结果，老师把主动权和决定权留给学生。在此基础上再群策群力，通过集体讨论甚至是辩论的形式，有理有据、切实有效地探索解决之道，而不是想当然的泛泛而谈。

通过这样的专题讨论会，有效结合了金字塔理论中团队学习、主动学习和参与式学习的多种有效学习方式，有效地训练了留学研究生的批判性

---

① 百度百科：学习金字塔，https://baike.baidu.com/item/％E5％AD％A6％E4％B9％A0％E9％87％91％E5％AD％97％E5％A1％94/9515094。

② 知乎：学习吸收率金字塔理论 https://zhuanlan.zhihu.com/p/28192271。

思维能力。

三、 结语

在我国来华留学生高等教育进入内涵式发展转型阶段的关键时期，教育部颁布了《质量规范》，以实现教育使命为根本目标，即面向国家经济社会发展和国际社会需求，提高来华留学生教育质量，为世界各国培养一大批高水平人才，提升我国高等教育的国际竞争力，为"一带一路"建设和人类命运共同体构建提供重要的人力资源支持。它是高等教育领域中的一项专门性的教育标准。作为来华留学生法学教育第一线的专业教师，我们必须以正确研读《质量规范》的精神和要求，以《质量规范》中规定的来华留学生教育的人才培养目标及其要素构成为指导，设计和实施各项教学活动。

通过多年的来华留学研究生的法学教学工作，我深刻意识到要掌握留学生高等教育的特殊规律，注重立足于本土资源和充分发扬中国特色的传统优势，将国外的先进教育理念、经验与中国教育的优秀传统相结合，探索法学教育的先进教学法，以期服务国家战略和面向国际社会需求，培养通晓中国大陆法律和国际商贸规则、具有优异语言能力以及跨文化和全球胜任力的国际高级法律专业人才。

默会知识论理念下涉外法治人才学术能力进阶路径探析

——以国际民商事条约的司法适用为中心

■ 陈国军[①] ⋯⋯⋯⋯⋯⋯⋯⋯⋯⋯⋯⋯⋯⋯⋯⋯⋯⋯⋯⋯⋯⋯⋯⋯⋯⋯⋯

【摘要】衡量涉外法治人才学术能力的核心要素是学术论文写作能力，后者是前者的外化过程和体现。在默会知识理念下，学生不仅要掌握显性知识，而且要以批判性反思思维对显性知识进行深度学习，主动地获得实践性知识和反省性知识，从学习主体进阶为知识主体。默会知识既存在于研究内容本身，又深藏于论文写作方法中，是两者的桥梁。培养真问题意识是提升法科生学术能力的着力点，真问题的提出与默会知识的体悟、学生学术能力的提升存在紧密关联。论文的内在结构决定外在结构，但外在结构可以促进和优化内在结构。通过写作实践、反省思考、思辨性写作的不断往复，学生的论文写作能力会得到自我锤炼，其学术研究会有明显的提升。

【关键词】默会知识　批判性反思思维　反省性知识　条约的司法适用

① 作者简介：陈国军，华东政法大学国际法学院副教授，法学博士，法学博士后。

基金项目：中国法学会 2022 年部级法学研究重点课题"统筹推进国内法治与涉外法治背景下国际条约的司法适用研究"［课题编号：CLS（2022）B09］的阶段性成果；华东政法大学 2022 年本科教学改革研究项目"我校法学本科生学术写作能力基础培养与进阶提升研究"的阶段性成果。

一、 问题的提出

衡量一名法科生的学术能力虽可从多维度展开，如在学术研讨会和课堂上的交流发言、参加各类国际法模拟竞赛的表现、在学术论文竞赛上的得奖、公开发表论文等，但其核心评价要素是学术论文写作，这不仅是对研究成果的凝练，又是透视研究者研究路径和思考逻辑的有效方式。与自然科学研究不同的是，归属于人文社会科学研究的法学研究，其学术论文的撰写并不需要以确定的研究结果为前提，研究和写作时常融合、交织在一起，研究过程可以启发论证路径、产生写作动力，写作过程可以拓延研究的广度和深度、自我验视论证理据的充分性和逻辑的顺恰性，写作以研究为基础和前提，没有严谨、科学的研究过程难以产生高质量、创新性的论文，研究通过写作总结经验、充实立论依据，研究和写作往往是密不可分、相辅相成、彼此成就。

目前，我国主要高校的法学院陆续开设了专门的法学学术论文指导类课程，此类课程的任课教师通过遵循法学学科知识的学习规律对法科生的学术论文进行针对性的训练，训练注重聚焦于论文的写作方法，这极大地纾解了学生对论文写作理论和技能的需求，有助于提升法科生的论文写作技能和研究兴趣。近年来，已有众多法学本科生、研究生的论文刊发于各类刊物，甚至在 CSSCI 和 SSCI 期刊上亦出现法科生的论文，这当然是可喜的教学成果。但不可否认的是，刊发论文的内容和基本见解具备契合解决"中国问题、现实问题、重大问题"创新性要求的并不多见，尤其在国际私法领域，此类论文更是鲜见。

虽然法学论文写作与学术研究相辅相成，但两者之间并非无缝衔接，存在着罅隙，需要有"桥梁"将两者连接贯通。长期以来，这座"桥梁"隐藏在两者的表象之下，时常以研究方法、写作技能的名义呈现，容易被忽视其真实意蕴。在下文中，笔者尝试通过探究默会知识观在研究和写作中的底层内涵和作用，揭示默会知识运用的内在逻辑，并以国际民商事条约的司法适用为中心，探索国际私法学术论文写作专业指导的有效路径。

二、"桥梁"：默会知识

联合国教科文组织认为，"发展和利用知识是教育的终极目标"①，这无疑体现着全球对于教育和知识关系的一种共识，但此处的知识需要从辩证思维的视角予以理解。从对知识认知的历史经纬看，客观主义知识观正自觉不自觉地转向默会知识观。在教育早期，受制于生产力状况，民众仅能凭借个人的主观模糊地感知知识，难以判断知识的构成要素。古希腊哲学家苏格拉底将知识从主观的感知推进到对具体事项的理性、真实判断，知识逐步走向客观化，其基本条件可以概括为信念、真和证实。② 此种客观主义的知识论契合了工业革命的要求，知识的客观化和科学化使得知识犹如一件客观存在的物品，可以被触摸、被感知、被表达，极易得到民众理解和认同，同时亦反作用于对科学技能的掌握，满足了工业时代对于大批技术人员的需求。但客观主义知识论人为地排斥了人在获取知识、探究知识、研究知识、创新知识中的主观因素，将社会性的人与知识割裂、对立，此种知识观极易导致为知识而知识、人的主体性退化、知识难以进化的现象，教育沦为对知识的复制。如果说在自然科学领域，这种真实、客观、精确的知识有其存在的重要价值，但在人文社会科学领域，更应在人文精神背景下理解知识的本义。

人文主义革命起源于文艺复兴运动，从原初的道德革命演化为法律革命，是一场思想意识形态的底层革命，此后全世界的进步与发展都受到它的影响，教育学下的知识论也不例外。人文主义革命是重塑人的主体性，而民事权利除罪化正是文艺复兴运动转向人文主义革命的转折点。因为，

---

① 联合国教科文组织：《反思教育——向"全球共同利益"的理念转变?》，教育科学出版社2017年版，第79页。

② 参见胡军：《知识论》，北京大学出版社2006年版，第52页。

此前的人的自然权利构建在宗教的创世说和原罪说之下，人的主体性难以呈现，民事权利除罪化后，极大地提升了人的主体性，民事权利有了正当的道德基础。① 更为重要的是，就对知识论的理解而言，人的主体性的增强意味着知识具有两种属性，一种是从客观认知的视角观察的，知识具有客观性，另一种是从人的主体性视角观察的，知识是被打上人类印记的主体性表达，可被反思、被批判，甚至在特定条件下可被改进、被超越。

1958 年，英国物理化学家、哲学家波兰尼深刻地揭示了客观知识后面的人的主动参与性，其以能否用清晰的语言符号表达为标准，将知识区分为显性知识和默会知识，前者也被称为硬知识和形式知识，是一种能够用书面语言、数学公式直观呈现的知识，例如国际条约的概念、条约必需遵守的原则、国际条约优先适用规则等，后者也被称为暗默知识、隐性知识、缄默知识、软知识或不确定性知识，是与前者相对应的可感知但难以系统表述的知识，② 默会知识隐藏在人类理解和反思显性知识的过程中，为人类的认识活动提供最终的解释性框架和知识信念，虽难以被言说，但大量存在，默会知识就像衣服附着在人的身上。③ 换言之，默会知识是一种获取、反思、批判、创新显性知识的知识，或者说是一种学习、理解和运用知识的能力，具有个体性、不确定性，只能通过个体的实践和反思方能获得，既是知识的原初形态，更是创新的内核。④ 从这一意义上，我们可以更好地理解知识论发展的三个阶段，即从默会知识到显性知识再到默会知识，科学的发展已使得人类获得众多显性的、确定性的知识，但宇宙、自然和人类社会领域仍有太多的未知领域等待探索，已有掌握的显性知识如离开了特定领域，也将失去其原本内涵和效用，故而，已有的确定性的领域仅为人类对宇宙、自然和人类社会探究事项中极小的一处，更多

① 参见孙宪忠：《民众所有权的正当性和有效性问题》，载孙宪忠：《权利体系与科学规范——民法典立法笔记》，社会科学文献出版社 2018 年版，第 176—180 页。
② See Michael Polanyi, *The Study of Man*, Routledge & Kegan Paul Ltd., 1957, p.12.
③ 参见石中英：《知识转型与教育改革》，教育科学出版社 2001 年版，第 229 页。
④ 参见李忠：《不确定性知识背景下的研究生教学改革》，《学位与研究生教育》2020 年第 5 期。

的是不确定性的领域，不确定性才是人类面临的常态。

与之相适应的法学教育，应该在注重显性知识传授的同时，更关注于引导学生理解和认同默会知识理念，在实践和反思中构建具有个性的、科学的批判性反思能力，从而可以应对不确定性的领域。例如，在国际私法领域，我国原《民法通则》第 142 条第 2 款规定了国际民商事领域国际条约优先适用规则，但因 2021 年 1 月 1 日《民法典》生效，原《民法通则》失效，而《民法典》中并没有类似的规定，那么在司法实践中，该领域便缺乏了相应的法律依据，表象上形成了法律漏洞。此种情形下，在显性知识论或确定性知识观背景下，学生通常会做如下思考：首先在不能找到可适用的现行法律和司法解释的处理规定时，可依据《民法典》第 10 条规定适用习惯。其次，判断条约优先适用规则是否属于该条所规定的习惯，此处部分同学会将"条约必须遵守"原则混同于条约优先适用规则，部分学生认为条约优先适用规则可归于习惯，进而以《民法典》第 10 条作为裁判依据。再次，不认为条约优先适用规则属于习惯的观点，会依据民事领域法官不得拒绝裁判规则，考虑适用法理。于此，可以肯定的是，从显性知识层面看，上述学生的分析不仅不存在明显缺陷，而且法律适用逻辑清晰，其对显性知识有较好的获得，也能将教材上的知识运用于实践。但更为重要的是，这部分学生欠缺对原《民法通则》第 142 条和《民法典》未承继该条的反思，未深刻理解相关规则的立法意旨，又涉及更为复杂的问题，譬如，《民法典》第 10 条的习惯是否可涵括国际习惯，抑或仅限于民商事实体规则习惯？国际习惯属于国际公法层面内容，国际公法与国内法，尤其是国内民商事法律的关系如何？

限于本文篇幅，不能对上述更复杂的延伸问题进行指导性的反思和逻辑推演，仅从默会知识层面对该问题做如下思考。虽然在《民法典》颁行后，原《民法通则》第 142 条第 2 款失效，而《民法典》中并没有规定国际条约优先适用规则，但不能理解为《民法典》否定了该规则。因为《民法典》的编纂是分为两个阶段，第一阶段是制定《民法总则》，第二阶段是制定物权、合同、侵权等各分编。按照早期立法设想，可将涉外民事关系法律适用法纳入《民法典》作为其中一编，如此可以将国际条约优先适用规则设置在该编。于此，在《民法总则》制定时并未考虑国际条约与国内法的适用关系问题。然而，在《民法典》编纂的第二阶段，学界和实务的关切聚焦至人格权是否应当成编的问题上，赞成人格权成编的学者和实务人士将"等"字解释为人格权编，最后立法者采纳了此建议，人格权终成编入典。至此，立法时间已不能等待涉外民事关系法律适用法入典的工作，《民法典》并没有按原初计划纳入涉外民事关系编，而《民法典》的颁行也使得《民法通则》失效，原《民法通则》第142条的内容成为民法现行法的空白地带。2022年1月，最高人民法院《全国法院涉外商事海事审判工作座谈会会议纪要》第18条规定："中华人民共和国缔结或者参加的国际条约对涉外民商事案件中的具体争议没有规定，或者案件的具体争议涉及保留事项的，人民法院根据涉外民事关系法律适用法等法律的规定确定应当适用的法律。"依此，法院在涉外民商事案件的准据法选择中，应首先排除我国缔结或参加的国际条约存在相关规定，或者确认我国对案涉具体事项存在保留后，方可依据我国的冲突规范选择准据法。该条系从反面阐释了国际条约优先适用规则。职是之故，《民法典》并未规定国际条约优先适用规则是基于体系的考量，而绝不是否定该规则。司法实务中仍采用国际条约优先适用规则，学界也从解释论和立法论视角证成民法典时代我国依然坚持国际条约优先适用规则。[1] 由于我国并未在上位法中明确国际条约优先适用规则，谨慎而言，我们可以认为在民商事领域条约已成为我国民法体系的组成部分，其法律效力优于国内民商事法律。但是，如要将此结论类推到其他领域，并不恰当，仍需要得到宪法性法律的明晰认可。

承如上文，在两种知识观背景下，对同一问题的研究，不仅分析结果会有所区别，更为关键的是问题思考和分析路径会产生明显区分。获得显性知识是学习的初级阶段，也是基础环节，然传统灌输式教学的实际效果

---

① 参见王玫黎：《民法典时代国际条约地位的立法模式》，《现代法学》2021年第1期。

通常令学生学习仅停留在显性知识的记忆层面、机械式的运用层面，但对知识本原的深度理解、领会、反思、创新等高阶效果难以有所助益，而此等高阶效果恰恰是默会知识或不确定性知识深度参与的结果。需要指出的是，并不能简单地将默会知识在知识学习中的存在形式理解为全有全无的状态，而是参与度的问题。换言之，即便是对显性知识的表层学习，学习者也会不自觉地运用到默会知识，只是此时的默会知识参与度较低，学习者还不能理解默会知识参与的方式和效用，更不用说主动地获取、提升自身的默会知识。默会知识是人主体性的凸显，学习个体可在默会知识的培养机制中生成个体独特的批判性反思思维和创新知识，进而实现个体的独特性。教师应引导学生体悟默会知识的存在和实践运行机制，即在默会知识的参与下实现公共的显性知识向个体的实践、反思知识的转化，避免显性知识对学生主体地位的僭越，避免学生对显性知识的理解停留于表层而造成的短期记忆情形，这对于法学教学而言，显得尤为重要。

故此，默会知识的提出极大地深化了人类对于知识的理解，发现了知识中更为隐秘、更为重要、更具有创新内生驱动力的生成机制，这对于涉外法治人才学术能力的提升具有重要的教学启示作用。

三、 以培养真问题意识作为涉外法治人才学术能力提升的着力点

培养涉外法治人才的重要目的是发现和解决我国涉外领域或国际领域中现存或可能出现的涉外法律问题，其学术素养的起点和过程均是围绕待研究的问题所展开，问题的提出与默会知识的体悟、学生学术能力的提升存在紧密关联。梁启超先生曾言："所有发明创造，皆由发生问题得来……凡别人注意不到的地方，自己都怀疑研究，这是做学问的第一步。"① 英国哲

---

① 梁启超：《指导之方针及选择研究题目之商榷》，载戴逸：《二十世纪中华学案：综合卷2》，北京图书馆出版社 1999 年版，第 119 页。

学家波普尔指出，科学的进步和知识的增长自始至终都是源于问题、止于问题，即越来越深入问题，越能启发人们发现新问题的问题。① 由此可知，问题不仅是知识的源泉、创新的元点，更是学生获得默会知识的关键点。因为默会知识需要在理解和运用知识解决问题的过程中方能有效获得，而这一过程就是批判性反思实践思维的运行机理，此间，将研究的阶段性和最终成果以可言说的书面形式记载下来，就成了显性知识或确定性知识，而默会知识便留存于个体，促使个体向协调、个性、富有创造力的主体成长。

需要进一步指出的是，并非任何问题均可成为上文所述的问题，只有真问题才具备提升学术素养、获得默会知识的效用。在法学研究中，长期存在着一种"自圆其说"论，认为学术研究百家齐鸣，只要论点可以自圆其说，便可以作为选题。笔者并不否定自圆其说的重要性，但如将该标准作为问题提出的遵循，并不妥当。因为这种观点，容易造成学生"自设前提、自我论证、自我圆说"，论文难以具备学术价值和实践意义，学术能力也难以得到实质的提升。法学研究均非空中楼阁，应在现实土壤中汲取养分，这样问题意识才会源源而来。

发现问题的能力首先需要学生通过多读书、读好书的形式来培养。法学书籍的阅读易异化为背书，这实际上是通过记忆来获得显性知识，而读书是要依靠反思思维来获得显性知识，对于具体的法学问题，需要从历史的维度去分析，从该问题历史发展脉络的角度去理解其历史原旨，这一点是涉外法治人才培养中容易缺失的。其次，可以从中国问题、现实问题和重大问题的视角出发，多予关注我国涉外法治面临的问题，尤其是多阅读党的十九大文件、国家哲社课题指南、外交部课题指南等材料，这样会容易地把真问题确定下来。下文以国际民商事条约的司法适用这个问题的发现为例予以阐释。

---

① 波普尔著，傅季重等译：《猜想与反驳——科学知识的增长》，上海译文出版社 2005 年版，第 320 页。

涉外法治人才培养机制的反思与创新

2020 年 10 月，中国共产党的十九届五中全会明确了统筹国内国际两个大局含义，即"统筹中华民族伟大复兴战略全局和世界百年未有之大变局"[①]。在两个百年奋斗目标交汇之际，统筹国内国际两个大局是党中央基于对世界政治经济历史、现状和发展的深刻认识所作的重大国家战略研判，将统筹两个大局理念落实在全面依法治国领域即为坚持统筹推进国内法治和涉外法治。[②] 涉外法治的内容可以包括调整国家涉外法律关系的各项政策、制度和规则，涉及立法、执法、司法等各方面。其中，国际条约在国内的适用与国际法治有重叠，而国际条约的司法适用则是条约适用的重要内容，完善国际条约的司法适用制度有利于国际关系的规则导向最终落实为国内治理的规则导向，从而推动国内法治的进步。

统筹推进国内法治与涉外法治，尤其是在加快涉外法治体系建设中，必然要求国际条约在国内法中的地位得到明确，其在国内的适用路径相对清晰并完善。在国际条约国内适用的过程中，审判权作为司法权所表现出的终局性，意味着其决定了国际条约国内适用的最终效果。在国际条约国内适用制度的完善中，司法适用制度的完善构成了关键一环。同时，法院适用国际条约亦是我国参与全球治理的重要方式。[③]

在国际法层面，迄今我国已缔结逾 26 000 个条约，依据"条约必须信守"（Pacta sunt servanda）原则，我国应承担善意履行义务。缔结的条约中，一部分具有公法性质，主要调整国家间或国家与国际组织间权利义务关系的，另一部分是私法性质的，主要关涉私法主体的权利义务。前者的适用主体一般为国家或国际组织，条约约束力表现为国际法层面，相关缔约方不履行或不适当履行，会引发国际争端和国际责任，解决争议的主体一般为国际法院或第三方国际组织，此类条约通常不具有在国内法院适用

---

① 《中共十九届五中全会在京举行》，《人民日报》2020 年 10 月 30 日。

② 参见黄惠康：《准确把握"涉外法治"概念内涵，统筹推进国内法治和涉外法治》，《武大国际法评论》2022 年第 1 期。

③ 有学者进一步认为，司法管辖权、立法管辖权和执行管辖权是构成全球治理的三类治理权，国内法院可基于司法审判活动分配上述治理权，显然国内法院亦为全球治理的基本主体。参见霍政欣：《论全球治理体系中的国内法院》，《中国法学》2018 年第 3 期。

的空间。后者的适用对象是私主体，更多的情形是需要在国内予以适用，目前尚没有专门针对此类条约的国际监管机构，国内法院对该类私法性质条约的适用成为学界和实务研究的重难点。因此实有必要认真研究条约的司法适用问题，从而得出一些正确合理的结论，以便更好地指导实践。

由此可知，国际民商事条约司法适用问题是立基于国家统筹国内国际两个大局的战略，在落实全面依法治国领域中需要解决的重要问题，符合中国问题、现实问题和重大问题的要素，并非是自设前提得来。在问题发现环节中，如果学生仅停留在显性知识层面，不擅于运用默会知识的反思思维考虑问题，往往无法将统筹国内国际两个大局、统筹推进国内法治与涉外法治、国际条约的司法适用问题紧密关联，更难以从国家战略框架的宏观层面聚焦到涉外法治领域的具体学术问题。

四、 法学学术论文的写理揭示奠定学术能力提升的根基

凡事均离不开方法，科学更是如此。方法是指在给定的条件下，为达到目的所采取的行动、手段、方式，但方法的重要性，往往并未得到应有的重视。[①] 法学学术论文写作方法本身属于显性知识，如一篇规范的法学学术论文的外在结构包括题目、内容摘要、关键词、正文、参考文献等，写作通常运用的研究方法有法解释学方法、比较研究方法、历史研究方法、法经济学方法、法社会学方法等。梁慧星教授认为，法学学术论文写作方法不是一般的知识，是运用知识和获取知识的知识。[②] 从显性知识和默会知识区分看，这是基于默会知识理念层面的分析，此处的写作方法就是指法学学术论文外在结构和研究方法背后的写理，也可被认为是论文写作的底层逻辑。对写理的掌握需要在个体写作实践时，通过往复思辨而达到透彻理解，进而方可在写作时以形式要求促使学术见解的创新、论证过

---

① 参见［德］阿·迈纳著，王路译：《方法论导论》，三联书店 1991 年版，第 5—6 页。

② 参见梁慧星：《法学学位论文写作方法》（第 3 版），法律出版社 2017 年版，第 3 页。

程的充分和符合逻辑性。

1. 从外在结构到内在结构

形式是为内容服务，论文的外在结构是论文论证内容规范性、逻辑性和科学性的外在呈现，是以论文的形式规范论文内容的学术表达、界分论文的学术规范、检视论文选题的学术价值和实践意义，更为重要的是，在科学规范的论文形式下写作，产出高质量的学术成果概率会大为提高。于此，部分学生认为论文的形式结构规范就像是八股文，限制了论文写作的思维空间。此种观点仅是从表层观察得出，并未通过实践性思辨思维考量论文结构内在的写理，默会知识的参与度低或没有，难以得到认同。

从论文的外在结构看，即便是不探究其中的写理，未经过专门训练的学生时常亦会有对显性知识存在误解。例如，题目与研究内容要紧密契合，大小适当，论文的字数也限制了题目的大小，题目应简洁新颖，而不少学生时常文题不一、题目远大于研究内容，对法科生而言，小题大作为宜。又如，内容摘要是凝练论文的要点，是作者基本学术见解和论文主旨的集中体现，其目的是让学术共同体通过内容摘要迅速了解论文的研究问题、基本见解和论证思路，是一种"剧透"，而不是"犹抱琵琶半遮面"的"放诱饵"。① 再如，关键词是对摘要的进一步提炼，用于学术共同体可以通过关键词的检索到该篇论文，那么关键词便须体现论文的研究对象、核心内容和解决方案，而不是用"构建"、"完善"之类的词汇。复如，文献引证表现为脚注、尾注和参考文献，作用有三。其一，表明作者对研究问题资料的掌握程度。一篇论文的引证文献可以直观地反映作者对于该研究领域已有成果的熟悉程度，法学研究更需要建立在前人研究成果的基础上，如引证文献中没有该领域的基本或权威文献，那么不得不质疑论文论证的深度和广度。同时，引证文献也能印证作者的研究态度，因为部分作者为引用而引用，或者将没有阅读过的文献也列为引证资料，这些都属于

---

① 参见吴国盛：《学术写作的三大意识》，《学位与研究生教育》2021年第7期。

"伪引证"，可归为学术不端行为之一。其二，尊重学术共同体的智慧成果。无论是直接引用还是间接引用，抑或论据引用还是观点引用，均应表明出处，这不仅是基本的学术素养，更是对学术共同体同仁的尊重。其三，引证所要求的相对固定格式，是让期刊编辑、读者可以此查证所引用的内容，尤其是 CSSCI 和 SSCI 中的权威期刊，时常要求作者提供引证资料予以核实，以此提升论文的质量。

从论文内在结构的要素看，法学学术论文由研究问题、分析论证、学术见解三大基本要素构成。学术论文是对问题的解决，所以问题的提出成为论文写作的起点，问题的解决是论文写作的终点。而对问题的回答，需要呈现作者的学术见解，学术见解不是天马行空，而是要得到阅读论文同行的理解和认可，甚至逐步成为该研究领域的共识见解，这就需要展开详密的分析论证。[①] 故而，问题、论证和学术见解便成为学术论文中内在结构的基本要素。

从论文外在结构和内在结构的关系看，两者是决定和促进的关系。一方面，内在结构决定外在结构。题目是研究问题的凝练表达，摘要和关键词是论文学术见解的呈现，正文是针对问题展开的分析论证。论文内在结构的逻辑关系不清，如选题失当，学术见解乏善可陈甚至存在错误，分析论证过程错乱，均会导致论文外在结构出现偏误。另一方面，符合学术规范的外在结构可以促使论文内在结构向着科学性、逻辑性方向发展，以契合形式逻辑的方式纠偏纠错。题目要求论文文题一致，摘要使得作者归纳总结其在论文中表达的学术见解并检视论文中是否已经完整地表达，文献引证令作者必须尽可能地掌握研究领域的相关资料，尤其是基本资料和权威资料。如此，可令论文内容紧密围绕研究的问题展开，以研究过程的科学性、逻辑性促使作者得出结论具有较强的说服力和较高的价值。

[①] 参见李润洲：《研究生学术论文写作的专业指导——一种人文社会科学的视角》，《学位与研究生教育》2022 年第 4 期。

2. 写理的体悟：在写作实践→反省思考→思辨性写作中往复

在研究中学会研究并提高研究能力，在写作中学会写作并提高写作水平，这是提升涉外法治人才学术能力的必由之路。学术论文写作能力只有在研究和写作中方可得到快速、有效、实质的提升，写理意义上的论文写作方法也必须结合写作实践得到充分的掌握。①

高质量学术论文中的每一部分均有其相应的职责。一方面，论文的基本见解时常由不同层级的分论点构成，不同层面的分论点之间具有逻辑关系，分论点是为了支撑基本见解，分论点和基本见解就像金字塔型或不同半径的同心圆，基本见解位于金字塔顶或同心圆中最小半径的圆，分论点和基本见解均指向论文内容所限定的问题。另一方面，论文中的词、句、段落、章节，甚至标点符号，都应符合论证需求而进行逻辑排列，各司其职。若文字的表达存在歧义，或者排列失去基本逻辑性，则会对论证产生反作用，这也是论文写理的外在表现。故而，法学学术论文要求问题意识清晰、论文结构合理、书面用语规范通顺、逻辑顺恰，而且要令每一部分充分发挥其效用，这种运用知识的能力并不能仅通过书面的学习而获得，更要在持续、规范的学术训练中才能得到提升。

默会知识理念下，学习者并非是知识的存储单元，而应努力从学习主体转向知识主体，即成为知识的主人，将知识转化为可以随心运用的工具，这就需要通过实践和反省，将此映射到学术论文写作能力获得领域更是如此。论文写作本身就是一项实践活动，这种实践不但可以活化显性知识、将显性知识转化为主体知识体系的一部分，而且可能会启发产生新的知识。学习者对于从实践性活动中获得的知识，有更为深刻的理解和认识，属于实践性知识。但实践性知识具有中立性，其不涉及伦理、价值，仅具有实践性知识的主体，就好比是一台强有力的机器，而不是一个和谐发展的人。② 对于实践

① 参见李忠：《研究生学术写作与训练的困境及其纾困——基于学位论文写作规范问题的分析》，《学位与研究生教育》2022 年第 4 期。

② 参见［美］爱因斯坦著，许良英等编译：《爱因斯坦文集》（第三卷），商务印书馆 2010 年版，第 310 页。

性知识带来的价值偏离，可运用反省性知识予以矫正。反省性知识是学习者通过有意识地反思、批判与反省活动获得的知识，属于默会知识的一部分。反省性知识与学习者的世界观、价值观、理性、自我意识、情感密切相关，是一种反省能力，是学习者成为知识主体的标识，也是学习者内在生成创新品质的前提，此类知识天然地具有价值引导的功能，当前我国高校开展的课程思政教改工作，也是引导学生获得反省性知识的一个环节。反省性知识无法通过传统灌输式教学以平移的形式转化和存储，其需由学习者通过质疑、反思、创新的思维活动获得。质疑可以发现事物深层的问题，反思可以释疑，创新则是在质疑和反思的基础上，对原有的认识、观点或理论有所突破。① 此三类思维活动必然要求学习者独立思考、独立得出结论。

由此，学生在论文写作的实践中逐步获得写作的实践性知识，通过写作过程中的反省思考，令论文的论证更加翔实、更具逻辑性，主动地构建创新的学术能力，让论文写作的全过程沉浸在思辨性思维中，长期循环往复，学生的论文写作能力会得到自我锤炼，其学术研究自然会有明显的提升。

五、 结语

教育不是对知识的简单迁移，而是要训练学习者，使其具有活跃的智慧。② 涉外法治人才学术能力进阶的有效路径是通过学术论文写作的训练，默会知识可成为研究和写作的桥梁，将深度学习贯彻于研究和写作始终，令学生摆脱教条式的法律适用、努力从学习主体向知识主体转变。故而，在对学生学术能力培养的各阶段，应关注实践性知识和反省性知识的获

---

① 参见李忠：《知识观的转变与研究生创新能力的培养》，《学位与研究生教育》2009 年第9 期。

② 参见［英］阿尔弗雷德·诺思·怀特海著，庄莲平等译：《教育的目的》，文汇出版社2012 年版，第 49 页。

得，尤其是反省性知识与学生的批判性反思思维和创新能力直接关联，也是对实践性知识缺陷的校正，处于默示知识中的中枢位置。论文写作是将显性知识与默示知识有效结合的方式，论文的质量可直接衡量学生对写理的体悟程度和专业知识的领会深度，默会知识理念下的论文写作训练将有效促进学生学术能力的进阶。

专题三

课程思政理念融入专业
课程教学方式探究

国际环境法课程思政对话教学的实践探讨

■ 李伟芳[①]

【摘要】气候变化是全人类的共同挑战。应对气候变化，事关中华民族永续发展，关乎人类共同体命运。当前国际形势不断发生着深刻的变化，世界多极化和经济全球化深入发展，文化多样化和社会信息化持续推进，国际格局和国际秩序也在加速调整和演变。在复杂的国际形势下，全球性挑战不断增加，国际竞争愈加激烈。为了民族的复兴、国家的崛起及社会的长治久安，高等教育应发挥其应有的对人的培养作用，使青年一代具备应有的家国情怀。在此背景下，作为新时期高等教育的战略举措，课程思政具有独特的时代价值与话语背景。本文以"全球气候变化"为例，通过对话教学，展示课程思政理念融入专业课程的教学实践。

【关键词】气候变化　课程思政　对话教学

一、引言

2016 年 12 月 7 日，习近平总书记在全国高校政治思想会议上指出：

---

①　李伟芳，华东政法大学国际法学院教授，博士生导师。本文系华东政法大学 2022 年校级课程思政教育教学示范团队阶段性成果。

"要用好课堂教学这个主渠道，思想政治理论课要坚持在改进中加强，提升思想政治教育亲和力和针对性，满足学生成长发展需求和期待，其他各门课都要守好一段渠、种好责任田，使各类课程与思想政治理论课同向同行，形成协同效应。"首次在国家领导人层面提出课程思政的内涵要求。2017年12月4日，中共教育部党组印发了《高校思想政治工作质量提升工程实施纲要》，在课程育人质量提升体系中要求"大力推动以'课程思政'为目标的课堂教学改革"，"课程思政"第一次出现在国家层面的文件中。① 此后，在2018年10月《教育部关于加快建设高水平本科教育全面提高人才培养能力的意见》中，进一步明确了课程思政的建设内容，要求"在每一门课程中有机融入思想政治教育元素"，"形成专业课教学与思想政治理论课教学紧密结合、同向同行的育人格局"。② 2019年10月，教育部印发《教育部关于深化本科教育教学改革全面提高人才培养质量的意见》（教高【2019】6号）和《教育部关于一流本科课程建设的实施意见》（教高【2019】8号）。

2022年，教育部印发的《高等学校课程思政建设指导纲要》指出，全面推进课程思政建设是落实立德树人根本任务的战略举措，是全面提高人才培养质量的重要任务。高等学校人才培养是育人和育才相统一的过程。建设高水平人才培养体系，必须将思想政治工作体系贯通其中，必须抓好课程思政建设，解决好专业教育和思政教育"两张皮"问题。要牢固确立人才培养的中心地位，围绕构建高水平人才培养体系，不断完善课程思政工作体系、教学体系和内容体系。③

当前国际形势不断发生着深刻的变化，世界多极化和经济全球化深入

---

① 2017年《高校思想政治工作质量提升工程实施纲要》，http://www.moe.gov.cn/srcsite/A12/s7060/201712/t20171206＿320698.html，访问时间：2022年6月5日。

② 2018年10月《教育部关于加快建设高水平本科教育全面提高人才培养能力的意见》，http://www.moe.gov.cn/srcsite/A08/s7056/201810/t20181017＿351887.html，访问时间：2022年6月5日。

③ 2022年教育部《高等学校课程思政建设指导纲要》，http://www.gov.cn/zhengce/zhengceku/2020-06/06/content＿5517606.htm，访问时间：2022年6月5日。

发展，文化多样化和社会信息化持续推进，国际格局和国际秩序也在加速调整和演变。在复杂的国际形势下，全球性挑战不断增加，国际竞争愈加激烈，世界各国正抓紧调整各自的发展战略。为了民族的复兴、国家的崛起及社会的长治久安，高等教育应发挥其应有的对人的培养作用，使青年一代具备应有的家国情怀。在此背景下，作为新时期高等教育的战略举措，课程思政具有独特的时代价值与话语背景。

二、 国际环境法课程思政理念的核心要素

国际环境法的形成与发展并最终成为国际法的独立分支学科，都与国际社会应对并解决人类环境问题有关，这是理解国际环境法课程思政理念核心要素的必要前提。

环境问题是指由于人为活动或自然原因使环境条件发生不利于人类的变化，以至于影响人类的生产和生活，给人类带来灾害的现象。环境科学家将环境问题一般分为两类：第一类是指由于自然原因所引起的、人类不能预见或避免的环境破坏现象，又称为"原生环境问题"或"第一环境问题"；第二类是由于人为活动所引起的地球局部或全球性的环境变化以及环境污染等现象，这又被称为"次生环境问题"或"第二环境问题"。法律解决的环境问题主要是指上述与人类活动有关的"第二环境问题"。

环境问题从国内问题演变成国际问题的原因是多方面的，主要在于两方面：首先，从环境的概念来看，人们通常认为环境包括人类赖以生存的各种物质条件的总和，是为人类提供生存和发展的空间以及其中可以直接或间接影响人类生活的各种自然因素的总体，因此环境没有人为的国界。从环境的经济效益来看，可以认为它归属一个主权国家的独占性；但从环境的效益来看，位于一国境内的环境污染可以影响到其他国家的环境，影响到整个人类的生存条件，所以环境问题必然会从国内问

题发展到全球问题。其次，从人类的发展过程来看，人类的活动不仅受生物规律的制约，更受社会规律的制约，但自然环境在人类改造它的过程中依然以其自然规律运动。因此，在自然环境的客观发展过程和人类有目的的活动之间，不可避免地会产生矛盾。人类在走向高度文明化的同时，自觉或不自觉地促使环境问题的恶化，这是人类社会发展的结果。同时，当社会文明程度达到一定高度以后，日益恶化的环境问题会促使人类必须以科学的目光重新审视地球，认识到我们只有一个地球，地球需要人类的关怀，这同样也是人类社会发展的需要。也正是在这种背景下，人类开始从新的角度来认识环境保护的概念，即不仅是对污染的防治，更重要的是保护和改善生活环境和生态环境，防治污染和其他公害，使之更适合人类的发展。

就传统法而言，由于它的哲学和方法论的基础是"人类利益中心主义"的伦理价值观，因此在目的理念上传统法只将人类作为伦理的、以至于法的主体，在人与自然物之间的价值关系上它所强调的只是人类的内在价值以及自然物对人类的价值。所以，传统法的终极目的只是保护人类自身既存的权利和利益，而环境及其利益只能作为法律关系的客体。在环境问题出现后，传统法律为处理环境问题所带来的社会关系的变革已做出了反应，这表现在对环境的法律调整从私法的救济到公法的保护，从国内法的控制到国际法保护的发展过程，但在处理具体的环境问题、考虑具体的环境对策时，传统的国际法律规则或法律理念就可能存在某些局限性，主要表现在环境保护的无国界性和国家主权独占性在某些方面的不协调。

主权是国家固有的属性。主权对国家意味着可以独立自主地处理其对内对外事务；可以对其本国领土的人和物具有管辖权；主权还意味着国家对其本国的自然资源享有永久权利。但是在环境保护领域，国家主权原则的运用有一定的局限性。这是因为人类赖以生存的生物圈是一个整体，客观上它可以无视人为的国家领土边界线。国家在对其本国领土内的自然资源开发的同时，也许会影响到其他国家的自然环境。例如多国河流或国际河流的上游国家如果污染了流经其本国的那段河流，必定会影响处在下游国家境内的河流的水质环境。再比如大气层污染问题，虽然国家主权适用于本国领空，但一国在本国境内对大气的污染，不仅影响到本国的自然环境，也对全球大气污染承担责任，这是因为人类共有一个大气层。这就给国际社会提出了这样一个问题：如何协调国家主权的独立性和人类赖以生存的自然环境的整体性问题？此外，由于部分生物圈是处在国家管辖范围以外的，比如南极、外层空间等区域，这就提出了另外一个问题，国际法如何保护这些在国家主权管辖范围以外的公有资源？因而，作为人类环境问题的应对，国际法在环境保护领域逐渐发展起来，并形成了国际环境法这一新的分支领域。相比传统国际法，该领域出现了若干新的规则或原则。例如可持续发展原则、预防与风险预防原则、共同但有区别的责任、环境损害责任、污染者付费规则、公众参与知情权、非国家行为主体在环境保护中的地位等。由于环境要素的独特性，环境问题对传统国家主权的挑战不言而喻。

2022年，教育部《高等学校课程思政建设指导纲要》明确指出：专业教育课程要根据不同学科专业的特色和优势，深入研究不同专业的育人目标，深度挖掘提炼专业知识体系中所蕴含的思想价值和精神内涵，科学合理拓展专业课程的广度、深度和温度，从课程所涉专业、行业、国家、国际、文化、历史等角度，增加课程的知识性、人文性，提升引领性、时代性和开放性。法学类专业课程要在课程教学中坚持以马克思主义为指导，加快构建中国特色哲学社会科学学科体系、学术体系、话语体系。要帮助学生了解相关专业和行业领域的国家战略、法律法规和相关政策，引导学生深入社会实践、关注现实问题，培育学生经世济民、诚信服务、德法兼修的职业素养。

据此，国际环境法课程思政理念的核心要素主要体现在两个方面：其一，中国的大国地位以及国际责任担当的时代背景；其二，环境保护与发展的辩证关系，以维护国家利益的话语背景。

三、 教学实践案例： 以全球气候变化为例

（一）选题背景

笔者长期为华东政法大学（法学）研究生国际法专业开设国际环境法专业选修课，36 课时。2021 年秋季学期开课，恰逢因疫情延期一年的第 26 届联合国气候变化大会（COP26），即巴黎协定第三次缔约方会议（CMP3），于 2021 年 11 月 1—12 日在英国格拉斯哥举行。同时，2021 年 10 月 27 日，国务院新闻办公室发布《中国应对气候变化的政策与行动》白皮书，表明中国高度重视应对气候变化。作为世界上最大的发展中国家，中国克服自身经济、社会等方面困难，实施一系列应对气候变化战略、措施和行动，参与全球气候治理，应对气候变化取得了积极成效。作为负责任的国家，中国积极推动共建公平合理、合作共赢的全球气候治理体系，为应对气候变化贡献中国智慧、中国力量。面对气候变化严峻挑战，中国愿与国际社会共同努力、并肩前行，助力《巴黎协定》行稳致远，为全球应对气候变化作出更大贡献。[①] 由此，中国应对气候变化策略从《京都议定书》发展到《巴黎协定》时代，从"自上而下的共同但有区别减排模式"跨越到"自下而上的国家自主贡献减排模式"。

（二）通过模拟 COP26 场景的对话教学

国际环境法研究生课程惯例采用教师讲解＋学生演讲（presentation）的方式。2021 年秋季授课在讨论"全球气候变化"议题时，因为 COP26 的背景，使得这部分内容具有鲜明的时代背景。为有效贯彻课程思政理念融

---

① 《中国应对气候变化的政策与行动》白皮书，http://www.scio.gov.cn/zfbps/32832/Document/1715491/1715491.htm，访问时间：2022 年 6 月 4 日。

入专业课程的精神，这部分内容采用模拟 COP26 场景，教师与学生进行对话教学，而不是单纯的学生演讲或教师讲解。

"对话教学"不是一种具体的教学模式、方法或技术，而是一种融教学价值观、知识观与方法论于一体的教学哲学。美国伊利诺斯大学教育学者尼古拉斯·C. 伯布勒斯（Nicholas C.Burbules）与伯特伦·C. 布鲁斯（Bertram C.Bruce）在总结西方对话教学理智传统的基础上，认为"教学中的对话"是指"对话（dialogue）是一种教学关系，它以参与者持续的话语投入为特征，并由反思和互动的整合所构成"。[①] 该定义阐明：对话是一种交互主体的、有机的、动态的教学关系（pedagogical relation），而非教学要素间的机械连接；它是所有参与者对共同面对的问题或课题的探究、质疑、解释、评论、重新思考等"话语投入"（discursive involvement）行为，而非把外部确定无疑的知识或规范内化；它是贯彻始终的、持续进行的（ongoing）的言语互动，而非偶尔为之的问答行为；它把参与者个体的反思（reflexivity）和所有参与者彼此间的互动（reciprocity）融为一体，而非将二者割裂开来，使"反思"走向孤独、"互动"沦为盲从。[②]

在"全球气候变化"教学设计中，为有效达到上述目的，要求学生重点做到如下两点：第一，资料收集的原真性。要求学生所有的资料都从官方网站收集，消化、分析、总结，独立判断并形成作为对话者的观点。第二，重点关注 COP26 中国、美国、印度、欧盟主要国家、小岛屿国家的观点，以及各方如何表达各自利益诉求，尝试在不同背景下的话语表达，重点展示中国在《巴黎协定》下的大国地位、责任担当。同时，要求学生明确师生对话双方是平等的，不是主体与客体、控制与被控制的关系。在对话教学过程中，学生是有自己的话语权。因此，消除彼此的角色感，把"师与生"的关系变成"我与你"的关系，是课程思政对话路径得以实现

---

① 转引自张华：《对话教学：涵义与价值》，《全球教育展望》2008 年第 6 期。

② 张华：《对话教学：涵义与价值》，《全球教育展望》2008 年第 6 期。

的关键。

（三）部分对话教学展示

对话主题：《京都议定书》与《巴黎协定》话语表达的区别

为避免过多口语化表达以及解释性内容，以下对话内容展示做了书面语处理，同时仅根据重点内容做精简陈述。学生对话主要是通过 PPT 展示。①

教师的开场白：

1988 年，为应对气候变化问题，世界气象组织和联合国环境规划署共同成立一个名为"政府间气候变化专家组"（简称 IPCC）的机构。IPCC 的主要任务是评价关于气候变化的知识，审查气候变化的环境、经济和社会影响，拟制关于气候变化的对策和战略，为相关国际立法提供科学依据。迄今为止，IPCC 已经发布六次报告。IPCC 认为，持续加速的全球气候变化严重地影响了包括食物生产、水资源供给及生态系统的维持等自然系统平衡及人类生存的决定性因素。气候变化对水文系统、陆地生物系统的影响已经显现，而其对人类健康以及生存环境所产生的影响也正在出现。造成气候变化的原因主要是源于大自然内部进程的客观因素与外部人为破坏因素两方面，从 IPCC 以往发布的评估报告来看，IPCC 倾向于人为因素是造成气候变化的主要原因。

尽管对气候变化的后果、原因等相关问题有不同看法，但 IPCC 发布的评估报告依然是气候问题国际谈判的科学基础，并对相关国际立法产生重要影响。1990 年 12 月，第 45 届联合国大会通过了关于保护气候的第 45/212 号决议，决定成立一个气候变化框架公约政府间谈判委员会，具体负责公约的谈判和制定工作，由此拉开国际社会应对气候变化立法谈判的序幕。经过五次艰苦的谈判，终于在联合国环境与发展大会前夕达成了妥

---

① 本部分 PPT 来自 2021 年秋季国际环境法课程小组梁雨同学负责部分，引用已征得梁雨同学的同意。

协的一揽子交易，并于 1992 年 5 月 9 日通过了《联合国气候变化框架公约》的最后文本，于 1992 年 6 月在联合国环境与发展大会上签署，并于 1994 年 3 月生效，标志着气候变化问题正式纳入国际法的调整范畴。《联合国气候变化框架公约》的最终目标是，"将大气中温室气体的浓度稳定在防止气候系统受到危害的人为干扰的水平上"。

学生对话展示：

《京都议定书》采用的自上而下的治理机制实施效果不佳，因此《巴黎协定》设定了自下而上的治理机制，以缔约国提交的国家自主贡献目标开展气体减排。

教师对话：

小组作业的第二部分聚焦于《巴黎协定》与《京都议定书》的不同。《京都议定书》是《联合国气候变化框架公约》下的第一份具有法律约束力的文件，也是人类历史上首次以法规的形式限制温室气体排放的文件，于 2005 年 2 月正式生效。作为史上第一份覆盖近 200 个国家和地区的全球减排协定，里程碑式的《巴黎协定》于 2015 年 12 月达成，这标志着全球应对气候变化迈出了历史性的重要一步。《巴黎协定》正式生效后，成为《联合国气候变化框架公约》下继《京都议定书》后第二个具有法律约束力的协定。

从《京都议定书》到《巴黎协定》，显示了国际社会在气候变化领域的合作共识以及难以调和的分歧，与此同时，在这一过程中，中国也逐渐成为国际气候治理的引领者。《巴黎协定》与《京都议定书》的不同展现在四个方面，其分别是治理机制、法律履约机制、法律原则和市场机制。《巴黎协定》提出的国家自主贡献具有普遍约束力，国家自主贡献虽由缔约方编制，但申报后必须采取减缓措施实现。国家自主贡献要每 5 年通报一次，并且每次更新要逐步增加国家自主贡献，也就是形成了一种"螺旋上升"机制。

学生对话展示：

教师对话：

在措辞上，《巴黎协定》对于发达国家使用的是"应当"，对于发展中国家使用的是"鼓励"。可见，对发达国家的减排义务仍然具有强制性，当然发展中国家也应根据国情作出努力，这也是共同但有区别的责任的体现。

学生对话展示：

教师对话：

2021年10月发布的《中国应对气候变化的政策与行动》白皮书中指出，气候变化是全人类的共同挑战，应对气候变化，事关中华民族永续发展，关乎人类前途命运。强调无论国际形势如何变化，中国将重信守诺，继续坚定不移坚持多边主义，与各方一道推动《联合国气候变化框架公约》及其《巴黎协定》的全面平衡有效持续实施，脚踏实地落实国家自主贡献目标，强化温室气体排放控制，提升适应气候变化能力水平，为推动构建人类命运共同体作出更大努力和贡献，让人类生活的地球家园更加美好。

学生对话展示：

教师对话：

《巴黎协定》中"共同但有区别责任"已经不同于《京都议定书》中的"共同但有区别的责任"，其重点更多放在"各自能力"原则之上，在减排这一问题上不再区分发达国家和发展中国家。

因疫情延期一年的第 26 届联合国气候变化大会（COP26），即巴黎协定第三次缔约方会议（CMP3），于 2021 年 11 月 1—12 日在英国格拉斯哥举行。

教师对话：

为实现减排目标，《联合国气候变化框架公约》规定一系列重要原则，如代际公平原则、共同但有区别的责任原则、风险预防原则、可持续发展原则、国际合作原则等。上述原则中，"共同而有区别"的责任原则尤为重要。它充分体现了在气候变化国际立法谈判中，发展中国家和发达国家之间的妥协与冲突。它承认所有国家对全球环境保护有共同的责任，但同时考虑到发达国家在历史上给环境带来的压力远大于发展中国家，因此，发展中国家和发达国家在承担具体义务方面有所不同，发达国家缔约方应率先采取行动对付气候变化及其不利影响。对于是逐步淘汰还是逐步减少煤电，发展中国家和发达国家存在巨大分歧。在谈判的最后时刻，由于发展中国家的再次要求，草案中的逐步淘汰最终改为逐步减少。

学生对话展示：

教师对话：

大会敦促发达国家在 2025 年前兑现 1 000 亿美元的目标，加强对于发展中国家的资金支持，同时为发展中国家获得应对措施提供技术援助。

教师对话：

大会期间，中国充分听取各方意见，并提供建设性意见。

学生对话展示：

教师对话：

在回应为何中方和印度要将努力淘汰煤电的语言修改得更为缓和时，中方强调已在控制煤炭消费和煤电项目方面作出巨大努力。各国在结束煤炭使用前，应考虑到其能源需求缺口。

学生对话展示：

教师总结本单元对话教学：

本次对话教学实践，从环境问题的出现和国际环境法的体系构建两个角度进行引入，要求学生以小组作业展示的方式，对《京都议定书》与《巴黎协定》展开更为具体的解读。在解读过程中，融入国际环境法课程思政理念，既要有全球性的战略视野，也要重视我国在其中的地位、责任、贡献以及国家利益的维护。以期学生在了解和掌握国际环境法的专业知识的同时，也能培养和树立新时代法治人才应有的家国情怀。

国际环境法课程思政的价值意蕴与构建路径

■ 黄　炎①

【摘要】国际环境法课程思政建设应准确诠释课程中可直接反映国家战略决策的内容，重点培养学生共谋全球生态文明建设，深度参与全球环境治理的情怀。阐释我国坚持人与自然和谐共生，坚持节约优先、保护优先、自然恢复为主的方针；引导学生认同环境污染是全球性挑战，我国应积极参与国际对话交流与合作，积极参与和引领全球环境治理；引导学生思考应当如何通过进一步推行"人类命运共同体"理念，一方面更加坚实地保障我国的国家主权和合法权益，另一方面形成世界环境保护和可持续发展的解决方案。课程思政建设的关键在于教师，应充分发挥教师的积极性、主动性和创造性，在强化课程思政协同育人的理念上展现家国情怀，在创新课程思政方式的能力方面善用思维规则，在系统化提升课程思政设计能力方面拓宽国际和历史视野。在教学过程中，应充分落实立德树人的教学理念，开展由表及里的讲授和研讨，课程思政方法兼具理论性和实践性，课程思政元素方面兼具价值性、知识性和多样性，课程思政模式方面

---

① 黄炎，华东政法大学国际法学院讲师，法学博士。本文系华东政法大学 2022 年校级课程思政教育教学示范团队阶段性成果。

注重启发性。

【关键词】 国际环境法　课程思政　立德树人　人类命运共同体　全球环境治理

一、 国际环境法课程思政的价值意蕴

"为学须先立志。志既立，则学问可次第着力。立志不定，终不济事。"随着我国日益扩大开放、日益走近世界舞台中央，我国同世界的联系更趋紧密、相互影响更趋深刻，意识形态领域面临的形势和斗争也更加复杂。[①] 专业课程教学是课程思政的最主要依托。课程思政是指所有课程的知识体系都体现思政德育元素，所有教学活动都肩负起立德树人的功能，全体教师都承担起立德树人的职责。从以往单纯的思政课教育转变为覆盖各专业、各学科、各课程体系的大思政和大德育，将"课程育人"提升为"全课程育人"。[②] 将思政元素融入课程教学，需要用新时代中国特色社会主义思想铸魂育人，厚植爱国主义情怀，把爱国情、强国志、报国行自觉融入坚持和发展中国特色社会主义、建设社会主义现代化强国、实现中华民族伟大复兴的奋斗之中。

世界更加互联互通，社会却愈发支离破碎，这是我们正面临的一种悖论。[③] 近几年来，英国公投"脱欧"、美国宣布退出《跨太平洋伙伴关系协议》和《巴黎协定》、欧洲多国极右翼势力抬头，贸易保护主义、民族主义、宗教极端主义等思潮以多元性、并生性、不确定性等特征共同促成"逆全球化"潮流。受"逆全球化"的影响，部分国家开始对国际条约内容"侵蚀"主权的状况表示担忧。一方面，国际条约的签署和批准程序逐

---

① 习近平：《思政课是落实立德树人根本任务的关键课程》，载《新长征》（党建版）2021 年第 3 期。

② 参见沈亦：《找到从"思政课程"到"课程思政"的密钥》，载《人民日报》2018 年 3 月 29 日第 17 版。

③ 参见联合国网站：《联合国秘书长古特雷斯在第 73 届联合国大会高级别一般性辩论开幕上的致辞》，https://news.un.org/zh/story/2018/09/1018612，访问日期 2022 年 6 月 2 日。

渐受阻；另一方面，通过国际指南、国际宣言等软法文件促成国际合作日渐成为国际治理模式多样性、多元化的自然结果。近几年来，环境风险逐渐呈现多样性和复杂性的特点。自然资源不仅受到源自工业废水排放、化学和危险物质泄漏等水体生态内部的污染，更面临气候变化的严重威胁。随着国际社会关于环境保护的法律文件不断累积，环境因素已在国际关系中占据一席之地。

在此背景下，华东政法大学国际法学院国际环境法教学团队潜心钻研并积极开展课程思政教学的理论创新和实践改革，优化课程教学设计，完善课程教学方案，将习近平总书记"绿水青山就是金山银山"的理念、"人类生态命运共同体"理念等课程思政育人元素与课程专业知识有机融合，在保证专业知识教学效果的同时，强化实现课程思政育人目标。国际环境法课程思政建设应准确诠释课程中可直接反映国家战略决策的内容，充分落实立德树人的教学理念。重点培养学生共谋全球生态文明建设，深度参与全球环境治理的情怀；阐释我国坚持人与自然和谐共生，坚持节约优先、保护优先、自然恢复为主的方针；引导学生认同环境污染是全球性挑战，任何一国都无法置身事外，我国应积极参与国际对话交流与合作，加强应对气候变化南南合作，积极参与和引领全球环境治理；引导学生思考应当如何通过进一步推行"人类命运共同体"理念，一方面更加坚实地保障我国的国家主权和合法权益，另一方面形成世界环境保护和可持续发展的解决方案，倡导国际合作。在教学过程中，应充分落实立德树人的教学理念，开展由表及里的讲授和研讨。

二、 国际环境法教师育德能力提升策略

"经师易求，人师难得。"教师承载着传播知识、传播思想、传播真理，塑造灵魂、塑造生命、塑造新人的时代重任。课程思政建设的关键在于教师，应充分发挥教师的积极性、主动性和创造性。

涉外法治人才培养机制的反思与创新

（一）强化课程思政协同育人的理念：展现家国情怀

课程思政要引导学生立德成人、立志成才。只有打动学生，才能引导学生。教师在课堂上展现的情怀最能打动人，甚至会影响学生一生。真信才有真情，真情才能感染人。思政课教师要有家国情怀，心里装着国家和民族，在党和人民的伟大实践中关注时代、关注社会，汲取养分、丰富思想。把对家国的爱、对教育的爱、对学生的爱融为一体。[①] 例如，在讲述"国际淡水资源的法律保护"章节时，本人一般会联系我国的实际情况加以阐释。我国是境内绝大多数国际河流的上游国，特殊的区位使我国成为亚洲大陆的"水塔"。在今后相当长的时期内，跨界水资源的开发利用将不可避免地成为我国与下游国之间冲突与博弈的焦点问题，甚至可能成为影响"一带一路"建设进展的重要因素。作为一个负责任的大国，我国有必要重视并利用风险预防原则的重要作用，与其他国家合作采取适当的风险预防措施，努力将跨界水资源开发的负面影响降至较低程度。又如，在讲述"气候变化的国际法保护"章节时，引导学生知晓中国是《气候变化框架公约》《京都议定书》和《巴黎协定》等一系列大气环境保护公约的缔约方，了解中国一直是全球气候治理的积极参与者和支持者，了解中国正在并将继续引导应对气候变化国际合作，成为全球生态文明建设的重要参与者、贡献者、引领者。

（二）创新课程思政方式的能力：善用思维规则

教师给予学生的不应该只是一些抽象的概念，而应该是观察认识当代世界、当代中国的立场、观点、方法。教师本人要善于运用创新思维、辩证思维，才能创新课堂教学，给学生深刻的学习体验。

自 20 世纪利益法学和自由法学产生以来，法学研究开始投向法官适用

---

① 习近平：《思政课是落实立德树人根本任务的关键课程》，载《新长征》（党建版）2021 年第 3 期。

法律的方法论技术和哲学解释依据，试图通过司法定向的思维方式为法律实践提供智识上的支持。若国际法"碎片化"问题在短时期内难以改变，则应当在法官的思维规则与司法方法中寻找应对该问题的径路。体系因素的一个重要功能在于避免或排除法秩序中的"体系违反"，[①] 通过"体系思维"与特定的司法方法将"碎片化"的规则紧密交织在国际法体系中，从而构成一个有意义的关系。在国际环境法案例教学过程中，引导学生发现，"解释法律是法院正当而特殊的领域"。[②] 要想有一个"好"的、"正义"的国际法体系，法律解释就必须超越条约之外，参考适用于当事方之间的相关国际法规则。从国际法历史发展的脉络来看，国际法分支体系都是从原来的国际法母体中分离出来逐渐发展而成的。欲对某一个国际法领域的条约文本进行分析和解释，就必须将其放置到整个国际法体系之中。体系思维能够填补被解释条约的空白，通过参照"相关国际法规则"在平行的条约规范之间做出指引，解决不同条约项下互相冲突的国家义务，最终促进国际法体系的融合与发展。

（三）系统化提升课程思政设计能力：拓宽国际和历史视野

课程思政建设要求教师拥有宽广的国际视野。要善于利用国内外的事实、案例、素材，在比较中回答学生的疑惑，既不封闭保守，也不崇洋媚外，引导学生全面客观认识当代中国、看待外部世界，善于在批判鉴别中明辨是非。例如，在讲解中国与《联合国海洋法公约》的关系时，引导学生明确中国全程参与了联合国第三次海洋法会议，并成为《联合国海洋法公约》的缔约国；讲述海洋环境污染治理时，引导学生了解我国是国际海事组织的 A 类理事国，已批准加入了该组织通过的几乎所有重要的公约；讲解生物多样性保护时，了解中国作为《生物多样性公约》最早的缔约国之一，在履约方面做了大量卓有成效的工作，了解濒危物种的国际贸易管

---

① 参见黄茂荣：《法学方法与现代民法》，中国政法大学出版社 2001 年版，第 280 页。
② ［美］汉密尔顿、杰伊、麦迪逊著，程逢如等译：《联邦党人文集》，商务印书馆 1980 年版，第 393 页。

涉外法治人才培养机制的反思与创新

理工作和中国国内的野生动植物利用的管理工作；讲解极地环境的国际法保护时，明确中国作为《南极条约》的缔约国和协商国成员，遵照该条约和平利用、科学考察和环境保护的宗旨；讲解文化和自然遗产的国际法保护时，明确中国已加入《保护世界文化和自然遗产公约》，并已当选为世界遗产委员会委员，一直高度重视对历史文化和自然遗产的保护与传承，了解教科文组织已在中国设立驻华代表处，积极致力于在东亚五国促进教育、自然科学、社会和人文科学、文化、传播与信息五个主要领域的工作。

课程思政建设还要求教师有深邃的历史视野。在国际法历史的长河中，战争与和平始终是此起彼伏的两个主旋律。两次世界大战并不遥远，为避免后世再遭生灵涂炭之战祸，联合国于1945年成立。自联合国成立以来，冲突和暴力的性质已发生重大变化，和平成为世界的主流，然而，区域性冲突依然存在。进入21世纪，技术进步加速机器人、无人机、网络和数据黑客的武器化，国际力量对比发生深刻变化，国际合作处于紧张状态，削弱了预防和解决冲突的全球潜力。"国际法之父"雨果·格劳秀斯于1625年发表《战争与和平法》，该书是人类社会第一部系统论述国际法规则的著作，奠定了近代国际法的理论基础。在世界格局加速调整演变的当下，只有重读经典，方能温故知新、以古鉴今，进而借由国际法凝聚和表达国际共识。国家主权、国际合作和人道主义三项原则贯穿《战争与和平法》全书，其中的自然法理论和国际法理论深刻影响了英国自然权利哲学家约翰·洛克以及苏格兰经济学家、哲学家亚当·斯密等人。他们认为，格劳秀斯是第一位试图为世界提供自然法学说体系的人，他的著述是关于此问题最完整的作品。美国政治家托马斯·杰斐逊和詹姆斯·麦迪逊认为，格劳秀斯是解决国际争端的权威之一。19世纪以后，格劳秀斯的自然法理论因实证主义的兴起而暂时衰落。但是，当20世纪世界从两次世界大战的恐怖中惊醒时，自然法学派重回人们的视野。格劳秀斯思想在20世纪的重新升温，主要得益于英国国际法学者劳特派特的努力。劳特派特总结《战争与和平法》的核心理念在于：（1）整个国际关系都服从于法治原则；（2）人类理性是自然法的根基，而自然法是国际法的独立来源之一；（3）区分正义战争和不正义战争；（4）和平解决国际争端。这些理念为后来的国际法研究奠定了基础。

今天的学者将格劳秀斯视为国际法学和国际关系史学中最重要的代表人物，以及全球治理流派的象征。格劳秀斯的思想之所以重要，是因为他实现了从神学到世俗法学的方法论飞跃，并以全新的理论描述和解释了国际争端解决难题。立足世界格局变化，合理汲取格劳秀斯开创的国际法理论与思想，对于打造融通中外的新概念新范畴新表述，建立中国话语权和重塑国际话语体系，具有重大的理论和现实意义。

三、 国际环境法课程思政的创新路径

（一）课程思政方法：兼具理论性和实践性

强调专业课的政治引导功能，并不是要把课讲成简单的政治宣传，只有空洞的价值观说教，没有科学的知识作支撑，价值观教育的效果也会大打折扣。

在国际环境法教学过程中，除指定教材以外，本人一般会带领同学们研读国际法一手资料。例如，在讲解跨界水资源环境保护问题时，并不局限于《联合国国际水道非航行使用法公约》条款本身，而是通过检索联合国国际法委员会的网站，带领同学阅览条约起草的全过程。对包括 1966 年《赫尔辛基规则》、1997 年《联合国国际水道非航行使用法公约》、1992 年《跨界水道与国际湖泊保护与使用公约》、2004 年《柏林水规则》、2008 年《跨界含水层法条款草案》以及重要的流域条约在内的国际法律文件进行分析与释义。以 1997 年《联合国国际水道非航行使用法公约》为例，国际法委员会在编纂国际水道非航行使用法的 20 年间，依次指派理查德·卡尼、斯蒂芬·施韦贝尔、延斯·埃文森、斯蒂芬·麦卡弗里和罗伯特·罗

森斯托克为特别报告员。在 5 位特别报告员递交的 13 份报告基础之上，国际法委员会分别于 1991 年和 1994 年完成条款草案的"一读"和"二读"工作。以法解释学方法逐个分析 13 份特别报告员报告和"一读"、"二读"文本，对于全面深入了解风险预防原则在国际水法中的地位有着重要意义。对于涉水条约起草过程中产生的特别报告员报告、各国政府意见、条约草案，以法解释学研究方法，逐步探讨国际水法中的环保因素。在案例解析方面，带领同学们查找国际法院、常设国际仲裁法院、联合国海洋法法庭等著名争端解决机构的官网，找到相关案例并共同研读。

此外，还可以鼓励学生课外阅读国内外文献资料，主要包括以下几类：（1）学者的著作和编著；（2）公开发表在各类刊物和国际委员会官网中的论文；（3）联合国国际法委员会、国际法协会等国际组织编纂的国际环境法公约、软法文件、研究报告等，并进行实证分析。

作为一种研究方法，实证分析至少要包含三项要素：程序、经验和量化，不能将实证分析方法简单地理解为"用数字说话"或者"用实际案例说明问题"。例如，引导学生利用联合国条约数据库，对生物多样性保护、应对气候变化、海洋环境保护、危险废物管理、跨界水污染防治等领域国际环境条约及宣言进行梳理，考察国际环境法律文件的产生与发展；搜集国际司法/仲裁机构网站中的所有环境法案例，并对判决/裁决中有关风险预防原则的表述进行对比分析，同时兼顾部分法官的"单独意见"和"反对意见"；查询国际委员会的官方网站，考察和分析其中与环境因素相关的所有官方报告与文件，以便深入了解国际环境法的实施机制。

（二）课程思政元素：兼具价值性、知识性和多样性

课程育人作用的发挥要以专业建设为依托，并需要学科建设的强力支撑。结合课程实际，挖掘课程所蕴含的思想政治教育元素，增强课程的育人功能。

国际法庭的判决和裁决本身是国际法的主要渊源。承认这一点并不要

求我们说法庭的行为是自由而不受约束的。在某种程度上，传统的解释方法可以作为审慎的规则，提醒法庭认识到其任务的复杂性，以及在做出最终决定之前需要全面考虑的相关因素。事实上，并不是所有解释规则都很好地适应了这一目的。例如，准备资料解释方法需要进行扩展。一方面，与一项国际条约有关的准备资料实际上包括它产生的整个社会政治背景。另一方面，准备资料永远不可能独立于社会背景，也不能独立于法院的事前评估。然而，当解释规则无法提供所有可能的指导意见时，法院就难以确定通往条约意义的道路。事实上，即使是那些维护司法客观性的人，也只能通过在解释规则中列入诸如"国际团结"、"善意"和"正义"等逻辑上不确定的因素，从而使其主张显得合理。这种援引间接地承认了关于条约解释的一种观点，即根据公认的准则，法院在做出法律决定之前也可能必须做出政治伦理选择。①

海洋资源的国际法保护章节的一个典型案例是 2001 年 "MOX 核废料加工厂案"。"MOX" 是位于英国谢菲尔德靠近爱尔兰海的核废料加工厂，主要业务是将核反应堆使用过的废料再生产为一种混合燃料。爱尔兰政府认为英国方面未对 MOX 核废料加工厂实施环境影响评价，导致核废料和放射性物质经海上运输活动对爱尔兰构成潜在威胁，从而违反了《联合国海洋法公约》（以下简称《海洋法公约》）项下的跨界环境影响评价义务与《东北大西洋海洋环境保护公约》项下的信息交流义务。该案的特殊之处在于，同一项争端被诉诸三类独立的国际司法/仲裁程序，其分别是：依据《海洋法公约》附件七所设立的仲裁程序，《东北大西洋海洋环境保护公约》项下的仲裁程序，以及《欧共体公约》和《欧洲原子能共同体公约》项下的欧洲法院司法程序。② 显然，该案涉及海洋环境保护问题，是

---

① 参见［英］朱利叶斯·斯通著，黄炎译：《条约解释中的拟制因素》，载《法律方法》2019 年第 4 卷。

② See Fragmentation of International Law: Difficulties Arising from the Diversification and Expansion of International Law, Report of the Study Group of the International Law Commission, Finalized by Martti Koskenniemi, *A/CN.4/L*.682, 13 April 2006, pp.12—14.

具有普遍约束力的《海洋法公约》和区域性的《东北大西洋海洋环境保护公约》的管辖事项，同时又涉及欧共体国家间的关系，属于《欧共体公约》和《欧洲原子能共同体公约》的管辖范畴。由于各自背景、宗旨、当事方的准备工作及后续行为之不同，国际法庭就相同争端所适用的条约规则并不一致，导致"同案不同判"的结果，继而影响国际法的确定性。

对于国际法庭的法官来说，在没有法律或超出法律的情况下伸张正义要比国内法庭的法官困难得多。尽管外交官不断呼吁正义，但事实并非如此；这至少有三个方面的原因，包括正义的性质、国际法的状况和国际社会的状况。首先，正义本身是一个不确定且空洞的概念。为了成为一种智识工具，正义必须有它的标准。这种标准可能因人而异，甚至在同一个人的每个时刻都有很大的差别；但是，在高度融合的社会中，可能会出现正义的标准，并在社会伦理压力的基础上逐渐固化，从而为法律制度提供一个稳定的基础。① 然而，国际法本身并不是以任何现有的国际社会伦理信念为基础的。现代国家之间深刻的意识形态冲突反映在社会伦理信念之中，造成司法标准的互不相容。此外，各国在现代技术武器和大众传播等方面的争议也使得正义标准相互冲突。在这种情况下，正义原则中与生俱来的矛盾在耀眼的光芒中显现出来。例如，在一个拥有大规模杀伤性武器的世界里，诉诸正义会对人类的生存构成直接威胁时，法官就不能秉持正义而进行冒险。在此种情形下，正义必须以人类幸存为前提，换言之，仁慈也是法官的一种品质。②

（三）课程思政模式：在灌输性之外注重启发性

课程思政离不开必要的灌输，但这不等于搞填鸭式的"硬灌输"。要注重启发式教育，引导学生发现问题、分析问题、思考问题，在不断启发

---

① See Julius Stone，*The Province and Function of Law*，Harvard University Press，1946，pp.778—785.

② 参见［英］朱利叶斯·斯通著，黄炎译：《条约解释中的拟制因素》，载《法律方法》2019年第4卷。

中让学生水到渠成得出结论。由此，"问题式"教学就显得尤为必要。例如，在讲述跨界水资源开发利用领域讨论风险预防原则时，就可以提出以下问题引导学生思考。风险预防原则能否适用于跨界水资源的开发利用领域，直接装备国际水法的理论框架？现有的国际水法条约、软法文件和国际司法实践在多大程度上采纳和解释风险预防原则？同时，任何法律原则都要得到实施才能产生其效果，风险预防原则也不例外。该原则能否得到有效的贯彻实施，还取决于相关法律制度的建立和完善。当然，沿岸国在实施风险预防原则过程中还可能会面临如下挑战：奉行风险预防原则是否意味着跨界水体的环境保护与社会经济发展是相对立的？在跨界水资源争端解决机制中适用风险预防原则是否必然意味着举证责任的倒置？面对大量错综复杂的科学证据与技术性材料，国际司法机构如何在充分理解科学事实的基础上做出判决？如何应对气候变化背景下水资源风险预防合作的新问题？此外，环境风险和损害一般是下游国的关切事宜，中国作为"亚洲水塔"，是否有必要促进沿岸国之间的风险预防合作？适用风险预防原则是否有利于维护上游国的国家利益？

教师在课程思政教学中要把统编教材作为依据，确保教学的规范性、科学性、权威性，同时也不能简单照本宣科。要在教学过程中进行多样化探索，通过多种方式实现教学目标。第一，将课程思政育人要素与专业知识紧密结合。例如，针对跨境淡水资源保护问题，以澜沧江—湄公河水资源开发的分歧及其解决作为教学案例，使学生在掌握专业知识的基础上，更加坚定维护我国淡水资源合法利益的信念。第二，"模拟法庭"教学方式旨在引导学生分析核心专业知识在新兴实践中发生的案例，由学生以模拟法庭的方式呈现自主学习成果。例如，在讲授海洋环境保护中的风险预防原则时，组织学生围绕"日本福岛核废水排放案"开展课堂讨论和模拟法庭辩论，加深其对"人类生态命运共同体"理念的认同。第三，以读书会活动、科研活动等第二课堂形式辅助第一课堂教学，持续激发学生自主学习的积极性。同时邀请国际知名专家学者开设课外专题讲座，使学生有机会聆听国际专家学者的正义之声，升华爱国主义情怀。

四、 结论

古人说："敬教劝学，建国之大本；兴贤育才，为政之先务。"教育是民族振兴、社会进步的重要基石，是功在当代、利在千秋的德政工程。只有打好组合拳，才能使得课程思政元素"融盐于水"，但无论组合拳怎么打，最终要落到把课程讲得更有亲和力和感染力、更有针对性和实效性上来，实现知、情、意、行的统一，叫人口服心服。[①] 由此，在深入挖掘国际环境法课程思想政治教育资源的过程中，需紧紧围绕两条主线进行展开：其一是以"绿水青山就是金山银山"、"人类生态命运共同体"理念为核心的负责任大国使命感，其二是坚持正确义利观，权责共担，携手应对气候变化、能源资源安全、网络安全、重大自然灾害等日益增多的全球性问题。在教学过程中进行多样化探索，将教师具有较大学术影响力的科研成果用以更新、完善课程的专业知识和思政元素，通过读书会、模拟法庭、线上线下混合课程等多种方式实现教学目标。

---

① 参见习近平：《思政课是落实立德树人根本任务的关键课程》，载《新长征》（党建版）2021年第3期。

课程思政教学在涉外航天法治人才培养中的价值功能与发展路径

■ 蒋圣力①

【摘要】涉外航天法治人才培养是推动国家航天法治进程、助力国家航天强国转型升级软实力建设的题中之义，是通过法律手段保障国家涉外航天实践活动的顺利有序开展、维护国家涉外航天利益所不可或缺的。为确保涉外航天法治人才具备应有的素质和技能，法学专业高校院系应是涉外航天法治人才培养的基础阵地，围绕涉外航天法治与外层空间国际法治的专业理论和实践课程应是涉外航天法治人才培养的起步基石。在开展相关专业课程教学的过程中，课程思政教学所具有的独到的价值引领作用，对于保障涉外航天法治人才培养的系统性、持续性和有效性是至关重要的。基于此，服务于涉外航天法治人才培养的课程思政教学的发展，应当特别重视加强对涉外航天法治人才坚定维护国家空间利益的崇高理想和促进实现外层空间国际法治的远大抱负的培养。

【关键词】课程思政教学 涉外法治人才培养 航天法治 价值功能 发展路径

---

① 蒋圣力，法学博士，博士后研究人员，华东政法大学国际法学院副教授，硕士生导师，国际公法教研室主任。本文系华东政法大学 2021 年课程思政教育教学改革专题研究项目"课程思政教学与教师职业自我认同的良性互动研究"、华东政法大学 2022 年课程思政教育教学示范项目"涉外航天法治人才培养课程思政教育教学示范团队"阶段性成果。

一、 引言

当前，中国涉外航天法治人才培养正处于大有可为的历史机遇期：一方面，自党的十八届四中全会通过的《中共中央关于全面推进依法治国若干重大问题的决定》将涉外法治人才培养确立为涉外法律工作、涉外法治建设的基础性、先导性工程起，[①] 涉外法治人才培养已经成为构建凸显时代特征、体现中国特色的法治人才培养体系中的至关重要的一环。同时，另一方面，国务院新闻办公室于 2022 年 1 月 28 日最新发布的《2021 中国的航天》白皮书中明确提出，中国于未来五年将开启全面建设航天强国新征程，为服务国家发展大局、在外空领域推动构建人类命运共同体、促进人类文明进步作出更大贡献。[②] 由此，在国家层面着力加强涉外法治人才培养这一有利背景的支撑和促进下，涉外航天法治人才培养理应被上升为推动国家航天法治进程、助力国家航天强国转型升级软实力建设的题中之义，是通过法律手段保障国家涉外航天实践活动的顺利有序开展、维护国家涉外航天利益所不可或缺的。

不过，虽然全国范围内已有多所高校院系围绕涉外航天法治与外层空间国际法治开设了若干专业理论和实践课程，且基于以专业课程为基础的多元化教学模式，在人才培养方面取得了值得称道的初步成效，但是，既有的相关课程在教学过程中往往局限于对专业知识的传输，而相对缺乏对将课程思政育人元素与专业知识有机融合的关注，课程思政教学存在较为明显的不足，使学生更多地受限于被动地接受专业知识，而其开展自主学习和钻研的内在原动力则难以得到充分的激发和提升。这在相当程度上对

[①] 中共中央党校（国家行政学院）：《中共中央关于全面推进依法治国若干重大问题的决定》，2014 年 10 月 29 日，资料来源：https://www.ccps.gov.cn/xytt/201812/t20181212_123256.shtml，访问时间：2022 年 3 月 21 日。

[②] 中华人民共和国中央人民政府：《2021 中国的航天》，2022 年 1 月 28 日，资料来源：http://www.gov.cn/xinwen/2022-01/28/content_5670920.htm，访问时间：2022 年 3 月 21 日。

涉外航天法治人才培养的系统性、持续性和有效性造成了消极影响。是故，确有必要对课程思政教学之于涉外航天法治与外层空间国际法治相关课程教学的重要性，及其之于涉外航天法治人才培养所具有的至关重要的价值引领作用形成准确认识，并在此基础上探索旨在进一步切实发挥课程思政教学在涉外航天法治人才培养中的积极作用的发展路径。

二、涉外航天法治人才培养的背景和意义

（一）涉外法治人才培养有利背景的支撑和促进

2014 年 10 月，党的十八届四中全会通过的《中共中央关于全面推进依法治国若干重大问题的决定》将"加强涉外法律工作"确立为了旨在"加强和改进党对全面推进依法治国的领导"的一项重要内容，并明确要求"积极参与国际规则制定，推动依法处理涉外经济、社会事务，增强我国在国际法律事务中的话语权和影响力，运用法律手段维护我国主权、安全、发展利益"。与之相适应，该《决定》在"加强法治工作队伍建设"中要求"创新法治人才培养机制"，并明确了"建设通晓国际法律规则、善于处理涉外法律事务的涉外法治人才队伍"的具体目标。

2019 年 10 月，党的十九届四中全会通过的《中共中央关于坚持和完善中国特色社会主义制度推进国家治理体系和治理能力现代化若干重大问题的决定》在"坚持和完善独立自主的和平外交政策，推动构建人类命运共同体"中要求"健全党对外事工作领导体制机制"，并重申"加强涉外法治工作，建立涉外工作法务制度，加强国际法研究和运用，提高涉外工作法治化水平"。[①] 在于同年 2 月 25 日召开的中央全面依法治国委员会第二次会议上，习近平总书记在发表重要讲话时强调，应当加快推进我国法

---

① 中华人民共和国中央人民政府：《中共中央关于坚持和完善中国特色社会主义制度推进国家治理体系和治理能力现代化若干重大问题的决定》，2019 年 11 月 5 日，资料来源：http://www.gov.cn/zhengce/2019-11/05/content_5449023.htm，访问时间：2022 年 3 月 21 日。

域外适用的法律体系建设，加强涉外法治专业人才培养，积极发展涉外法律服务，更好地服务于党和国家高水平对外开放大局。[1]

以上述为基础，于 2020 年 11 月 16 日至 17 日召开的中央全面依法治国工作会议作为新中国成立以来首次对国家法治建设工作的全面布局，不仅正式提出并系统总结了"习近平法治思想"，还具体阐释了全面依法治国的"十一个坚持"，其中包括坚持统筹国内法治与涉外法治，加快涉外法治工作战略布局，协调推进国内治理和国际治理，更好地维护国家主权、安全、发展利益，以及推动全球治理变革，推动构建人类命运共同体。[2] 由此，在法治国家建设的宏观框架下，涉外法治被置于与国内法治等量齐观的重要地位，其之于维护国家主权、尊严和核心利益的作用及功能越发得到了肯定和重视。而就涉外法治建设本身而言，涉外法治人才培养是确保其取得成功的关键保障；加强涉外法治建设，首先即应当加强对涉外法治人才的培养。[3]

涉外法治建设及涉外法治人才培养对处于正经历百年未有之大变局的世界的中心的中国而言，其重要性和紧迫性不言而喻：当今世界正经历新一轮大发展、大变革、大调整，大国间战略博弈全面加剧，国际力量对比呈现出近代以来最具革命性的变化，世界范围内已形成了影响人类历史进程和趋向的重大态势，人类文明进步面临的新机遇和新挑战层出不穷，不确定不稳定因素不断增多。[4] 而伴随着国家综合实力的稳步提升，自提出"一带一路"倡议和"推动构建人类命运共同体"理念以来，中国在全球治理体系中的国际影响力大幅度提高，在世界舞台中扮演的角色越来越重

---

[1] 中华人民共和国中央人民政府：《习近平主持召开中央全面依法治国委员会第二次会议并发表重要讲话》，2019 年 2 月 25 日，资料来源：http://www.gov.cn/xinwen/2019-02/25/content_5368422.htm，访问时间：2022 年 3 月 21 日。

[2] 人民网：《习近平在中央全面依法治国工作会议上强调：坚定不移走中国特色社会主义法治道路，为全面建设社会主义现代化国家提供有力法治保障》，2020 年 11 月 18 日，资料来源：http://politics.people.com.cn/n1/2020/1118/c1024-31934512.html，访问时间：2022 年 3 月 21 日。

[3] 参见杜焕芳：《涉外法治人才培养的顶层设计及实现路径》，载《中国大学教育》2020 年第 6 期。

[4] 参见韩庆祥：《强国时代》，红旗出版社 2018 年版，第 247—248 页。

要，并与世界其他国家和地区在政治、经济、社会等方面建立起了更加紧密的联系，在人员、资金、信息等方面的交流更加频繁，海外资产日益增多，海外利益持续拓展。[1]

与此同时，中国的涉外法治建设仍面临着诸多内外部因素的制约，国家的海外利益也不时受到传统与非传统安全威胁的挑战和冲击。这就要求中国不仅应是国际（法律）规则的接受者和适应者，还更应当是国际（法律）规则的建设者和推动者，通过增强运用国际（法律）规则，更加积极地参与全球治理，提升在国际事务中的制度性话语权，并维护本国自身的主权安全和发展利益。而为了落实上述要求，培养一支胸怀祖国、放眼世界、知识丰富、业务精良、能力出众的涉外法治人才队伍以加强涉外法治建设，可谓迫在眉睫。[2]

（二）国家航天强国转型升级软实力建设的现实需要

1956 年 4 月 13 日，国务院国防航空工业委员会的成立标志着中国航天事业创业的开始；1970 年 4 月 24 日，"东方红一号" 人造卫星的成功发射正式拉开了中国迈入 "太空时代" 的历史大幕。[3] 在过去的六十余年间，中国航天事业从 "一穷二白" 的困境中艰难起步，摸索出了一条自力更生、自主创新的发展道路，不仅逐步实现了 "从无到有" 的质的跨越，更在近年来取得了一系列举世瞩目的辉煌成就——"嫦娥四号" 月球探测器实现世界首次月球背面软着陆、"北斗" 卫星导航系统顺利实现全球组网、"嫦娥五号" 月球探测器完成一系列历史突破性的重大探月任务重返地球并带回月球土壤样本、"天问一号" 火星探测器成功着陆火星、"神舟十二号" 载人航天任务成功实现中国空间站阶段首次载人航天飞行、"长征"

---

[1] 参见凌冰尧、蒋圣力：《国家海外安全利益维护中的军事力量建设及其法律保障》，载《上海法学研究》2021 年第 1 卷。

[2] 参见林嘉：《新时代涉外法治人才的培养》，中国法学会，2018 年 9 月 28 日，资料来源：https://www.chinalaw.org.cn/portal/article/index/id/19651.html，访问时间：2022 年 3 月 21 日。

[3] 编委会：《中国航天事业的 60 年》，北京大学出版社 2016 年版，第 94 页。

系列运载火箭成功完成 400＋次发射……

以航天事业蒸蒸日上的发展势头为基础，在党的十八大胜利闭幕之后，中国便确立了建设世界航天强国的宏伟目标——2013 年 1 月 15 日，中国航天科技集团公司召开 2013 年年度工作会议，于会上发布了《关于加快推进我国成为世界航天强国行动纲领（2013—2020）》。① 这是全国范围内首份明确提出"航天强国建设"目标的重要文件，并从作为国家航天科技工业主导力量的航天企业的层面，具体规划了航天强国建设的指导思想、政策方针、战略举措和行动方案。同年 6 月 11 日，习近平总书记在酒泉卫星发射中心接见"天宫一号"和"神舟十号"载人航天飞行任务参研参试单位代表时指出，"发展航天事业，建设航天强国，是我们不懈追求的航天梦"。此后，在 2016 年 4 月 24 日首个"中国航天日"等场合，习近平总书记又多次对"建设航天强国"、"实现航天梦"加以重申和强调。② 而在国务院新闻办公室于 2022 年 1 月 28 日最新发布的《2021 中国的航天》白皮书中，"开启全面建设航天强国新征程"作为正文的第一部分，不仅明确了未来中国航天事业发展的宗旨、愿景和原则，更使建设世界航天强国被正式确立为了指引中国航天事业发展的核心目标。

航天强国建设作为一项系统性重大工程，其内涵是相当丰富而深刻的：除了航天产业链的完整性、航天基础设施的先进性、航天发射能力、在轨运行航天器的数量和寿命、在国际航天市场中占有的份额等硬实力建设指标之外，还包括若干十分重要的，但却相对隐性的，且难以通过统一确定的标准进行物化、量化的软实力建设指标。这类指标既是航天强国建设的重要支撑，同时也是决定中国航天事业发展能否顺利实现转型升级的

① 中国航天科技集团有限公司：《航天科技集团发布建设航天强国行动纲领》，2013 年 1 月 16 日，资料来源：http://www.spacechina.com/n25/n2014789/n2014804/c345035/content.html，访问时间：2022 年 3 月 21 日。
② 人民网：《习近平引领航天梦助推中国梦》，2016 年 9 月 15 日，资料来源：http://cpc.people.com.cn/xuexi/n1/2016/0915/c385474-28718006.html，访问时间：2022 年 3 月 21 日。

关键所在；而在这之中，航天法治即航天活动的法治化治理能力和水平正是一项核心内容。① 不过，鉴于特殊的行业属性，受制于传统军工行业计划经济和国有体制下的固化思维及历史局限，在中国航天事业的发展进程中，航天法治作为一项软实力、生产力、特殊竞争力的重要地位始终未能受到应有的重视，不仅航天法治化治理的理念和实践存在缺失，对通过市场主导配置航天资源的法治保障更是尤为不足。②

对此，应当认识到：加快推进航天法治建设，应当是全面推进依法治国的国家基本方略在中国航天领域的具体落实。这既是建设中国特色社会主义法治体系、建设社会主义法治国家的重要组成部分，也是维护国家航天发展利益和战略安全，促进航天事业发展转型升级和航天强国建设的必然要求。③ 申言之，航天法治建设应可以具体着眼于国内和国际两个层面：

在国内层面，中国的航天法治体系建设目前仍处于初级发展阶段，尤其是在航天法律基础制度建设方面与其他发达航天国家甚至部分发展中国家相比仍有较为明显的差距。④ 国内航天基本立法理应是为航天事业发展创造理想法治环境的关键基础，同时也应是维护国家航天发展利益和战略安全的重要手段。从世界范围看，美国、俄罗斯、日本、欧洲航天局各主要国家的国内航天基本立法和航天法治体系建设是较为成熟和完备的，为中国国内航天法治建设提供了有益的参考和借鉴。中国应以尽快完成国内航天基本立法的制定为抓手，切实将本国航天事业发展纳入法治化轨道，并为一系列航天活动的顺利开展提供有力的制度保障。⑤

---

① 参见张振军：《中国航天软实力与世界航天强国建设（上）》，载《中国航天》2013 年第 11 期。

② 参见张振军：《十八届四中全会精神与法治航天建设》，载《中国航天》2015 年第 1 期。

③ 参见张振军：《关于法治航天建设的再思考》，载《北京理工大学学报（社会科学版）》2014 年第 5 期。

④ 截至目前，中国尚未完成国内航天基本立法的制定；中国航天活动的开展现主要以相关国家行政主管机关制定的行政法规、规章和政策指令作为应予遵守的法律和政策指引。而上述规范性文件普遍存在法律效力位阶较低、制定主体职权冲突、具体规则重叠或矛盾等问题。

⑤ 参见王国语：《论中国〈航天法〉立法的必要性和可行性》，载《北京理工大学学报（社会科学版）》2012 年第 6 期。

在国际层面，随着人类航天能力的不断提升，越来越多的国家和非国家主体开始涌入航天领域，使外层空间已逐步成为继陆地、海洋、空气空间之后，人类文明拓展的"第四疆域"，其经济、资源、战略价值日益凸显；而与此同时，日趋纷繁复杂的航天活动也为国际社会带来了诸多共同性问题（例如外层空间的军事化利用问题、外空自然资源的开发和利用问题等），关系到全人类的共同命运，反映了全人类的共同利益。这就使得国际社会越发迫切地需要在法治化轨道上和平地、有序地共同开展对外层空间的探索、开发和利用。然而，近几年来，在联合国和平利用外空委员会和裁军谈判会议等相关的重要多边场合，围绕新一轮航天国际规则的制定，世界各主要航天国家之间的竞争和博弈愈演愈烈，尤其是个别西方国家仍旧信奉集团对抗、零和博弈的冷战思维，为追求本国的一己之私而罔顾国际社会的共同利益，对新兴发展中国家航天活动的合法、正当开展造成了严重妨碍。[1] 对此，作为和平崛起的负责任大国和世界航天领域的一支重要力量，中国应当肩负起促进实现外层空间国际法治的历史使命，引领国际社会通过法律手段，推动构建"外空命运共同体"。而这也正要求中国必须加强培养能够满足上述目标需要的优秀涉外航天法治人才。

三、 课程思政教学在涉外航天法治人才培养中的价值功能

涉外航天法治人才应当具备熟知中国国情和航天事业发展现状、了解党和国家关于航天事业发展的方针政策、通晓相关国际和世界各主要航天国家国内法律规则、国际视野开阔、外语运用娴熟、精通国际谈判等重要素质和技能。基于此，法学专业高校院系应当成为涉外航天法治人才培养的基础阵地，围绕涉外航天法治与外层空间国际法治的专业理论和实践课程应当是涉外航天法治人才培养的起步基石。并且，在相关课程的教学过程中，除了对专业知识进行系统的深入讲授之外，开展课程思政教学、向

---

[1] 参见张振军：《十八届四中全会精神与法治航天建设》，载《中国航天》2015 年第 1 期。

学生传递与专业知识密切联系的课程思政育人元素同样是必不可少的。通过开展课程思政教学，一系列具有深厚的历史和现实教育意义的课程思政育人元素将能够从情感和精神上引发感召和共鸣，激发和提升学生开展自主学习和钻研的内在原动力，引导学生确立长期持久深耕于航天法治领域的目标和志向，从而为后续进一步的涉外航天法治人才培养创造有利条件。由此可见，课程思政教学所具有的独到的价值引领作用，对于保障涉外航天法治人才培养的系统性、持续性和有效性而言无疑是至关重要的。[①]

（一）中国航天事业发展史

以"中国航天事业发展史"为主题的课程思政教学采取历史叙事的教学方法，既有对中国航天事业起步伊始所经历的艰难困苦的回溯，也有对当前中国航天事业所取得的辉煌成就的概览和对未来中国航天事业持续高速发展的展望，旨在重点揭示中国航天事业所取得的卓越成绩，是对在党的领导下，中国在改革开放和社会主义发展历程中所取得的一系列重大成果在航天领域的集中反映。是故，中国航天事业发展史实则正是党史、新中国史、改革开放史和社会主义发展史于航天领域的一个缩影；而针对中国航天事业发展史的课程思政教学，则可以达到在讲授专业通识知识的过程中潜移默化地融入"四史"教育的育人成效。

此外，千百年来流传至今的"嫦娥奔月"、"天狗食月"等中国古代民间神话，无不形象生动地体现了中华民族自古以来对自身所处的地球之外的广阔空间的向往，以及对征服浩瀚无垠的未知宇宙的强烈愿望。而元末明初人陶成道（"万户"）尝试利用爆竹的推力实现飞天的创举，更是被国际社会公认为"世界航天第一人"、"人类历史上首位尝试利用固体燃料火箭将人载到太空中的幻想者"，国际宇航联合会还于 20 世纪 70 年代将月球背面的一座环形山命名为"万户"以资纪念。诸如上述关于中国古人积

[①] 本文将以笔者主讲的"外层空间法（案例研习）"和"全球视野下的中国航天事业发展与法制建设"两门围绕涉外航天法治与外层空间国际法治的专业课程的课程思政教学的教学内容和具体实践作为例证，阐明课程思政教学之于涉外航天法治人才培养所具有的价值引领作用。

极探索外空的幻想和冒险的内容，同样是能够藉以激发民族自豪感和自信心的课程思政育人元素。

（二）中国航天精神与航天文化

伴随着中国航天事业的蓬勃发展，经由一代代中国航天人不忘初心、接续奋斗而形成的中国航天精神，[①] 已经成为进一步增强全国各族人民深刻践行中国特色社会主义的决心和信心的重要精神力量之一；而航天文化则是航天精神在文化层面的具体体现，是以航天精神健全全民尤其是广大青年理想、信念、情怀以及人生观、世界观、价值观的重要媒介，具有重大的教育意义。[②]

以"中国航天精神与航天文化"为主题的课程思政教学旨在基于由中国航天精神展现出的以爱国主义为核心的民族精神和以改革创新为核心的时代精神，着重树立和养成学生热爱祖国、开拓创新、艰苦奋斗、无私奉献的良好品德和高尚情操。[③]

热爱祖国——对祖国的热爱是支撑和鼓舞中国航天人自强不息、奋斗不止的首要精神力量。在进行中国航天精神教育的过程中，应当首先引导学生认真学习和深切领会中国航天人的爱国主义精神，培养学生"为国担当"、"国家利益高于一切"、"国家命运与个人前途休戚相关"的爱国情怀，促进学生正确树立全身心致力于中华民族伟大复兴的理想和信仰。

开拓创新——中国航天事业所取得的从无到有、从弱到强、从不可能到可能的跨越式发展，得益于中国航天人自力更生、自主创新的开拓创新

---

① 中国航天精神的具体内容包括：航天传统精神（"自力更生、艰苦奋斗、大力协同、无私奉献、严谨务实、勇于攀登"）、"两弹一星"精神（"热爱祖国、无私奉献、自力更生、艰苦奋斗、大力协同、勇于登攀"）、载人航天精神（"特别能吃苦、特别能战斗、特别能攻关、特别能奉献"）。

② 参见冯宝晶：《航天精神与社会主义核心价值观探析》，载《桂林航天工业学院学报》2016年第3期。

③ 针对在航天专业高校开展以"中国航天精神"为主题的课程思政教学的专项研究，参见张凯、张道明、代秀峰：《航天类高校航天精神融入课程思政建设研究》，载《北华航天工业学院学报》2022年第1期。

精神。在进行中国航天精神教育的过程中，应当引导学生对创新作为民族进步的灵魂、国家兴旺的源泉和中华民族最鲜明的民族禀赋的重要性形成深刻认识，并着力培养学生的创新意识、开发学生的创新思维、提升学生的创新能力，激励学生勇于创新、追求突破。

艰苦奋斗——中国航天事业的创业和发展，是一批又一批中国航天人在偏远的山野丛林、茫茫的大漠戈壁，凭借着"筚路蓝缕，以启山林"的艰苦奋斗精神成就的。在进行中国航天精神教育的过程中，应当引导学生清醒认识到人生的道路不可能一帆风顺，学业和事业的成功不可能一蹴而就，进而勉励学生不畏困难、不惧挫折、甘于吃苦、勇于奋斗，磨炼学生在艰苦奋斗中净化灵魂、磨砺意志、坚定信念的顽强韧劲。

无私奉献——中国航天事业的发展道路，是依靠每一位中国航天人无私奉献的聪明才智、热血汗水、青春年华乃至宝贵生命铺就而成的。在进行中国航天精神教育的过程中，应当引导学生充分认识到能够为国家、为社会、为人民作出奉献的难能可贵，并在此基础上培养学生塑造不计个人得失、不为个人名利，在奉献国家、奉献社会、奉献人民的过程中实现自身价值的理想信念。

（三）中国推动构建"外空命运共同体"

以"中国推动构建'人类命运共同体'"为主题的课程思政教学的整体思路和核心要点为：以促进实现外层空间国际法治、推动构建"外空命运共同体"为落脚点，将"人类命运共同体"理念由宏观思想落实于具体实处，引导学生深入理解"人类命运共同体"理念的科学体系和理论构架，以及"人类命运共同体"理念作为促进实现外层空间国际法治的中国方案和中国智慧的重要意义，进而增进学生对习近平总书记提出的"坚持推动人类命运共同体"的认识和认同。①

---

① 参见蒋圣力：《"外层空间法（案例研习）"教学设计》，载上海市教师专业发展工程领导小组编著：《上海高校青年教师课程思政教学设计探索案例集》，上海教育出版社 2020 年版，第120—121 页。

就"人类命运共同体"理念与国际法治的内在逻辑联系而言:"人类命运共同体"理念以和平发展、合作共赢作为核心主题,核心要义包括坚持共识以建设价值共同体、坚持共建以建设行动共同体、坚持共治以建设安全共同体,以及坚持共享以建设利益合作共同体。"人类命运共同体"理念和平发展、合作共赢的核心主题与国际法的核心主旨相契合,全要素文明建设的总体要求与国际法各部门法的立法目标相对应,维护全人类共同利益的价值追求与国际法保障国际社会整体利益的价值意涵相一致,并在遵守现行国际法律秩序的同时,倡导构建更加完善的国际法律新秩序。"人类命运共同体"理念既遵循国际法基本原则,又深化了国际法基本原则的内涵,发展了国际法的新的叙事模式。"人类命运共同体"理念是中国为解决全球性共同问题、促进实现国际法治,而向国际社会提出的中国智慧和中国方案,具备其完善的科学体系和系统的理论构架。

在此基础上,具体及于"人类命运共同体"视角下外层空间国际法治的应有之义:其一,和平发展是"人类命运共同体"理念的核心主题,外层空间国际法治的首要任务应当是维护外层空间的和平稳定,为实现自由平等和合作奠定基础。其二,"人类命运共同体"理念提倡世界文明多样性发展,外层空间国际法治应当着力营造世界各国均能够自由平等地从事外空活动的法律环境。其三,"人类命运共同体"理念旨在实现"合作共赢"的国际合作,外层空间国际法治应当促成兼顾合作方国家利益和国际社会整体利益的外层空间国际合作。其四,"人类命运共同体"视角下外层空间国际法治应追求的价值目标,即"人类命运共同体"理念的深刻内涵对外层空间国际法治提出的要求。

以上述内容作为指引,"人类命运共同体"理念得以为外层空间的军事化利用问题、外空自然资源的开发和利用问题、空间站建设的国际合作问题等一系列外层空间共同性问题提供恰当的、妥善的解决方案,并由此为中国推动构建"外空命运共同体"奠定了扎实基础。

四、 课程思政教学在涉外航天法治人才培养中的发展路径

在通过围绕涉外航天法治和外层空间国际法治的专业理论和实践课程为涉外航天法治人才培养夯实根基的过程中，专业知识教学与课程思政教学两者之间应是有机融合、相辅相成且各有侧重的：专业知识教学应当重在满足涉外航天法治人才培养对涉外航天法治人才须知识丰富、业务精良、通晓相关国际和世界各主要航天国家国内法律规则的要求；而课程思政教学则应重在满足涉外航天法治人才培养对涉外航天法治人才须胸怀祖国、放眼世界、熟知中国国情和航天事业发展现状、了解党和国家关于航天事业发展的方针政策的要求。由此，服务于涉外航天法治人才培养的课程思政教学的发展即应遵循上述思路进行展开。

（一）培养坚定维护国家空间利益的崇高理想

立足于中国特色社会主义法治体系、法治国家建设的根本需要，对涉外法治人才的培养，同时也是对政治立场坚定的本土化法治人才的培养。[①]由此，捍卫国家主权、维护国家利益应当是涉外法治人才培养的根本目的。[②] 在国家开展对外交往的过程中，涉外法治人才应将捍卫国家主权作为出发点，以维护国家政治、经济、安全利益为重，充分利用专业知识（国际法律知识），保障国家在对外交往中的政治、经济、安全等各个领域的独立权、平等权、自保权，并在面对单边主义、霸权主义、保护主义时敢于亮剑，在进行坚决对抗的同时，积极地为国家和人民规避风险、减少损失。[③] 并且，树立捍卫国家主权、维护国家利益的崇高理想，也是基于

[①] 参见叶青：《统筹国内法治和涉外法治　坚持全要素法治人才培养》，载《新文科教育研究》2021 年第 1 期。

[②] 参见王利明：《卓越法律人才培养的思考》，载《中国高等教育》2013 年第 2 期。

[③] 参见徐伟功：《我国涉外法治人才培养的标准研究》，载《新文科教育研究》2021 年第 4 期。

涉外法治人才培养机制的反思与创新

涉外法治人才本应具备的中华民族传统道德底色而提出的基本要求。习近平总书记曾明确指出：全面推进依法治国作为一项历史性工作，需要以中国特色社会主义法治理论作为指导，坚持立德树人、德法兼修的教育原则，展现中国法律人的优秀道德素养。① 是故，涉外法治人才培养应当更加关注对涉外法治人才的民族精神和道德品质的磨砺，促使其形成强烈的家国情怀和民族情感，从而得以在多元的、复杂的全球化浪潮中保持中国本色，并切实为繁荣国家的涉外法治建设作出应有的贡献。②

同样地，维护国家空间利益也应是涉外航天法治人才培养的根本目的。

自苏联人造卫星"斯普特尼克 1 号"于 1957 年 10 月 4 日的成功发射开启人类的"太空时代"起，鉴于其突出的经济、能源、战略价值，外层空间便一直是世界各国竞相争逐之所在——冷战期间，外层空间便是美、苏两极争霸的重点领域，甚至"外空军备竞赛"也曾一度甚嚣尘上。冷战结束之后，随着越来越多的国家具备了空间进入能力，美、俄对外层空间的垄断被打破，外层空间多极化格局逐渐形成，并使得空间安全形势日趋复杂、严峻。③ 而今，西方发达国家已将外层空间视为开展国际竞争的新的战略制高点，而追求空间利益最大化也相应地成为了国家间开展战略对抗的新目标。由此，受制于发达空间国家围绕"制天权"的争夺日趋激烈、焦灼，中国的国家空间利益、尤其是空间安全利益也迎来了前所未有的巨大挑战。④

在此现实背景下，中国涉外航天法治人才更应当以坚定维护国家空间利益为己任，充分运用航天法律和外层空间国际法律知识，保障国家自由地、平等地进出外层空间，以及探索、开发和利用外层空间的基本权利。

---

① 参见杨军：《"一带一路"法治人才需求与我国法治教育的冲突与调适对象》，载《法学教育研究》2018 年第 2 期。

② 参见王祥修、赵永鹏：《"一带一路"倡议下中国涉外法治人才培养目标及方案》，载《法学教育研究》2021 年第 3 期。

③ 参见常显奇等：《军事航天学》，国防工业出版社 2002 年版，第 160 页。

④ 参见刘彦军等：《论制天权》，国防大学出版社 2003 年版，第 15 页。

当前，西方发达国家在联合国和平利用外空委员会和裁军谈判会议等多边场合围绕"制天权"的"规则之争"已经超越了"市场之争"，并且，其在将建立外层空间新秩序作为拓展本国国家利益的新支点的同时，还利用所掌握的国际话语权优势和相对丰富的航天法治经验，通过设计新的国际规则的方式，为包括中国在内的航天领域的后发国家的准入和发展设置障碍。对此，鉴于中国也尚未完成国内航天基本立法的事实，或可以此为契机形成倒逼机制，刺激涉外航天法治人才更加积极作为、主动求变，致力于加快制定和完善国内航天基本立法，以维护国家空间利益尤其是包含战略安全和资产安全等内容的空间安全利益，并进而促成国家航天法治建设。①

（二）培养促进实现外层空间国际法治的远大抱负

当前，以国际条约和国际习惯作为法律渊源的核心的国际法的构建进程（相应地表现为制定国际条约和形成国际习惯），已经远远无法满足发展步伐不断加速的国际社会对于须依据适时的、确定的国际法规范以实现其各个领域的国际法治的迫切需要。② 而国际法构建进程的缓慢以及由此导致的现行国际法律制度的滞后性问题，在外层空间领域尤为突出——与空间技术日新月异的长足发展难相适应的是，旨在对探索、开发、利用外层空间的外空活动进行规范、调整的外层空间国际法律制度的滞后性十分严重，不仅无法对新近由新型空间技术引发的法律问题做出及时的、有效的应对，对诸多长期的、普遍的外空活动的法律规制也同样存在欠缺。这就使得外层空间国际法治的实现面临着十分严重的妨碍。

以外层空间国际合作法律机制面临的困境为例：虽然国际合作原则在一般国际法和外层空间法中都是一项重要的基本原则，且外层空间国际合作的基本内涵基于多项国际（法律）文件的规定而得到了初步明确，但是，外层空间国际合作在具体实践中仍然面临着诸多现实问题；其中，最为核心的一

---

① 参见张振军：《关于法治航天建设的再思考》，载《北京理工大学学报（社会科学版）》2014 年第 5 期。

② 参见何志鹏：《国际法治论》，北京大学出版社 2016 年版，第 406 页。

项即是如何保障发展程度不同、空间技术水平参差的世界各国能够达成国际合作的共识，并通过开展国际合作，真正平等地从事外空活动，以及公平地共享基于对外层空间的探索、开发和利用而取得的利益。① 该问题对实践中的外层空间国际合作造成的困扰在于：一方面，倘若外层空间国际合作实际上成为仅由个别具备先进空间技术的发达空间国家占据绝对主导的"独角戏"，那么，虽然发达空间国家为探索、开发、利用外层空间而大量投入的资金、资源和技术将在一定程度上促进外空活动的发展，但广大的世界其他国家的相关利益却无从得到兼顾；另一方面，倘若外层空间国际合作过分偏重强调实现国际社会的共同利益，那么又极有可能使得发达空间国家因为预期利益无法得到充分满足而丧失对外层空间的探索、开发和利用进行大量投入的驱动力，进而导致整个外空活动发展的停滞不前。②

针对上述问题，中国涉外航天法治人才即应具备依据"人类命运共同体"理念指引国际社会开展外层空间国际合作的认识和思维——"人类命运共同体"理念对外层空间国际合作须是"合作共赢"的要求，深化和完善了外层空间国际合作的基本内涵。由此，外层空间国际合作应采取双边、多边、全球、区域等多种合作形式，且合作内容应包括科学技术、资金资源、法律政策、组织架构等各个层面。③ 在此基础上，外层空间国际合作更应重在实现发达空间国家与发展中国家之间的利益平衡，即一方面保障发达空间国家在实际开展外层空间国际合作的过程中，因大量投入对外层空间的探索、开发和利用而本应取得的利益；另一方面则尽可能地为发展中国家参与外层空间国际合作谋求和创造利益，从而周全地实现整个国际社会基于外层空间国际合作的共同利益。④

---

① 参见李寿平、赵云：《外层空间法专论》，光明日报出版社 2009 年版，第 17 页。
② 参见蒋圣力：《"人类命运共同体"视角下中国空间站建设国际合作探析》，载《上海政法学院学报（法治论丛）》2020 年第 5 期。
③ 参见尹玉海、颜永亮：《浅析外空活动长期可持续性的国际合作问题》，载《北京航空航天大学学报（社会科学版）》2017 年第 2 期。
④ 参见赵云：《外空活动中国际合作原则的适用：形式和实体要求》，载《国际太空》2015 年第 1 期。

更进一步地，针对现行外层空间国际法律制度存在的严重滞后乃至缺失问题，中国涉外航天法治人才还应形成通过促成包括联合国大会决议在内的非约束性国际规范（"国际软法"）以进行"补位"的意识，为世界各国在开展相关外空活动时提供以自愿遵守为基础的且在实践中具有切实的合理性和可行性的权利、义务规则，[①] 并藉此促进实现外层空间国际法治，推动构建"外空命运共同体"。

五、 结语

强化课程思政教学在涉外航天法治人才培养中占据的地位，更加充分有效地发挥课程思政教学对涉外航天法治人才培养所具有的独到的价值引领作用，是相关领域的专业教师本应肩负的重要使命，同时也对专业教师的政治素养和教学能力提出了更高、更严的要求。事实上，教师本身便是成就课程思政教学改革的关键要素之一，而切实提升教师的"人才双育"意识，专注磨炼教师的政治素养和教学能力，也是顺利推进课程思政教学改革的重要前提。[②] 作为相关领域的专业教师，确应不断夯实专业知识基础，形成教学促进科研、科研反哺教学的正确观念，并高度重视提升自身的思想政治教育责任意识和水平，将课程思政教学贯穿落实于专业知识教学全过程，在本职岗位上为国家涉外航天法治人才培养作出努力。

[①] 参见蒋圣力：《联合国大会决议法律效力问题重探——以外层空间国际法治实践为例》，载《国际法研究》2020 年第 5 期。

[②] 参见朱宇：《"课程思政"融入法学专业教学的价值释析与实践路径》，载《黑龙江教育（高教研究与评估）》2021 年第 9 期。

课程思政理念融入法学本科论文写作课程的探索与实践

■ 陈国军①

【摘要】课程思政建设是落实立德树人根本任务的关键环节，法学本科论文写作课程既具有天然的思政元素，又适宜衔接法学二级学科的课程思政建设，是高校课程思政建设的重要内容。对学生进行法学学术论文写作训练有利于培养学生发现和解决真问题的能力，有助于切实提升学生的社会责任感和敬业精神、树立严格遵循学术道德规范的诚信、友善对待前人和同行研究成果的科学作风。翻转课堂的教学形式将课程思政理念与在线课堂教学理念的互动融合。过程性学习获得感助益课程思政的育人效果。

【关键词】课程思政　立德树人　论文写作　过程性学习

一、问题的提出

2016 年 12 月 7 日，习近平总书记在全国高校政治思想会议上指出：

---

① 陈国军，华东政法大学国际法学院副教授，法学博士，法学博士后。本文系华东政法大学 2022 年课程思政教改专题研究课题研究成果。

"要用好课堂教学这个主渠道，思想政治理论课要坚持在改进中加强，提升思想政治教育亲和力和针对性，满足学生成长发展需求和期待，其他各门课都要守好一段渠、种好责任田，使各类课程与思想政治理论课同向同行，形成协同效应。"首次在国家领导人层面提出了课程思政的内涵要求。2017年12月4日，中共教育部党组印发了《高校思想政治工作质量提升工程实施纲要》，在课程育人质量提升体系中要求"大力推动以'课程思政'为目标的课堂教学改革"，"课程思政"第一次出现在国家层面的文件中。此后，在2018年10月《教育部关于加快建设高水平本科教育全面提高人才培养能力的意见》中，进一步明确了课程思政的建设内容，要求"在每一门课程中有机融入思想政治教育元素"，"形成专业课教学与思想政治理论课教学紧密结合、同向同行的育人格局"。2019年10月，教育部印发《教育部关于深化本科教育教学改革全面提高人才培养质量的意见》（教高【2019】6号）和《教育部关于一流本科课程建设的实施意见》（教高【2019】8号）。前者要求"把课程思政建设作为落实立德树人根本任务的关键环节，坚持知识传授与价值引领相统一、显性教育与隐性教育相统一"，提升了课程思政建设的重要性，明晰了建设路径。后者指出"以新理念引领一流本科课程建设"，"推动课程思政的理念成为广泛共识"，在此理念下对本科课程的建设需要提升高阶性、突出创新性和增加挑战度。

需要指出的是，课程思政这一名称的提出，教育学界早于国家行政主管部门。① 课程思政工作的施行，地方高校早于部属高校，课程思政这一概念缘起于上海市教育委员会在推进德育综合改革的进程中提出的教育理念。②

---

① 在中国知网分别以"课程思政"为关键词和主题进行检索，发现在已收录的论文中最早使用"课程思政"这一名称的是曹文泽：《以"课程思政"为抓手创新育人手段》，载《学习时报》2016年12月26日第8版。

② 2005年，上海市教委启动"两纲教育"、推动"学科德育"教改，要求中小学每门课的任课教师承担课堂德育的主体责任，体现每一门课程的德育意蕴，但未扩及至高等教育。2010年，以承担国家教育体制改革试点项目"整体规划大中小学德育课程"为契机，聚焦大中小学德育课程一体化建设。2014年，上海高校便开始探索建思政课与其他课程协同育人的工作机制，提高思想政治教育工作的科学性与有效性，具有了课程思政建设的重要内容。参见高德毅、宗爱东：《课程思政：有效发挥课堂育人主渠道作用的必然选择》，载《思想理论教育导刊》2017年第1期。

但迄今，学界对课程思政的概念仍存有分歧。主要存在两种观点：其一，注重理念引领，认为课程思政的实施要注重理念、价值、目标、方法、效果的完整统一。[①] 其二，关注过程融入，强调课程思政的"融入性""转化性""体验性"功能特征。[②] 笔者认为，理念引领和过程融入的目的具有同一性，即回归立德树人的教育原点，宜根据课程的性质和授课对象进行侧重点的调适，以充分挖掘和有效实现具体课程的德育功能，进而在课程思政的价值引领和隐性教育效果实现过程中，引导和激励学生开展符合社会主义核心价值观的自主反思和反省，在实践和思维反省中将自己从学习主体进阶为知识主体。

就法科生的选修课程而言，课程思政的理念和建设内容无疑是正本清源、回归育人本体，但落实到具体的法学通识课程对课程思政内涵的挖掘和领悟，却并不能一蹴而就。尤其对于专业实践性较强的法学本科论文写作课程，存在着以下亟待解决的课程思政教改核心问题。其一，如何将显性的法学论文写作技术性与隐形的思政元素有机融合，避免出现写作实践课程思政化、泛化思政理念。其二，新冠肺炎疫情影响下的在线课堂教学方式，已成为我国乃至全球教学的主要方式，并将在后新冠疫情下长期存在，如何有效使用现代教育技术方式以提升课程思政育人的效果。其三，课程思政并非止步于教师的言传身教，关键在于立德树人的效果，如何将课程思政育人效果助力知识主体的建构和形成，令学生自发、自觉地从学习主体努力向知识主体转向。以上三个问题便是本文需要分析和回答的。

---

① 赵鸣岐认为："高校所有教师在课堂教学中要注重在知识传授中强调价值引领，在价值传播中凝聚知识底蕴，着力把社会主义核心价值观融入高校课程教学的全过程；高校专业类课程、综合素养类课程等课要和思想政治理论课程保持同向同行、形成协同。"参见赵鸣岐：《高校专业类课程推进"课程思政"建设的基本原则、任务与标准》，载《思想政治课研究》2018 年第 5 期。

② 田洪芬和付洪认为，"课程思政"最为突出的特点就在于它的"融合性"。所谓"融合性"，是指"课程思政"本身并不是一种独立的课程存在，它必须与具体的学科教学内容、环节相融合，才能体现它的人生教化和价值引领意义。参见田洪芬、付洪：《课程思政：高校专业课教学融入思想政治教育的实践路径》，载《未来与发展》2018 年第 4 期。

二、 立德树人和法学论文写作课中隐形思政元素

专业课程与思政课程同向同行，形成协同效应，宜理解为通过专业课课程思政教改，发挥其隐性思政元素的育人效果，从而与思政课程相互协同，达到立德树人的最终效果。可见，并不能将课程思政等同于思政课程。思政课程是通过教授马克思主义理论和我党在各历史阶段的创新理论，尤其是习近平新时代中国特色社会主义思想铸魂育人，是对明确性知识的讲授，属于显性教育。课程思政是一种理念融入，并非一门独立的课程，系通过专业课程中明确性知识的讲授，将其中隐形的思政元素以细雨润物方式传导给学生，引导学生树立正确的世界观、人生观和价值观，达到立德树人的教育目的。进言之，课程思政是在内容专业性的基础上开展的，是为了守正课程的德性，并非弱化课程的专业性。相反，德性可以促进内容的专业性，这一点在法学论文写作课尤为明显，下文将予以详析。同时，也不能将课程思政理解为课程思政化，课程思政化意味着弱化甚至消除课程内容的专业性，显然与课程思政的教改目的相悖。故而，两者在明确性知识的传授上存有明显不同，专业课的课程思政并非是讲授思政理论，而是专业内容，需要在专业内容中挖掘隐形的思政元素，并以专业内容的形式或者获得、体悟专业内容的实践路径展现出来。

高等教育的课程思政教改是构建全员、全过程、全方位"三全育人"大格局的核心部分①和"十大"育人体系中的重要内容②，"三全育人"和"十大"育人体系的根本任务是立德树人。故而，立德树人亦为课程思政教改的根本任务。笔者认为立德树人中"德"具有两方面含义，其一为跨越文化和时空的伦理道德，其二基于爱国情怀的社会主义思政道德。

---

① 参见《教育部关于加快建设高水平本科教育全面提高人才培养能力的意见》（教高〔2018〕2 号）。

② 参见《中共教育部党组关于印发〈高校思想政治工作质量提升工程实施纲要〉的通知》（教党〔2017〕62 号）。

1. 跨越文化和时空的伦理道德

立德树人的第一层含义是开展道德教育，教育学生修德性，学会做人，即为人的品德。此处的德具有普世性，是一种跨越国家、文化和时空的道德，与政治取向、意识形态、马列理论和实践水平并没有直接关系。[①]

党的十八大提出了社会主义核心价值观，其中"富强、民主、文明、和谐"是国家层面的价值目标，"自由、平等、公正、法治"是社会层面的价值取向，"爱国、敬业、诚信、友善"是个人层面的价值准则。尽管这是社会主义核心价值观，但从世界上绝大多数国家现代化所践行的价值观看，实际上它是凝练了现代文明的核心内涵，其中"文明、和谐、自由、平等、公正、法治"更是《联合国宪章》《世界人权宣言》等主要的国际条约所确定的宗旨。此外，从世界主要宗教提倡的道德看，"诚信、友善"亦为通行的德性要求，如基督教要求的"公义、爱人、施舍、爱仇敌、禁食、祷告、进入光明、毋爱钱财、毋论断人、真诚无欺、听道行道"，佛教和道教提出的"仁义礼智信"五德。可见，社会主义价值观是一种"大爱大德大情怀"，就其内涵和适用而言，并不局限于我国，在当今世界具有普适性。就法学本科论文写作课而言，课程特性决定了该课程已蕴涵"爱国、敬业、诚信、友善"思政元素。

法学论文归属于科研学术论文，科研学术论文写作目的并非简单地展示作者的学术研究能力，亦非向读者介绍某一领域的明确性专业知识，而是通过对某一社会领域现象的分析，提炼出一项尚未解决或尚有优化、完善空间的法律问题。如此，便要求法学论文应具备较强的学术理论价值和一定的实践意义，而并非一篇不具有真问题导向的论文。准此，法学论文的立题、破题和解题全过程内在地要求写作者应具有较强的社会责任和敬业精神，需要有全身心地投入、严谨负责的态度去完成，并非为了毕业或发表而撰写论文，而是为了解决一项真问题而进行研究工作，此项问题的

---

① 参见蔡基刚：《课程思政与立德树人内涵探索——以大学英语课程为例》，载《外语研究》2021 年第 3 期。

解决应有助于维护国家和民众的利益。

在文献资料的准备过程中，无论是学位论文明确要求的文献综述，还是一般学术论文的文献整理，这并不是一项简单的文献归类，而是通过对拟研究问题领域可穷尽的相关文献的全面梳理，发现是否存在研究空白或更需深入研究的空间，进而检视拟研究的问题是否已被解决，是否还是一个真问题。此项工作是论文是否具有创新亮点的基础，是培养批判性思辨能力的有效环节，爱国、敬业的精神正是批判性思维能力培养的原动力。批判性思维能力本质上是一种符合逻辑和科学的置疑能力，而不是任意的质疑。"爱国、敬业"给学生提供了底层的正确世界观，为批判性思辨能力的培养指明了方向。于此，法学论文写作自身需要以批判性思维能力为基础，而"爱国、敬业"是学生形成批判性思维能力不可或缺的要素。

法学论文写作中的"责任"是"爱国、敬业"的必然要求。法学论文承担问题解决的任务，作者应具备高度的社会责任感。法学论文中的研究对象、论证方式、论据和基本见解不仅要经得起同行的检验，还要考量其对社会产生的影响，不能仅考虑提出理论和见解的新颖性，而无视与基本法理的衔接，消减论文应具有的社会责任，进而从整体上、长远上对国家和民众的权益造成损害。例如，有学生在《人格权商品化研究》中，提出部分人格权可转让的论点，认为自然人的姓名可以用于商标，肖像可以用于广告，法人或其他非法人组织可以转让字号名称，这些都基于人格权转让理论。从表象看，这一见解构建了人格权转让的法理理据，但深入分析会发现此见解已违反了民法基本原理，即人格权是人作为自然人固有的权利，是平等的人文主义思想在法律的表现，每位自然人均具有平等的人格，亦具有平等的人格权，人格权转让理论虽然可以解释上述商标、肖像、字号名称转让的现象，但实际是违反了民法的平等原则，会给民众的人格权益造成损害。换言之，"责任"的要求可以理解为，相较于学术成就，法学论文中的社会责任更为重要，作者首先应检视自身是否将社会责任感赋予法学论文，而并不是因推陈出新而带来的所谓"创新"，更不能以此故意误导读者。

作为学术论文，法学论文要求作者必须具备学术诚信，这既是"诚信"在法学论文中的体现，也是撰写法学论文的必要条件。具言之，学术诚信有三方面的要求。

其一，充分尊重他人的知识产权。法学论文中非作者本人的见解和论据资料均需注明出处，引证规范需达到他人可查证核实的程度。例如，脚注可分为直接引用和间接引用，直接引用需将被引用的资料原文以引号形式予以呈现，不得增删、不得模糊处理、不得断章取义；在间接引用中，作者应以文义解释为基本标准，准确理解被引用资料的具体含义，并用简洁、易理解的语言组织书面表达，不得为论证自己的论点而故意曲解原文含义。通过对脚注的规范要求，可以初步培养学生的学术诚信，因为读者是可以通过脚注查到相关资料，并进行对照检视。又如，在对外文资料的参考引证中，直接翻译但不加引证的情形并不少见，因为按目前国内文字重复率检测的方式，尚未涵盖外文的翻译重复率检测。"诚信"要求的引证规范便要求应该引证，如此可以通过引证的学术规范培养学生的诚信观。

其二，法学论文的书面表达应平和、客观、准确，避免使用夸张性、多义性、模糊性的表述。[1] 法学论文是为了解决一项理论或实践问题而撰写，论文文体的表达是让不同的读者读出同一含义，如此才有助于作者基本见解的准确展现，有助于研究问题的解决。如作者并未形成一项基本见解，或者形成的基本见解和论证逻辑具有漏洞，则作者采用晦涩的语言、多义或模糊的表述极有可能会掩盖上述漏洞，此与学术论文内涵的"诚信"要求相悖。

其三，"诚信"要求作者对于法学论文中的各项数据和研究成果实事求是，不得篡改数据，不得过于夸大研究成果的理论和实践意义，不得为了发表、获奖、获得学位而无合理依据地强调论文的创新和贡献。[2] 法学

---

[1] 参见梁慧星：《法学学位论文写作方法》（第 3 版），法律出版社 2017 年版，第 7—9 页。

[2] 参见蔡基刚：《科研论文写作中的课程思政：责任、敬业、诚信与友善》，载《江西师范大学学报（哲学社会科学版）》2022 年第 1 期。

论文时常采用实证研究方法和法社会学方法，前者主要通过对一定数量的司法判例类型化，归纳、提炼出特定法律规则的适用状况，后者主要通过实地调查访谈、调查问卷等形式，收集研究对象的相关情况。此类资料或数据为论文研究主题的原材料，如进行修改势必影响研究结果的客观性，但修改又相当简便，故应尤为强调实事求是，此也是"诚信"的本意要求。

　　一篇优秀的法学论文中，"友善"元素不可或缺。任何一篇法学论文均需要参考、借鉴前人和同行的研究成果进行写作，即便是"补白型"的法学论文，虽然研究的领域前人和同行未涉足，但相关法理、研究方法等仍需借鉴。囿于写作时代背景和作者的研究能力，前人和同行的研究成果会存在不完善、未能契合当代需求等问题，甚至可将前人和同行的研究成果作为自己论文的批判对象，但是需要认识到，正是由于前人和同行的研究成果存在，才会令作者当前研究的问题更具有价值，故而应该"友善"地对待前人和同行的研究成果。例如，可用"宜""按××的研究成果，进一步分析可知"，"尚待进一步完善"等婉转客观的表述，充分尊重前人和同行，将"友善"体现在法学论文中。

　　2.基于爱国情怀的社会主义思政道德

　　基于爱国情怀的社会主义思政道德融于法学课程之中，是习近平新时代中国特色社会主义思想在法学领域的思政引领，亟待沉心挖掘、提炼和明确。

　　国际法领域的专业论文须构建在国际法学科体系之上。就国际法学科而言，"人类命运共同体"思想是一个具有全局性、战略性、前瞻性的指导思想，只有在这个思想基础之上，我们才有可能构建具有中国特质的国际法学科体系、学术体系和话语体系，从而增强中国国际法理论在世界上的感召力和影响力，并增强我国国际法学者在国际上的话语权。[①] 在"人类

---

　　① 　参见杜涛：《从"法律冲突"到"法律共享"：人类命运共同体时代国际私法的价值重构》，载《当代法学》2019 年第 3 期。

命运共同体"思想这一主线下，国际私法领域的论文可衍生多项思政元素。例如《法律适用法》第 4 条和第 5 条，坚持司法主权原则，同时，该法对中外当事人进行平等保护。思政元素在于摒弃狭隘的国家主义路线，秉持了包容、开放的国际主义原则，对中外当事人施行平等保护，有利于进一步推动改革开放、促进对外交往，有利于"一带一路"倡议的实施，体现了大国的责任和担当，彰显制度自信。又如，我国涉外民事关系法律适用规则中注重保护弱者利益、维护实质正义的规则，引导学生感受本法的人文主义情怀和社会主义制度的优越性，厚植爱国主义精神。再如，最密切联系原则的产生、发展和确立的过程，是一项从学理到立法的不断探究和创新的过程，其间有过众多学者和法官的助力。对该过程的学习和理解，令学生感受到历代国际私法学者刻苦钻研、不断创新的精神，激励学生刻苦自学惯的养成和实践。复如，通过对美国长臂管辖权的产生、发展和现状的研究，探讨在民事领域美国长臂管辖权的合宪性问题。令学生体悟论文论证的严密逻辑性，结合国际时政培养学生独立思考的能力和客观的科学精神，引导学生从法律层面理解我国的外交对美政策和相应的反制措施，促使学生增强自身的综合素质、厚植爱国主义情怀。

法学论文时常采用比较研究的方法，亦被称为比较法研究方法。该方法是通过对不同法系、不同国家的某一法律规则或法律制度进行比较，探究异同及各自优点和弊端。在笔者指导的本科生和硕士研究生的期刊论文或学位论文中，绝大多数学生采用了该方法，但对于该研究方法的目的却并不清晰，更准确地说尽管能说出该方法的目的，但不能在论文上有效体现。比较法研究的目的并不在于向读者展现其他国家相关法律规则或制度的具体内容、立法意旨或适用规则，而是通过对这些内容的分析，为我国相应的法律或法律制度提供有益的借鉴。职是之故，比较法研究的关键核心是要论述为何国外的一项制度就能对我国产生借鉴意义，而绝非国外的月亮比中国的圆、任何西方发达国家的法律制度都是好的、其他国家有的我国自然也应该有。如此，便需要学生充分了解我国现实的法治土壤，尤其应从历史演进的视角予以考察，通过此研究过程，学生可以体悟到我国法治建设发展的巨大变革，对依法治国产生新的认识，对国外相关制度是否可以被借鉴会有更深的理解，域外法借鉴的论证会更有逻辑性、更为深入、更有说服力。通过比较法研究方法的论文写作训练，学生可以主动地融入我国立法和司法实践，对国外的相关制度有更深层次的优弊分析，更能实事求是地根据我国实情撰写助力我国发展的论文。

三、 线上课堂教学方式改革与课程思政的育人效果

2020 年 1 月底，突如其来的新冠肺炎疫情不仅严重影响了我国的经济，而且对教育界也产生了重大的冲击。全国各高校线下课堂教育停摆不久后，教育部出台有力措施，停课不停学，借助于现代教育技术的线上课堂成为各大高校的主要教学方式。2022 年 3 月，新冠病毒变异株奥密克戎在上海传播，上海各高校随即转入闭环管理，线上教学成为 2021—2022 学年春季学期的教学方式。而且可以预见的是，在后疫情时期，线上线下融合式教学模式将成为主流教学模式。

（一）课程思政理念与在线课堂教学理念的互动与融合

法学论文写作课程采用的在线课堂形式为翻转课堂。翻转课堂相对于传统教学而言，传统教学论强调教学的认识过程，强调教师的主导作用，强调教学的主要原则，强调学生获得理论知识。在教学关系上，教师主导着学，学生学习的主要是理论知识。[①] 翻转课堂是对教学的本质回归，即回归教育活动的逻辑起点，教是条件，学是本体，教师之"教"存在的逻辑在于有利于学生之"学"，学习活动是一切教育包括教学活动的真正逻辑起点。[②] 从"为教而教"的理念转变为"为学而教"。"为教而学"的

---

① 参见钟启泉：《翻转课堂新境》，载《中国教育报》2016 年 5 月 5 日。
② 参见王鉴：《论翻转课堂的本质》，载《高等教育研究》2016 年第 8 期。

理念要求教师的专业学习的目标在于学生的学习，为了从事好自己的专业活动而不断学习，学而不厌，诲人不倦，学然后知不足，知不足而后能自反也。"为学而教"理念要求教师的教学活动始终以学生的学习为本，不能"为教而教"或"教教材"，而是要为学生学习活动的有效而开展必要的教，如果"教"不能有效促进学生的学习活动，甚至干扰和影响了学生的学习活动，这种教宁可不要也行，甚至可以批判这种负功能的"教"。①

翻转课堂的内在要求是"把教的创造性留给老师、把学的主动权还给学生"，师生关系从原来的"主—从"关系，转变为"主—主"关系。师生间关系是在语言共同体中通过对话形成的相互理解关系，教师为教的主体，学生为学的主体，各个主体都有自己的视界，在各自的视界中进行观点交流和思想碰撞，从而实现"视界融合"，达成相互理解，实现共同提高。②

课程思政的首要理念是"立德树人，德育为先"，教师不仅应在专业课程中传递德，更重要的是让学生在一种师生共同探究知识的氛围中体会和领悟德育之精神，即社会主义核心价值观。课程思政是将价值引领有机融合于专业知识传授，价值引领并非记忆性的背诵，而重在切身体会和领悟。翻转课堂的教学方式，塑造了教师引导、师生互动、生生互动的教学氛围，而且此种新型的教学氛围也可以说是有翻转课堂的教学形式的内在必然要求。课程思政在培养德育之精神而所需的软环境与翻转课堂对以学生为主体的师生互动和生生互动的教学氛围的内在要求是相契合的，正是在这一层面，可以认为课程思政理念与在线课堂教学理念得到了互动和融合。

综上所述，法学论文写作在线课堂的形式，即翻转课堂，是以变革课

---

① 参见王鉴、王明娣：《课堂教学范式变革：从"适教课堂"到"适学课堂"》，载《山西大学学报（哲学社会科学版）》2016 年第 2 期。
② 参见叶志明等：《把教的创造性留给老师　把学的主动权还给学生》，载《中国大学教育》2006 年第 8 期。

堂教学关系为内涵要求的教学方式，将师生关系从"主—从"关系转变为"主—主"关系，灌输式教学和被动式学习随之转变为引导式教学和主动领悟式学习。课程思政内涵建设注重于实现价值引领和知识传授的有机结合，将学科资源和学术资源转化为育人资源，把培育和践行社会主义核心价值观融入教书育人全过程。要达到此项建设目标，需要构建师生之间的"主—主"、"师生互动"、"生生互动"的新型教学关系。

（二）翻转课堂的具体教学方法与课程思政理念的结合

在师生"主—主"关系的理念下，论文写作在线课堂的教学方法应以问题情景式教学（以提出问题为教学出发端）、开放式教学（寻求问题的多重解）、互动研讨式教学为主体。这些教学方法将学生从知识的接收者和复制者，转变为知识的发现者和创造者，有利于学生世界观和人生观的塑型，因为较之于被动接受，主动发现对于学生的影响力更大。建立在上述教学方法之上的教学素材，应以中国的立法和司法实例为主，让学生深入地了解中国的法治发展历程和现实法制土壤，真正将社会主义核心价值观等有关内容内化于知识、外化于教学与实践，而不是简单地贴上政治标签，激发学生积极思考人生、引导学生构建正确的人生观与价值体系。

1. 问题情景式教学

问题情景教学法是在教学过程中，教师有目的地创设或引入生动具体的场景，以引起学生一定的情感体验和态度变化。情景教学法生动具体，对学生心理产生潜移默化的影响。除了必要的论文写作学术规范、写作技能讲授外，论文写作课程还应当延伸到课堂之外的立法和司法实践中，可以利用远程视频系统走进法院和仲裁机构，调研裁判中的实体和程序疑难点，可以利用假期社会实践进行立法和司法实践的调研或者走进社区进行法律知识的宣讲，从实践中发现可用于法学研究的真问题，切实提高学生的问题意识，实现课内与课外的互动，校园与社会的结合。让学生在社会实践中对法律的实施状况有更进一步的认识和思考，在感性认知的基础上实现理性认知，达到课程思政的目标。

2. 比较开放式教学

比较开放式教学法是法学论文写作课程思政教学采用的主要教学方法，常规的比较式教学法通常是对主要国家相关法律条文的单一比较，更多关注的是知识构建层面的记忆和理解。而课程思政中比较式教学方法的采用必须叠加一个批判性思维维度，增加一个重要的环节，即基于国情基础上的国家利益分析范式。也就是在比较中既寻求共识，也寻求差异；既了解制度本身的规定，也了解制度背后的国情基础；既检视问题，也分析原因；既立足现在，也展望未来。这样在比较分析中增加对中国问题的客观检视以及对中国方案的理性评价和构建，让学生增强对社会主义法律制度的立法认同和立法自信。同时，明确一国法律制度必须建立在对本国国情的充分认知和尊重的基础上，不考虑本土实情的盲目移植，不叠加国情基础的优劣评判，都是不客观的、错误的。在此基础上，引导学生掌握批判式的借鉴和继承性的创新。

3. 互动研讨式教学

讨论式教学是价值逻辑环和立法实践环常常采用的教学方式，常规的讨论式教学方式可能是问题导向下的分组研讨，激发学生的求知欲和学术研究兴趣，提高学生的思辨能力和语言表达能力。而论文写作课程思政中讨论式教学法的运用必须增加一个环节，即在教师正确引导和评价下的正向讨论，教师要充分发挥其在论题设置、恰当引导以及正向评价三方面的积极作用。讨论式教学法，首先要设置精巧的议题，讨论议题的可辩性是讨论教学法的重要基础，可从学生的论文中选取；其次要恰当引导学生讨论的方向、进程；最后要对同学们的讨论进行理性客观的分析和评价，形成正确的价值引领。讨论式教学方法适用于对论文中问题意识、基本见解的社会责任、完善建议的中国路径的研讨，也是对论文的检视，有利于学生批判性思维的培养，更有利于课程思政元素的内化于心。

四、 过程性学习获得感与课程思政育人效果

法学论文写作课程思政的育人效果不仅体现在论文本身，还应贯穿于课程的全过程，通过翻转课堂的教学方式，着力提升论文写作课程的高阶性、突出创新性和增加挑战度，两性一度可助力课程思政理念中的科学精神和勤勉学习的内生力的形成，提升学生课程思政理念下的过程性学习获得感。

（一）过程性学习获得感是学生内心认同和践行社会主义核心价值观的必要环节

法学论文写作课程思政建设与论文写作知识传授的教改工作，应是同步开展、相互融合、互为促进的。从法学论文写作课程思政建设的建构路径来看，"知识建构→价值引领→实践回归"层层递进，实现求知、铸魂、践行三者的有机融合。

1. 知识建构

此处的知识建构不仅仅是法学论文写作的理论和技能知识内容，还包括作为论文写作基础的学科知识体系的构建和学科思维的训练。教师未必掌握法学各二级学科的知识，但法学方法论却是相通的，可以通过论文写作学术规范的要求，引导学生领悟其所研究领域的学科思维方式，建立学科知识体系，体会马克思主义唯物史观和唯物辩证法。通过立法纵向比较和横向比较，让学生主动地去知过去、知现在、窥未来；知本土、知他国、知世界；通过相关法学解释方法和比较研究方法的讲授，让学生知部分、知整体、知对立、知统一。这一环节课程思政的目标主要是写作指导思想层面和学科思维层面。

2. 价值引领

这一环节是法学论文写作课程思政的主阵地，它的作用在于高屋建瓴

式的"铸魂"。

教师要引导学生主动积极地思考，帮助学生理解论文的写作目的，论文写作底层所蕴含的"爱国、敬业、责任、友善"这些思政元素的内涵，唯有基于这些价值理念并结合习近平新时代中国特色社会主义思想，方能实事求是地根据我国实情撰写助力我国发展的论文，论文的生命才会更持久。同时，教师可通过对解释论和立法论两类论文的讲授，从方法论上帮助学生理解立法的合规律性和合目的性，理解立法背后所体现的价值选择、利益均衡和精神追求，以增强学生内心对我国的立法认同和立法自信。教师可以通过对具体的论文结构和基本见解剖析，引导学生在自由、公平、效率、秩序等诸多价值中进行理性衡量，在个人、国家、社会等诸多利益间进行正确选择。这一环节课程思政的目标主要是价值引领层面。

3. 实践回归

实践回归的主要任务是基于真问题的论文写作，法学论文写作课程思政的落脚点，是深入社会实践、内化于心、外化于行的"践行"过程。

教师一方面要认真倾听学生对选题的理解和论文大纲的撰写思路，引导学生守正创新、去伪存真；另一方面需要积极介入学生基本见解和论证逻辑的写作过程，要耐心、细致地指导学生，让学生深刻感受科研工作应有的责任感，获得更多的感性和理性认知。

以上三个环节均存在过程性学习的获得感，前后有逻辑关系，法学论文写作课程思政建设应予以重视。

（二）课程思政理念下的高阶性、创新性和挑战度

通过翻转课堂，论文写作宜结合法学二级学科的专业知识，培养学生解决复杂司法实务问题的综合能力和高级思维，提升课程的高阶性。此间，就国际法领域论文写作而言，宜着重让学生实践体验并领悟人类命运共同体思想在国际法中的体现、"一带一路"倡议为国际私法专业的发展提供了哪些新的契机等，促使学生自觉研究和理解党中央的相关文件精

神，真正树立中国特色社会主义道路自信、理论自信、制度自信、文化自信。

突出创新性，让学生忙起来，教师在释疑的过程中突出课程思政理念，着力引导学生形成求真、务实的科学精神，增强学生的社会责任感。线上课堂（录播课件）应发挥课前预习、课后巩固、时时讨论、实践练习的作用。翻转课堂应充分利用线上课堂的教学资源，课堂形式从讲授为主转变为研讨为主，学生从被动的听众转身为主动的讨论者，教师的每讲总结和评论应实质性地发挥释疑和进一步导引学习的作用。同时，教师应将探究式学习进程中的科学精神感染给学生，通过引导学生对我国相关法律规范的立法价值的探析，令学生真切地感受到公正的落地，增强社会责任感。

强化课程难度与挑战度，激发学生的学习潜能，增强学生的实践能力，从实践教学的方式令学生感悟到完善具有中国特色社会主义司法制度是正确的选择。着力发展和完善线上课堂过程性考核的方式和增加其在最终成绩评定中的比值。尤其是引入论文写作讨论模式，注重中国问题的解决。让学生在这些训练中，感受到知识的欠缺和努力的方向，让学生体验"跳一跳才能够得着"的学习挑战，增强学生通过刻苦学习和有效实践收获能力和素质提高的成就感。

五、 结语

法学论文写作课程是一门实践类的课程，"爱国、敬业、责任、友善"是该课程对于一篇合格的法学论文写作蕴含的内在要求，亦是社会主义核心价值观的体现。同时，该课程与法学二级学科的知识储备紧密相关，应将法学论文写作方法所内生的隐性思政元素与相关法学二级学科的思政元素有机结合，形成同频共振效应。该课程的在线课堂的教学方式表现为"翻转课堂"，为"学生主体"、"师生互动"和"生生互动"的教学模式构建了良好平台，这与课程思政融入式的教育理念所要求的教学方式紧密契合，有助于提升课程思政的育人效果。法学论文课程思政建设既要注重教学结果，亦不应忽视学生的过程性学习体验。增强学生的过程性学习体验，不仅是课程思政理念下提升课程的高阶性、突出课程的创新性和增加课程的挑战度的要求，也是通过在线课堂的教学方式激励学生刻苦学习，在学思践悟中坚定理想信念，在奋发有为中践行初心使命，使之成为优秀的涉外法治人才。

专题四
涉外律师专业人才培养模式探究

涉外律师专业设置的背景、功能与模式

■ 许　凯①

【摘要】2021年，教育部、司法部在高校设置涉外律师专业是贯彻落实习近平法治思想的重要举措，也是聚焦涉外律师的现实需求与人才短板、发挥高校培养涉外法律人才引领作用的全新试点。涉外律师专业的功能定位，主要来自坚持正确的政治理论方向、突出较强的外语应用能力、强化律师实务能力培养、统筹多元化学科课程体系四大维度。以此为对标，华东政法大学国际法学院在涉外律师专业的实践探索中，创设"法律＋外语＋国际商务"的跨学科培养模式、践行"高校＋行业"的联合培养计划、打造"政治理论＋多元专业＋律师实务"的课程体系、探索"境内＋境外"的国际化培养机制。在未来的培养道路上，法律外语培养的新要求、律师实务培养的新内容、国际法学科的独立性、涉外法律课程的"内外兼修"等议题将为持续探索涉外律师培养模式提供新思路。

【关键词】涉外法治人才培养　涉外律师专业　功能定位　培养模式　实践探索

---

① 许凯，法学博士，华东政法大学国际法学院副教授，硕士生导师，现任国际法学院副院长。

涉外法治人才培养机制的反思与创新

进入 21 世纪以来，我国参与国际事务与经贸交流的深度与广度与日俱增，因而如何培养中国特色涉外法律人才成为了近几年来教育主管部门、各大高校和司法实务部门共同聚焦的议题。2011 年，教育部、中央政法委员会联合发布《关于实施卓越法律人才教育培养计划的若干意见》（以下简称《意见》），依据"分类培养卓越法律人才"的方针，把培养涉外法律人才作为培养应用型、复合型法律职业人才的突破口。然而，涉外法律人才所涉及的职业良多，法官、仲裁员、律师、公证员等不同涉外法务的职业定位需要的培养方式不尽相同，因而有待进一步梳理、贯彻分类培养的方针。由是之，2021 年 2 月 4 日教育部学位管理与研究生教育司、司法部律师工作局联合发布了《关于实施法律硕士专业学位（涉外律师）研究生培养项目的通知》（以下简称《通知》），决定选取包括华东政法大学在内的 15 所高校实施法律硕士专业学位（涉外律师）研究生培养项目（以下简称涉外律师专业）。[①] 涉外律师专业的设置既是涉外法律人才培养分类施策的尝试，也是我国法律研究生培养领域的创举，因而本文在分析涉外律师专业设置的必要性、可行性的基础上，结合华东政法大学国际法学院开展该专业以来的实践，探讨涉外律师专业培养模式方面的完善路径。

一、 涉外律师专业设置的背景

与此前行业协会为主导的社会培养模式不同，此次教育部、司法部联合设置涉外律师专业系以高校为承担主体、以专业学位为培养成果的一种全新试验。究其设置背景而言，《通知》中明确指出："当今世界正经历百年未有之大变局，全球治理格局正在发生深刻调整，国际环境日趋复杂，不稳定性不确定性明显增加。随着我国日益走近世界舞台中央，更加深度参与全球治理，我国企业和公民'走出去'步伐不断加快，我国急需加快

---

① 教育部：《我国实施法律硕士专业学位（涉外律师）研究生培养项目》，载《学位与研究生管理》2021 年第 2 期。

涉外法治工作战略布局，推进涉外法律服务业发展，培养一大批通晓国际法律规则、善于处理涉外法律事务的涉外律师人才，更好维护我国国家主权、安全、发展利益，维护我国企业和公民海外合法权益，保障和服务高水平对外开放。"解读《通知》中所提出的背景，此次设置涉外律师专业的必要性与重大意义主要来自三个方面。

（一）贯彻落实习近平法治思想的重要举措

加强涉外法治专业人才培养是习近平法治思想的重要组成部分，也是设置涉外律师专业的理论与思想基础。中共中央在 2014 年 10 月发布的《关于全面推进依法治国若干重大问题的决定》中提出："建设通晓国际法律规则、善于处理涉外法律事务的涉外法治人才队伍。"2019 年 2 月，习近平总书记主持召开中央全面依法治国委员会第二次会议时指出："要加快推进我国法域外适用的法律体系建设，加强涉外法治专业人才培养，积极发展涉外法律服务，强化企业合规意识，保障和服务高水平对外开放。"2020 年 11 月，习近平总书记在中央全面依法治国工作会议的重要讲话中，特别提出了"坚持统筹推进国内法治和涉外法治"和"坚持建设德才兼备的高素质法治工作队伍"两项重要任务。因此，中国共产党十八大以来的历次会议和习近平总书记的历次重要讲话均表明，加快培养德法兼修的高素质涉外法治人才是习近平法治思想的应有之义，也是党中央、国务院在新时期的重要决策部署。①

（二）聚焦涉外律师的现实需求与人才短板

涉外律师专业的设置具有现实的法律服务与斗争需求，2020 年 11 月习近平总书记在中央全面依法治国工作会议的重要讲话指出："要加快涉外法治工作战略布局，协调推进国内治理和国际治理，更好维护国家主

---

① 参见黄进：《培养德法兼修的高素质法治人才，引领中国法学教育进入新时代》，载《中国高等教育》2018 年第 9 期。

权、安全、发展利益。要强化法治思维，运用法治方式，有效应对挑战、防范风险，综合利用立法、执法、司法等手段开展斗争，坚决维护国家主权、尊严和核心利益。要推动全球治理变革，推动构建人类命运共同体。"从 2001 年底加入世界贸易组织以来，我国在外资外贸等经济领域的发展举世瞩目，在这些企业"走出去""引进来"的交往中，关于涉外法律服务的需求也与日俱增。除却经贸交往方面的正常律师业务需求外，近几年来国际局势波谲云诡，以美国为首的西方国家企图从国际经济制裁等多个方面遏制中国的发展，因而也亟须大量的涉外律师在应对外国制裁、国际争端解决、WTO 争端解决等领域发出中国声音、维护国家利益。但从现实情况来看，我国目前涉外律师的数量与质量均存在较大的缺口与短板。据不完全统计，我国目前的法律人才中，能够从事涉外法律业务的屈指可数，仅占 1% 左右。其原因主要在于：一是外语能力欠缺；二是涉外法律知识的不足。① 因此，我国涉外律师执业人数与素质的现状显然无法与日益增长的涉外法治需求相匹配，而此次涉外律师专业的设置正是对症下药、恰逢其时。

（三）发挥高校培养涉外法律人才的引领作用

近几年来，涉外律师的培养工作得到了司法部和全国律协等行业协会的大力支持，成效显著。全国律协早在 2012 年就研究制定了涉外律师领军人才培养计划，提出在四年间着力培养 300 名左右精通相关领域业务和国际规则、具有全球视野、具有丰富执业经验的，懂法律、懂经济、懂外语的复合型、高素质律师领军人才。2018 年 4 月以来，司法部积极开展涉外律师人才库建设，编印《全国千名涉外律师人才名册》，共收录 985 名优秀涉外律师相关信息，涵盖国际经济合作、国际贸易、海商海事、金融与资本市场、跨国犯罪追逃追赃、跨境投资、民商事诉讼与仲裁、能源与基础

---

① 赵用、颜宝成、王泽众、李兰雷：《涉外律师人才培养的现状及思考》，载《中国律师》2020 年第 8 期。

设施、知识产权及信息安全九个涉外法律服务领域，供各有关部门和企事业单位在选聘涉外律师时参考。[①] 但以行业协会为主的涉外律师培养模式也存在着不足之处：一是政治方向引领难免弱化；二是涉外律师学习的系统性不够；三是关键领域和重点环节的问题意识不突出。鉴于此，此次涉外律师专业的设置采取以高校学位培养的模式，旨在通过建立与国家发展需求相适应的涉外法治学科专业体系，发挥高校在涉外律师人才培养方面政治引领、课程设置、科学研究和智库建设等全方位、系统化的人才支持和智力支撑作用，充分弥补社会化培养主导模式的不足。

二、 涉外律师专业的功能定位

顾名思义，探讨涉外律师专业的功能定位当然应以"涉外律师"这一关键词为要义。按照通常的解释，涉外律师是指拥有中国律师执业资格，主要以涉外诉讼或仲裁和涉外非诉讼法律服务为主的律师。涉外律师需要熟练掌握有关涉外法律法规，并通晓外商投资、国际贸易、知识产权保护等法律知识，同时又具有优秀的外语表达能力，兼顾法律和外语两项专业技能。[②] 那么，此次法律硕士专业学位的专项培养项目应当培养什么样的"涉外律师"？这一问题可以在《通知》附录中的《法律硕士专业学位（涉外律师）研究生指导性培养方案》（以下简称《指导性培养方案》）寻找答案，即涉外律师专业旨在为涉外法律服务机构和大型企事业单位法务部门培养一批跨文化、跨学科、跨法域，懂政治、懂经济、懂外语的德才兼备的高层次复合型、应用型、国际型法治人才，为建设一支法学功底扎实、具有国际视野、通晓国际法律规则，善于处理涉外法律实务的涉外律师人才队伍奠定基础。通过这一培养目标的锚定，涉外律师专业的功能定位应当从四个方面予以展开。

---

① 刘耀堂：《在国际舞台唱响中国律师"好声音"——党的十八大以来中国涉外法律服务发展巡礼》，载《中国律师》2020 年第 1 期。

② 杜成子：《我国涉外律师培养现状、问题和路径》，载《前沿》2021 年第 4 期。

（一）坚持正确的政治理论方向

涉外律师专业的特殊之处在于，除了律师职业过程中正常的业务开展外，还需要时常面对国际争议背后的国家利益与立场问题，也容易受到西方不良言论的影响。因此，培养涉外律师首先应当坚持社会主义办学的方向，为党育人、为国育才，把习近平法治思想贯彻落实到涉外律师人才培养的课程体系中去，培养政治立场坚定、中国特色社会主义法治理论基础牢固的涉外律师专业人才。要全面深入贯彻习近平总书记关于"德法兼修"的要求，在涉外法治人才培养中进一步树牢"四个意识"，坚定"四个自信"，做到"两个维护"，创新培养模式和教学方式，培养出一大批具有坚定理想信念、强烈家国情怀、高尚道德情操、扎实理论功底、超强时间能力，政治素质和业务素质都过硬、法学和外语双精通的高素质涉外法治人才。[①]

（二）突出较强的外语应用能力

涉外律师专业之"涉外"，应是强调培养具有国际视野的律师人才。国际视野是一种知识、能力的表现，但更是一种素质，主要应当包括开放宽容的态度、规则意识、价值观等。[②]"工欲善其事，必先利其器"。国际视野的打造首先必须娴熟地运用国际社会公认的外语，而娴熟的外语应用能力包含两层含义：第一，外语应用能力中的外语，主要是英语，因为"英语法律语言在国际经济贸易和法律事务中具有国际通用语地位"，"英语又是 WTO 规定的三种官方语言之一"，英语是开展涉外法律业务的桥梁和纽带，具备娴熟的英语应用能力是进行涉外法律人才培养的第一环，是

---

① 马怀德：《加快培养涉外法治人才是法学教育的使命担当》，载《北京教育（德育）》2022 年第 2 期。"四个意识"即政治意识、大局意识、核心意识、看齐意识。"四个自信"即中国特色社会主义道路自信、理论自信、制度自信、文化自信。两个维护是坚决维护党中央的核心、全党的核心地位，坚决维护党中央权威和集中统一领导。

② 周长军、石莹：《涉外法律人才培养的探索与实践——以山东大学法学院为例》，载《法学教育研究》2016 年第 15 卷。

要扣好的"第一粒扣子"。第二，法律英语不完全等同于普通英语，是"以普通英语为基础，在立法、司法及其他与法律相关的活动中形成和使用的具有法律专业特点的语言，是表述法律科学概念以及从事诉讼或非诉讼法律事务时所使用的英语"。[①] 正是因为对于外语应用尤其是法律英语应用能力的重视，教育部的《指导性培养方案》特别提出了三点要求：一是在培养要求方面，将法律与外语置于同等地位，要求学生熟练掌握一至两门外语；二是在课程形式方面，要求承担培养任务的高校尽可能实现全外语或双语教学并适度引入国际化课程；三是在学位论文方面，明确了中英文双语写作的要求。

（三）强化律师实务能力培养

涉外律师专业之"律师"，自然突出的是在学习法学理论知识之余，加强律师实务能力的培养。本文前面已经介绍了司法部对涉外律师职业领域的分类，在国际经济合作、国际贸易、海商海事、金融与资本市场、跨国犯罪追逃追赃、跨境投资、民商事诉讼与仲裁、能源与基础设施、知识产权及信息安全这九个涉外法律服务领域中，无一不需要充分的境内外实习经验，而这一点是高校的培养体系所力有不逮的。因此，此次涉外律师专业的方案从顶层设计入手，由司法部律师工作局牵头，由有关省（市）司法庭（局）按照地区就近、资源共享等原则推荐与项目承担高校合作的联合培养单位。联合培养单位主要从涉外律师事务所、涉外仲裁机构、涉外大中型企业、全国性或者地区性的法律服务行业协会中选取，而且《通知》明确了联合培养单位的工作须贯穿于涉外律师专业的招生、教学、带教、实习、答辩、就业等全流程。这样一种"全周期、强联合"的培养方式，一方面凸显涉外律师专业实用主义的指导方针，另一方面也有利于真正发挥涉外法律实务部门在培养体系中的价值。

[①] 王新博、董昊衢：《新时代涉外法律人才培养路径探究》，载《北京第二外国语学院学报》2021年第1期。

（四）统筹多元化学科课程体系

涉外律师专业之"专业"，应当与当今国际经贸与国家间交往的实际相耦合，尤其是面对当下科技手段迭代之迅捷，关于课程体系的建构应该体现为多元化、复合型的特色。涉外法治人才的培养，不仅需要完备的国内法、国际法知识，还需要具备外语技能以及其他相关学科的知识，例如国际关系、国际政治、世界经济、人文社会科学等知识，甚至需要掌握一定程度自然科学的知识。[①] 以复合型涉外律师专业培养为主导，《通知》对多元化的学科课程体系提出三个方面的设计：一是强化国际法和我国涉外法律的主干课程，主要将国际公法、国际私法、国际经济法列为必修课程；二是在传统的"三国法"外，要求各高校结合自身优势开设各种国际组织、国际规则、国际纠纷解决等领域的特色课程和实训课程；三是在法律课程之外，鼓励培养院校根据自身学科实力、办学特色和区位优势，建立法学与外语、政治学、应用经济学等跨学科的培养模式，确定"法律＋外语＋N"的差异化、特色化的涉外律师人才培养形式。

三、 涉外律师专业培养的实践探索

华东政法大学是新中国创办的首批政法高校，建校 70 年来，为国家与上海法治事业发展培养了一大批优秀的杰出人才，被誉为"法学教育的东方明珠"，因此华东政法大学也有幸成为首批实施涉外律师专业学位培养的高校。同时，为深入贯彻落实习近平总书记关于加强涉外法治专业人才培养的重要指示精神，落实中央关于发展涉外法律服务业的决策部署，加强高层次紧缺人才培养，作为项目的具体落地单位，华东政法大学国际法学院以探索和创新涉外法治高层次人才培养模式，完善具有中国特色的高层次法治人才培养体系为指引，通过多种措施践行涉外律师专业的功能定

---

① 徐伟功：《我国涉外法治人才培养的标准研究》，载《新文科教育研究》2021 年第 4 期。

位要求，积极打造"涉外律师培养基地"的华政品牌。

（一）创设"法律＋外语＋国际商务"的跨学科培养模式

为实现培养复合型涉外律师人才的目标，华东政法大学始终强调多学科的交叉融合渗透，兼容并蓄国际法、国内法、比较法、国别法、国际政治等跨学科专业和人才，服务统筹推进国内法治和涉外法治，协调推进国内治理和国际治理。据此，国际法学院自项目伊始便借助于学校"法科一流、多科融合"的优势，协同华东政法大学外语学院、商学院、政治学与公共管理学院以及其他主要法学院的资源，创设"法律＋外语＋国际商务"的跨学科培养模式。这种校内资源的协同主要体现在三个方面：一是培养方案的制定过程中，充分考虑、协调三种专业在涉外律师培养过程中的阶段性功能，合理调配三年培养期限内不同学科的配合度；二是在课程开设方面强调"专业教师教专业"，如国际法学院的教师主要承担"三国法"（《国际公法》《国际私法》《国际经济法》）方面的双语或全英语课程，法律专业外语、涉外法律文书写作等课程由外语学院的专业老师开设，而国际关系基础理论、国际贸易实务、国际贸易结算与融资等课程则由政治学、经济学等领域的专业教师讲授；三是在研究生的导师选任方面发挥法科多元的优势，以国际法学科为主体，同时邀请校内刑法、民商法、知识产权法、经济法等专业中有海外留学、访学经历的优秀教师担任。

（二）践行"高校＋行业"的联合培养计划

依据前述教育部《通知》中关于选任联合培养单位的部署，华东政法大学国际法学院在涉外律师培养方案中始终围绕"高校＋行业"的联合培养计划，并致力于将此种"全周期、强联合"的培养方式分步骤地贯彻落地。第一步，从上海市司法局推荐的涉外律师事务所中选取符合学校培养方案要求的五家涉外律师事务所作为涉外律师人才培养的实践基地，并签订《法律硕士（涉外律师方向）联合培养协议》，明确联合培养、实习实践等具体内容与要求；第二步，在反复征求各联合培养单位和相关专家意见基础上，在培养方案中纳入五家联合培养单位为课程开设主体，承担国际贸易合规实践、知识产权保护理论与实务、国际投资法律实务、涉外商事争议解决律师实务、跨境并购与融资律师实务、涉外法律谈判等六门实践课程；第三步，为实施"双导师制"下校外实务导师与研究生的充分对接，学院分别赴五家联合培养单位走访，根据研究生的入学成绩、本科院校、入学方式、男女比例等因素综合考虑学生分配大方案，然后由各律所根据各所自己的实际情况进行带教老师分配和安排。

（三）打造"政治理论＋多元专业＋律师实务"的课程体系

在课程体系的设计方面，华东政法大学涉外律师专业的培养方案旨在打造"政治理论＋多元专业＋律师实务"三者平衡、协调、动态化的培养模式。除却前文已经介绍的校内外资源协同机制以外，这一课程体系的打造另有两大亮点值得介绍：一是紧紧围绕为党育人、为国育才这一基本原则，坚持以习近平法治思想为指导，深入贯彻落实中央全面依法治国工作会议精神，密切配合中央涉外法治工作战略布局，为协调推进国内治理和国际治理，更好维护国家主权、安全、发展利益提供智力成果和人才储备。在涉外律师必修课程中，除了《指导性培养方案》中"中国特色社会主义理论与实践研究"之外，另拟开设"习近平法治思想专题研究"这一特色课程。二是授课语言要求，无论是校内教师开设的多学科专业课程，还是校外联合培养单位开设的律师实务课程，均要求教师有能力实现双语或全英语教学。同时，改变课堂内原有的教学方式，鼓励教师采用讨论式教学、案例式教学，重点强调教学互动。而在课堂外，则鼓励导师以组织读书沙龙、座谈会等方式开展师生互动。

（四）探索"境内＋境外"的国际化培养机制

华东政法大学历来高度重视国际人才培养，积极开展多模式、深层次、全方位的国际合作办学实践，先后与美国、英国、西班牙、澳大利亚等多个国家的院校合作建立联合培养项目，持续拓展多元化合作模式。而国际化培养机制正是涉外律师专业培养的应有之意，故华政国际法学院借助学校国际化办学的优质资源探索"境内＋境外"培养机制，即二年国内培养，一年国外研修的模式。同时按照涉外法治人才国家战略需求，有针对性地培养掌握"一带一路"沿线国家法律法规的专门人才，使法律从业者具备国别法律实践能力。为了能够实现这一培养目标，国际法学院作出提前布局：首先，在招生阶段提高涉外律师专业的外语录取分数线，确保进入该专业培养的研究生具备较高的外语基础能力；其次，在首届涉外律师专业研究生入校不久，邀请学校的国际交流处老师参与师生座谈交流会，其目的是使同学们对涉外律师项目以及学校和学院的国际交流项目有更全面的了解，以便从踏入专业之始便对未来三年尤其是境外学习与实习的规划有的放矢；最后，在第一年的培养过程中，除了开展正常的教学外，学院还通过引入英国欧华律师事务所"欧华涉外法律与律师实务"系列讲座、与北京仲裁委员会联合开设"英国合约法"实务课程、举办2021香港仲裁周线下直播间活动等多种形式，使处于境内学习阶段的同学提前接触到境外课程与律师实践。

四、 涉外律师专业培养模式的思考

涉外律师专业作为新时期贯彻落实习近平总书记加强涉外法治专业人才培养重要指示的试验点，为高校培养卓越涉外法律人才计划打了一针"强心剂"。如同华东政法大学国际法学院一样，承担培养任务的每一个高校均依赖各自的区位优势和办学资源，拓展出各自涉外律师专业的培养特色。然而，该专业的开设毕竟属于首创，且目前尚处于三年培养阶段的初期，因而如何在现有基础上温故知新、继往开来，需要从培养模式本身入手进行思索。

（一）法律外语培养应有新要求

涉外法律人才培养中的外语能力应当聚合为法律外语，而其中法律英语作为法律与英语的交叉学科，是涉外法律服务工作的关键。法律英语是以普通英语为基础，在立法、司法及其他与法律有关的活动中形成和适用的具有法律专业特点的语言，是表述法律科学概念以及从事诉讼或非诉讼法律事务时所使用的英语。[①] 尽管各培养高校无一不强调在专业授课领域的双语或全英语教学，但鉴于授课教师学科背景之差异，法律外语的培养质量往往难以量化，培养的成果也难以得到检验。因此，针对法律外语培养而言，应当加入标准化的要求：一要建设高质量的涉外法治教材，涉外法律课程相对于国内法课程而言具有跨国法的基本特征，因而各培养高校应当加快双语教材的建设，坚持知识体系的"国际化"与"本土化"并举；[②] 二要构建涉外法律人才的外语评价机制，除了鼓励学生积极准备托福、雅思等境外外语水平考试外，还应当大力完善和推动适合我国国情的法律英语考量标准，如法律英语证书考试（LEC）；[③] 三要在强调法律英语的同时开拓其他语种的培养，有条件的高校可以结合自身的外语专业特色开设第二、第三公共外语选修课，建立健全多语种多类型涉外法治课程体系。

（二）律师实务培养应有新内容

涉外律师属于应用型法律人才，因而在培养过程中应当全流程体现律师实务的内容。此次涉外律师专业的开设体现出将高校培养与社会培养两种模式的融合，并且践行将涉外法律实务部门全面融入高校培养的方针。然而，仅仅是将承担任务的高校与联合培养单位紧密牵手是不够的，因而

[①③] 张法连：《新时代背景下涉外法律人才培养机制新探》，载《中国法学教育研究》2018年第1辑。

[②] 李建忠：《论高校涉外法律人才培养机制的完善》，载《浙江理工大学学报（社会科学版）》2014年第4期。

必须在这一核心机制以外继续延伸、扩充其他实务培养的内容。第一，实务课程的开设主体不应限于校内资源和联合培养单位，而应结合更广阔的社会资源和国际化资源，更多地从人民法院、仲裁机构、国际组织等部门引入优质的课程与师资；第二，律师实务培养应当重视实战训练，通过模拟法庭尤其是参加国际模拟法庭竞赛与培训等方式，实现法科学生涉外法律实践能力的结构性提升；① 第三，发挥导师在研究生培养过程中的核心地位，尤其是校外实务导师在本职专业领域的带教功能，有条件的高效还可以采取"理论、外语、专业"各司其职的"三导师制"，打破校内学科壁垒，实现学科交叉融合、资源共享，进而使学生的知识结构更加丰富合理。②

（三）法学学科体系应有新划分

涉外律师专业的设置一方面说明我国法学教育中国际法、涉外法制的重要性，另一方面也需要从涉外法律服务的行业入手重新审视学科分类的必要性。对于当今国际经贸局势而言，涉外律师的职业领域、业务方向已然呈现出精细化的大趋势，因而假如在培养方案中依旧固守于传统的"三国法"，则必然无法满足涉外法律服务市场的需求。鉴于此，精细化的法律服务市场要求个性化的培养，而个性化的培养需要对法学学科进行重构性的划分。在我国目前设置的法学学科门类中，仅有法学一个一级学科，其他五个均非严格意义上的法学学科，此种学科分类的现状极不平衡。因而从完善法学学科体系的角度，建议构建国际法学学科体系，将国际法学确立为法学学科门类下的一级学科。③ 从实施路径上来看，可以率先在能

---

① 方桂荣、宋群力：《培养涉外法律人才的路径优化》，载《中国法学教育研究》2020年第1辑。

② 杨安琪：《"三导师制"协同教学模式在涉外法治人才培养中的应用》，载《河南理工大学学报》2022年第4期。

③ 黄进：《完善法学学科体系，创新涉外法治人才培养机制》，载《国际法研究》2020年第3期。

够开展学位授权资助审核工作的高校设置国际法学一级学科，并设置国际公法、国际私法、国际经济法、国际刑法、国际卫生法等相关的二级学科、交叉学科和专业。

（四）涉外法律课程应当"内外兼修"

涉外律师培养固然应注重国际法学的学习，但假如将"涉外法治"简单地等同于"国际法治"，则是一种对"坚持统筹推进国内法治和涉外法治"的片面理解。事实上，涉外律师的培养除了精于外语、通晓国际规则以外，立足中国、熟练掌握中国国内法中有关涉外法制的学科内容也是题中之义。因此，涉外律师的培养方案中应当践行习近平总书记"坚持统筹推进国内法治和涉外法治"的指示，在大力开展国际法、国际政治、国际商务等课程的同时，也要同时加强国内法中有关涉外法课程的比例，培养具有中国特色的涉外律师。具体而言，在刑事法领域可开设中国刑法与刑事诉讼法的基础课程，在民事法领域可开设中国《民法典》与民事诉讼法的基础课程，在商法领域可开设公司法、证券法、票据法、保险法、破产法等专业课程，在经济法领域则可开设反垄断法、劳动法、反外国制裁法等与涉外律师业务相关的专业课程。

涉外法律服务是涉外法治工作中必不可少的内容，其中包括涉外律师服务、涉外仲裁服务、涉外调解服务、涉外公证服务、涉外法律援助服务、涉外领事、投资和知识产权等诸多方面，具有广泛的外延。能否提供高质量、高水平的涉外法律服务，是衡量一个国家法制成熟度的重要指标，也是评价一个国家营商环境优劣的重要参考。[1] 涉外律师专业是我国新时代涉外法律服务专业化人才培养的"第一步"，但也是至关重要的一步。"长风破浪会有时，直挂云帆济沧海"。以此为基础，2021 年 12 月教育部发布了《关于加快高校涉外法治人才培养的实施意见》，为我国高校

---

① 黄进、鲁洋：《习近平法治思想的国际法治意涵》，载《政法论坛》2021 年第 3 期。

全方位培养涉外法治人才划出了蓝图：到 2025 年，形成与国家发展需求相适应的涉外法治学科专业体系，建立以实践为导向的涉外法治人才培养机制，打造一批涉外法治人才培养示范区，发挥高校在涉外法治领域人才支持和智力支撑作用；到 2035 年，建成中国特色、世界一流的高校涉外法治人才培养体系，为全球治理体系变革和建设、构建人类命运共同体提供全面有利的法治人才保障。

涉外律师人才培养机制的思考与建议

——浅谈专业主义的养成

■ 孙建钢①

【摘要】基于《涉外律师研究生培养项目的通知》，并结合涉外法律服务中的实践经验，本文从取势、明道、优术的逻辑顺序展开，对目前涉外律师人才培养机制进行了讨论，提出了完善建议。总体而言，涉外律师专门人才的培养是涉外法治大势所趋，目前的培养方案偏重专业知识的教育，但在专业素养的养成方面，需要大力完善和加强。专业知识是静态的技能结构搭建，专业素养是动态的应用流程管理。专业知识是工具，专业素养是用法。专业知识和专业素养需要同时培养，方能成就专业主义。

【关键词】涉外法治　涉外律师　专业主义　职业素养

一、引言

在中国古代哲学智慧中，有"取势、明道、优术"的讲法。"势"是

---

① 孙建钢，中国法学硕士、美国法律硕士（LLM）、高层管理人员工商管理硕士（EMBA在读），现为君合律师事务所上海分所党委委员、行政管理合伙人、公司并购业务组长、无限权益合伙人，兼任上海市律师协会并购重组研究委员会委员，华东政法大学法律硕士专业学位（涉外律师）研究生导师、复旦大学法学院实务导师。

发展趋势和各方面政策导向，具体说就是市场形势和政府政策。"势"往往无形，却具有方向，顺势而上则事半功倍，逆势而动则事倍功半。"道"是理念、规律，原则。"明道"就是要在顺应战略方向和形势政策的基础上，遵循怎样的理念，掌握什么原则。"术"是解决实操问题的具体能力和方法。"优术"即不断增长能力，不断优化方法，并持续更新。正所谓："道为术之灵，术为道之体；以道统术，以术得道。"[1]

从涉外律师的实务角度，以"取势、明道、优术"的思维，审视涉外律师人才培养的现状，可以简单归纳为：（1）涉外法治大势所趋，政策形势十分明朗；（2）培养道路初步形成，但依然有待完善；（3）培养停留在专业知识教育表面，亟待贴近实战，提升动态的专业素养。

在本文中，笔者根据近二十年的涉外法律工作经验和思考，先对涉外律师专门人次的培养大势进行简单总结，而后重点探讨涉外律师专门人才的培养理念原则，以及技能和素养的养成要点。

二、取势

涉外律师专门人才的培养，是涉外法治大势所趋，政策形势已经十分明朗。简要而言，这里有世界格局、经济基础的底层逻辑，有上层建筑中全面依法治国的宏观原因，更有国家顶层设计的直接推动。

（一）中国在世界格局中的地位越来越重要

近现代中国的发展史可以归纳为一部对外开放史。中国打开国门，融入世界。回望过去的 40 多年，以下时点尤为重要：

1978 年，中国开启改革开放；

2001 年，中国加入世界贸易组织；

---

[1] 百度百科：《取势明道优术》，https://baike.baidu.com/item/取势明道优术/5830202，2022 年 6 月 5 日访问。

2013 年，中国开始推动"一带一路"建设；

2020 年，中国推动更深层次改革，实行更高水平开放。

对比 40 年来的数据变化，中国在世界经济中的占比不断提高，从 1978 年改革开放之初的 1.8％①，上升至 2021 年超过 18％②。

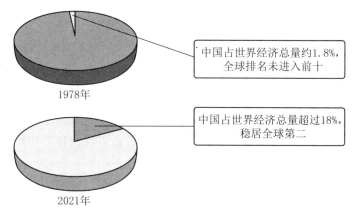

中国占世界经济总量约1.8%，全球排名未进入前十

1978年

中国占世界经济总量超过18%，稳居全球第二

2021年

图 1

中国在世界格局中地位的显著提升，占世界经济总量中的比重快速增长。

（二）全面依法治国和涉外法治建设越来越深入

概括而言，经济基础的不断演进，推动上层建筑的不断发展。改革开放，建立市场经济。市场经济，呼唤法治经济③。对外开放，更进一步要求涉外法治。

近些年来，中国正从"依法治国"走向"全面依法治国"，并努力统筹推进国内法治和涉外法治。2014 年 10 月，党的十八届四中全会通过了

---

① 中央政府门户网站：《统计局：1978 年以来我国经济社会发展的巨大变化》，http://www.gov.cn/jrzg/2013-11/06/content_2522445.htm，2022 年 6 月 11 日访问。

② 中央政府门户网站：《2021 年中国经济亮点》，http://www.gov.cn/xinwen/2022-01/17/content_5668815.htm，2022 年 6 月 11 日访问。

③ 吴敬琏：《呼唤法治的市场经济》，三联书店出版社 2007 年版，第 1—460 页。

《中共中央关于全面推进依法治国若干重大问题的决定》。这是党的历史上第一次专题研究、专门部署全面依法治国的中央全会，在我国法治史上具有里程碑意义。2018年8月，党中央组建中央全面依法治国委员会，这是我们党历史上第一次设立这样的机构，目的是加强党对全面依法治国的集中统一领导，统筹推进全面依法治国工作①。2020年11月，党中央第一次召开中央全面依法治国工作会议，提出了"十一个坚持"，其中包含了"坚持统筹推进国内法治和涉外法治"②，并进而要求"加快涉外法治人才培养，更好推进涉外法治建设"③。

（三）涉外律师人才培养越来越专业

加快涉外法治人才培养的顶层设计，促成了一个崭新的法律专业教育分支，即法律硕士专业学位（涉外律师）研究生培养项目。

2021年2月4日，教育部学位管理与研究生管理司、司法部律师工作局联合发文《关于实施法律硕士专业学位（涉外律师）研究生培养项目的通知》（以下简称《涉外律师培养通知》），决定在全国范围内选取15所高校实施法律硕士专业学位（涉外律师）研究生培养项目，目标"为建立一支法学功底扎实、具有国际视野、通晓国际法律规制、善于处理涉外法律事务的涉外律师人才队伍奠定基础"。

三、 明道

如果说培养涉外律师的大势和政策已经十分明确了，那么从实务角度

---

① 王晨：《坚持全面依法治国 法治中国建设迈出坚实步伐（学习贯彻党的十九届六中全会精神）》，http://politics.people.com.cn/n1/2021/1123/c1001-32289162.html，2022年6月18日访问。

② 《习近平法治思想学习纲要》，人民出版社、学习出版社2021年11月第1版，第117—126页。

③ 董昊衢：《完善体系加强实施 推进涉外法治建设》，https://www.spp.gov.cn/spp/llyj/202104/t20210419_516024.shtml，2022年6月18日访问。

看，培养涉外道路只能说初步形成，依然有待完善。

（一）涉外律师人才的培养道路初步形成

在《涉外律师培养通知》中，包含了一个附件3，即《法律硕士专业学位（涉外律师）研究生指导性培养方案》（以下简称《涉外律师培养方案》），对涉外律师的培养方案与要求、培养方式等，进行了全方面地指导。

● 培养方案与要求可概括为：政治素质、理论素质、运用能力、外语能力。

政治素质：政治正确，遵纪守法，遵守职业道德；

理论素质：主要指掌握法治理论和法律知识；

运用能力：具备独立从事涉外法律实务工作的能力；

外语能力：熟练掌握一直两门外语。

● 培养方式可概括为：高校＋行业的联合培养模式。

高校：遴选了15所具有较大法律硕士招生规模，并有20名以上具有法律实务工作经验及海外学习经历教师团队的院校；

联合培养单位：涉外律所为主，也包含涉外仲裁、涉外大中型企业以及全国性和地区性法律服务行业协会。

基于《涉外律师培养方案》，应该说涉外律师人才的培养道路已经初步形成。

（二）涉外律师人才的培养道路有待完善

1. 律师的国民经济分类和西方社会定位

涉外律师专业人才培养道路的完善，从国民经济对律师的分类以及国际上对律师的定位说起。

随着社会分工的发展，国民经济行业分类越来越细化。从最早大家耳熟能详的"农林牧副渔"，发展到成百上千的行业。那么律师（包括涉外律师）属于什么行业呢？根据国家统计局发布的 2017 版《国民经济行业分类》（GB/T 4754—2017），律师属于"租赁和商业服务业"门类下，"商业服务业"大类，"法律服务"中类，"律师及相关法律服务"小类。"法律服务"中类下，还有公证服务。"商业服务业"大类下则包括较多其他行业，如组织管理服务、咨询与调查、广告业、人力资源服务、安保、会展等。据此，律师不过是商业服务业中的一种，好像没什么特别。

那么西方是怎么定位"律师"属于哪个职业的呢？答案是："Professional"（专业人士）。剑桥词典对"Professional"的定义是："having the type of job that is respected because it involves a high level of education and training"①，即因其从事的工作需要经过高等教育和训练而受到尊敬的一类人。那么，律师业作为一个在世界各地均需要接受法律高等教育后，并通过职业资格考试，以及长期职业训练的行业，应该说是典型的"专业人士"了。

2. 中西方对专业主义的理解差异

与"Professional"（专业人士）相伴而生的，是"Professionalism"（专业主义）。但比较可惜的是，专业主义在中文语境下缺少定义，而实践中的理解，往往对专业主义做出偏向于专业技术方面的理解，对专业素养少有提及。

（1）中文词义。

在商务印书馆第七版《现代汉语词典》包含了对"专业"这个词条，即专门从事某种工作或职业，或者具有专业水平和知识②。这里的"专门"指某一领域或是方面的知识和水平，是一种偏重于技能型的描述。《现代

---

① Cambridge Dictionary：Professional，https://dictionary.cambridge.org/dictionary/english/professional，2022 年 6 月 21 日访问。

② 《现代汉语词典》，商务印书馆第 7 版，App 应用版，2022 年 6 月 21 日访问。此处省略了《现代汉语词典》中，"专业"词条中对"大学学科专业"、"产业部门中不同业务部门"的两个解释。

汉语词典》中没有对专业主义或专业精神的解释。

实践中，通常说一个人很"专业"，大多数是讲专业水平比较高。比如，这位教授真专业，有很多学术成果，科研水平高。这位律师真专业，在某个领域做过很多案子。这位医生真专业，在某个诊疗领域治好过很多病人。这些日常描述，都是针对专业人士的专业知识或技术水平而言。

（2）英文理解。

以"Professionalism"在各类英文数据库中进行检索，会发现西方对专业主义的理解，泛指形成某个专业人群并使其具有较高技能而获得尊重和认可的整体素质。

剑桥词典对"Professionalism"的解释是："the combination of all the qualities that are connected with trained and skilled people"①，即所有那些与通过训练而成为有技能的人士相关的素质。韦氏词典 Merriam-Webster 对"Professionalism"的解释是："the conduct, aims, or qualities that characterize or mark a profession or a professional person"，即塑造或者成为某种职业人士所需的行为、目标或者素质。据此，西方对专业主义的理解，可谓是整体性的、全方面的。

（3）专业主义＝专业知识＋专业素养。

在专业主义的视角下，专业人士的整体素质包含哪些内容呢？笔者认为，应该至少包含专业知识、专业素养两个大类。专业知识，是指该领域的各种理论知识、方法技巧。专业素养，是指怎样应用好理论知识和方法技巧，怎样把专业水准发挥出来的各种必备素养。正所谓，"Professionalism Is Not The Job You Do, It's How You Do The Job"②。

打个比方来说。一位心外科医生，掌握心脏的生理结构，手术的专业技巧只是一个基础。他更需要怎样与病患和家属沟通，指定适合的治疗方

---

① Cambridge Dictionary：Professionalism, https://dictionary.cambridge.org/dictionary/english/professionalism，2022 年 6 月 22 日访问。

② Richard Brindley, Professionalism：an overview，RIBA Publishing，2021，p.13.

案，保证治疗成本合理可接受，在术前做好协调，获得理解和支持，在术中管理好手术团队并应对突发状况，在术后做好病患的健康和情绪管理，从而使得心外科专业手术的效果获得最大程度的体现。那么作为一位涉外律师，掌握中国和外国法律知识，能够使用外语进行工作只是一个基础。他更需要让客户和交易对方了解和信赖律师的想法，制定出合理的法律解决方案，在交易前做好协调，获得客户乃至对方的理解和支持，在交易中管理好项目团队并应对突发状况，在交易后做好交割管理，从而使得涉外法律专业服务的效果获得最大程度的体现。

所以，专业知识是静态的技能结构搭建，专业素养是动态的应用流程管理。专业知识是工具，专业素养是用法。有良器在手且善于运用，方能体现专业主义。在涉外律师的培养道路上，不仅要通过课程搭建好涉外律师的技能结构，更需要版主涉外律师培养良好的专业素养。

四、 优术

（一）涉外律师人才的专业知识

扎实的专业知识是任何专业人才的基础。涉外律师的培养，概莫能外。

1.《涉外律师培养方案》概览

根据《涉外律师培养方案》，涉外律师项目的培养内容包括三大部分：一是课程设置；二是实践教学与训练；三是学位论文。总体而言，专业知识的培养内容是丰富的。

（1）整体组成占比。

在 75 个学分的总学分下，课程占 51 学分（68%），实践教学与训练占19 学分（25%），学位论文占 5 学分（7%）。

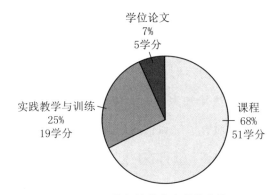

图 2 涉外律师培养方案总体占比

（2）课程内容组成。

根据《涉外律师培养方案》，课程分为必修课和强化模块课。

必修课（不低于 17 学分）	推荐强化模块课（不低于 34 学分）
（1）中国特色社会主义理论（2 学分） （2）法律职业伦理（2 学分） （3）法律专业外语（4 学分） （4）国际关系基础理论（2 学分） （5）国际公法原理与实务（2 学分） （6）国际私法原理与实务（2 学分） （7）国际经济法原理与实务（3 学分）	（1）专业课程模块（不低于 14 学分）：国际贸易组织法、国际公约与国际惯例、国际投资法、海商法、国际知识产权保护、国际民事诉讼与仲裁、国际冲突与危机管理、国际法院和仲裁组织等
	（2）职业能力模块（不低于 14 学分）：国际规则制定与应用、国际商事经典案例研究、境外投资与收购案例研究、国际商务谈判与冲突解决、国际环境法、国际竞争法（反倾销、反垄断）、国际法律信息检索等
	（3）素质提升课程（讲座）模块（不低于 6 学分）：国际政治、国际经济、国际贸易、国际组织、国际金融、国际新闻、国际体育等

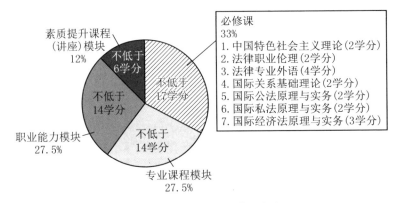

图 3 必修课和强化模块课占比

（3）实践教学与训练内容组成。

涉外法律文书写作（3学分）；

涉外法律检索（2学分）；

涉外模拟法庭、模拟仲裁、模拟调解等（3学分）；

涉外法律谈判（2学分）；

涉外专业实习（9学分）。

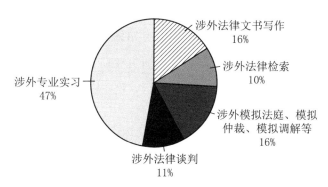

图 4　实践教学与训练总体占比

2. 涉外律师人才专业知识培养的优化

（1）不能忽视中国法基础的稳固。

首先，学好中国法是通过国家统一法律职业资格考试（以下简称"法考"），成为律师的前提条件。"律师"二字属于专属用词，只有通过了法考，并取得律师执业证后，方可以成为律师。那么，涉外律师首先是一名有执业资格的律师，那么需要精通中国法，方能通过法考。实践中，如果学生在毕业时尚未通过法考，那么几乎很难获得头部律师事务所的青睐。

其次，站在中国律师的角度，我们培养涉外律师是为了中国的涉外法治和涉外经济服务，这决定了涉外律师人才的培养不能忽视中国法基础。在实务中，作为中国律师，绝大部分时候，要么是向外国客户提供中国法律服务，要么是为中国客户提供国外或国际法律服务，因此对中国法本身，必须是精通的。

在目前的《涉外律师培养方案》中，对中国法本身的课程内容非常少。从课程标题看，除了中国特色社会主义理论（2学分）可能会少量涉及之外，几乎都是国际法的内容。这可能与整个培养方案，需要突出"涉外"有关，情有可原。但中国法基础的夯实，仍然是需要予以重视并持之以恒的。

此外，根据《涉外律师培养通知》，涉外律师项目既招收法本法硕，又招收非法本法硕。如果说法本法硕，已经有四年法学教育的功底，可以在研究生阶段，向涉外律师专业方向进行精细化发展。那么对非法本法硕而言，本科阶段没有系统学习国内法，研究生阶段又以国际法为主，可能会造成基础不牢，需要格外重视，并进行补足。

（2）突出外语工作能力的培养。

作为从事涉外业务为主的律师，外语（尤其是英语）是工作必备语言。外语能力（书面和口头）将严重影响律师工作专业水平的表现。没有过硬的外语能力，律师的法律知识再扎实，也只能是"茶壶里煮饺子"，无法输出。同时，外语能力也会加强涉外律师直接学习境外原版法律、书籍的能力。

在目前的《涉外律师培养方案》中，大约有45个学分涉及外语教学或应用，占课程总学分的60%。考虑到外语（尤其是英语）对涉外律师工作的重要性，这样的比例还是必须的，也可以适当再增加。

类　　别	课　　　　　程	学　　　分
必修课	法律专业外语、国际关系基础理论、国际公法原理与实务、国际私法原理与实务、国际经济法原理与实务①	4学分（外语课）＋9学分（鼓励外语教学）
强化模块课	专业课程、职业能力、素质提升三个模块	不低于17学分

---

① 《关于实施法律硕士专业学位（涉外律师）研究生培养项目的通知》，教研司［2021］1号，附件3：法律硕士专业学位（涉外律师）研究生指导性培养方案，第5页，国际关系基础理论、国际公法原理与实务、国际私法原理与实务、国际经济法原理与实务鼓励采用全外语或者双语教学。

（续表）

类　　别	课　　程	学　　分
实践教学与训练	涉外法律文书写作、涉外法律检索、涉外模拟法庭、模拟仲裁、模拟调解等、涉外法律谈判	不低于 10 学分
论文写作	中英文双语写作，正文部分中文字数不少于 2 万字，英文单词数不少于 1.5 万	5 学分（部分）
	总　　计	大约 45 学分

结合涉外律师实务经验，笔者对外语能力养成的建议如下：

首先，外语能力是听、说、读、写、译的综合能力培养。涉外律师对外语的应用场景，几乎是全方位的。从突然接到国际客户的电话，到马上以外语口头回复意见。从看懂国际客户的英文邮件，到起草清晰的书面法律文件。从参加涉外会议、谈判，现场为客户充当口译，到根据会议情况，落实法律文件的修改。工作中的各种场景，与外语应用密不可分。目前，在《涉外律师培养方案》中，绝大部分的涉及外语的学分主要针对听、读、写，在说和译两方面还缺少一些基础性锻炼。这样直接进入"实践教学与训练"，马上要同学用外语开讲、开说法律意见，恐怕是不足够的。因此，需要有志于从事涉外律师工作的同学自觉地修炼和加强。从培养方法上看，相比于留学类考试（比如托福、雅思）的培训，笔者会更建议同学学习实践应用类的外语课程，比如国家或上海市的口译课程，能够全方位锻炼听、说、读、写、译的综合能力，课程内容也贴近经贸和中国文化，比较实用。

其次，外语能力的培养必须要贴近实务，既需要明白境外法律实操中的专有名词，也许要讲中国本土法律实操中的惯常用法。换句话说，涉外律师需要明白国际或涉外法律中的法言法语，也需要把中国特有的法言法语以英文方式表达清楚。举个例子，在国际风险投资中，一直有"Valuation Adjustment Clause/Put Options/Call Options"的约定，但这在中国公司法乃至民法典下是没有的。慢慢地，实务中形成了相对一致的称谓"对赌条款"。又如，中国的土地没有买卖，只有出让或者划拨，这在我国是有别于西方制度的一个特殊安排，在英文中一开始没有对应的词汇。实践中，也是渐渐形成了 granting 和 allocating 的称谓，国际法律界也慢慢接受了这种用法。从培养方法上看，如果要贴近实务，一方面，学生可以考虑补充学习类似于法律英语证书全国统一考试等课程，或者去国外法学院学习，充分了解英美法系的内容；另一方面，需要关注一些权威网站对中国法律的翻译，从中了解相对主流的语言用法，包括 Wolters Kluwer（威科先行）、Westlaw China（万律中国）、北大法宝等。

再次，外语能力培养务必注重实用，避免花哨。西方思维中，有一个"奥卡姆剃刀原则"，即如无必要，勿增实体①。这个思想在法律英语中的演进，成为了今天的 Plain English，即通俗易懂的简明英语。大约从 20 世纪 70 年代开始，欧美各主要法学院，在法律写作课中也开始教授简明英语写作②。这无疑对于非英语母语的涉外律师而言，是一个有利的改变。法律文件中，拉丁语和艰涩的长句描述越来越少，取而代之的是平实而直接的表述。那么我们在培养律师过程中，也要把有限的精力集中到最实用的外语工作技能上，不必为了显示与众不同，故意摆弄法律词汇。从培养方法上看，建议选择欧美法学院目前适用的一些主流教材，中国法科研究生也完全可以看懂，并与其保持一致。

（3）适当增加美国法、欧盟法、欧美法律文化的学习内容。

在目前的《涉外律师培养方案》中，几乎所有的课程都是关于国际法，而没有外国法。笔者会建议适当增加主要经济体的本地法，比如美国法、欧盟法，以及欧美法律文化的学习。这对理解国际法律体系的逻辑，以及服务欧美客户（或者与欧美客户作为对方谈判）非常有帮助。

从法律史的角度而言，我们应当承认目前主流法系是英美法系和大陆法系。其中，在第二次世界大战以后，以美国为首的战胜国，在英美法系

---

① 百度百科：《奥卡姆剃刀原理》，https://baike.baidu.com/item 奥卡姆剃刀原理/10900565，2022 年 6 月 26 日访问。

② Richard C. Wydick, *Plain English for Lawyers*, Carolina Academic Press, 2005, pp.3—6.

的基础上，建立了当今的国际秩序，从布雷登森林体系到联合国、世界银行、国际货币组织、世界贸易组织等，深受欧美法律文化的影响。近些年来，中国的经济不断发展，成为世界第二经济大国，导致中美之间的利益关系发生变化，进而产生贸易和经济摩擦。其实这背后除了经济利益之争以外，确实也有法律观念之争的成分。比如，中国严格禁枪，治安良好，但美国枪支泛滥，校园枪击屡有发生。美国之所以没有选择禁枪，这背后是美国宪法的规定，也是美国法律文化中对私有财产保护，对私权制约公权的体现。中美两国差异，均有深刻的历史背景、文化因素。

知己知彼，百战不殆。能够通过外国法，欧美法律文化的学习，明白涉外服务中的客户心态、对手心态，会极大帮助构建起沟通频道，让客户/对方产生亲近感、信赖感，最终提高涉外法律服务的水平。

（二）涉外律师人才的专业素养

掌握专业知识只是涉外律师人才的外观，具备专业素养才是涉外律师人才的内核。具备扎实的专业知识，只是成为涉外律师人才的基本条件。具备优秀的专业素养，才是成为优秀涉外律师人才的进阶途径。

1.《涉外律师培养方案》中的专业素养课程较少

在《涉外律师培养方案》中，从课程名称角度看，针对专业素养培养的课程寥寥，仅包括法律职业伦理（2学分）、素质提升课程（讲座）模块（6学分）。而所谓"素质提升课程（讲座）模块"，其实也是以针对"国际政治、国际经济、国际贸易、国际组织、国际金融、国际新闻、国际体育"为主的知识教育。专业素养方面的培养亟待加强。

2.专业素养课程的框架

结合笔者近二十年从事涉外法律服务的经验，以及在美国法学院学习的经历，笔者认为，涉外律师的专业素养课程，至少可以包括以下几个方面：

（1）专业形象和基本礼仪；

（2）诚实可信和保守秘密；

（3）可预期的稳定发挥（守时稳定、情绪稳定、水准稳定）；

（4）养成遵守专业流程规范的习惯；

（5）努力寻找最佳方案和趋势性方案；

（6）理解商业逻辑和具有成本意识；

（7）与时俱进、终身学习、知行合一。

3.专业素养的具体内容和养成方式

（1）专业形象和基本礼仪。

专业形象有助于提升职业素养，有助于年轻的涉外律师快速进入角色。一方面，专业的形象是对大众预期的一种锚定，当对方看到你的职业形象，可以立即联想到你职业特性，提升信赖感。另一方面，专业人士本身在工作时进行职业穿戴，是对青年涉外律师的一种提醒和勉励：你的行为表现，得配得上专业人士的头衔。医生的白大褂、法官的法袍、警官的警服、律师也有律师袍，都是这个作用。

涉外律师实务中，其实几乎不穿律师袍，比较常见的是职业套装，比如衬衫、西服、领带（领巾）、皮鞋。与此同时，发型、妆面、配饰，也会体现出一个律师的风格和习惯。这些穿衣搭配和个人打理，看似是个人喜好，但对于形成职业素养有潜移默化的作用。怎样穿搭得体是一门学问，是体现专业素养的一个方面。

比穿搭更加重要的是礼仪。诚如《国民经济行业分类》所归类，（涉外）律师本质上是一种商业服务行业，那么职业礼仪必不可少。接待客户，迎来送往。参加会议，招待中外来宾。传统律师业，可能这些都是跟着师傅学，在实践中观察积累。这个效率比较低，也不利于涉外律师人才在职业初期寻找就业机会。既然要专门培养涉外律师，不妨开一门课，提高学生的整体感性素养水平，远离低级趣味。

（2）诚实可信和保守秘密。

诚实可信和保守秘密是一个基础要求，但往往容易被忽视。在《涉外律师培养方案》中，法律职业伦理（2学分）一定会谈到类似要求，律师协会的岗前培养也一定会再三强调。这里不展开赘述。

实务中，比较容易遇到的问题是，为了开发客户，将法律意见选择性陈述，可能有违诚实可信原则，甚至导致律师未能尽到职业责任。或者将为一个客户做过的案例，不当披露给另一个客户，可能有违保密原则。在设计这方面教案的时候，笔者会建议学校借鉴律师协会（包括中国主要发达地区律协，以及国外主要城市地区律师行业协会等类似组织）整理过的经典而鲜活的案例，让学生体会实践中律师面对的诱惑和需要坚守的初心。

（3）可预期的稳定发挥（守时稳定、情绪稳定、水准稳定）。

经济生活的不断发展，使得法律热点层出不穷。就涉外领域而言，从早期的外商直接投资、外资并购、外资私募基金风险投资，到中国对外投资、"一带一路"建设，以及时下大热的外商投资反垄断审查和国家安全审查、跨境数据信息安全、区块链 NFT、ESG 等领域[①]。短期内，总有一些律师做专题的研究和开发。但时间一长，在信息化时代，"世界是平的"，其实没有一门独门秘籍是只有某一两个律师掌握，形成长期优势的。最终，还是几家头部律师事务所之间的竞争。

那么为什么头部"Top"或者说领先"Leading"律师事务所，能够获得市场的青睐？根据笔者的观察和经验，头部律所不是因为（或者仅因为）规模大，更重要的是可以给予客户长期稳定的优质服务，头部律师事务所的绝大部分律师的服务水平是可预期和有保障的。此处谈几个方面。

守时稳定。头部律所对于客户的服务几乎是 24 小时全天候的。客户有要求，项目有需要，无论平日加班到深夜，或者是牺牲节假日时间，在头部律师事务所，都属于日常。每个专业人员，记录自己每天的工作时间，精确到每一分钟。Deadline（交稿日），closing（交割日）是律师们的决战日，是必须完成的"死命令"。

---

① NFT 全称为 Non-Fungible Token，指非同质化代币，是用于表示数字资产（包括 jpg 和视频剪辑形式）的唯一加密货币令牌。ESG 是英文 Environmental（环境）、Social（社会）和 Governance（公司治理）的缩写，是指一种通过将环境、社会与治理因素纳入投资决策与企业经营，从而积极响应可持续发展理念的投资、经营之道。

情绪稳定。在高强度的工作下，专业人员仍然必须保持情绪稳定。不能因为昨天晚上和男朋友或女朋友吵架了，今天工作就没有状态。或者上班路上挤地铁，被大妈阿姨抢了座位，今天面对中年女客户就没有好脸色。情绪稳定，帮助专业人员从理性出发考虑问题，而不是被自己或者是客户的情绪，影响了判断分析能力。

水准稳定。涉外律师实务中，往往遇到的是大规模、跨领域的复杂案件，这需要律师或者说律师事务所的整体水平是稳定的。打个比方来说，这有点像"老中医"和综合三甲医院的例子。"老中医"基于自己数十年经验，可能对某个病症，有所研究。但现代医学，对于复杂病例，一定是在三甲医院请各个科室的专家一同会诊。涉外法律服务中，类似情况时有发生。外国客户不仅要求律师团队有各方面的专家，而且每个方面的专家的水准应该都是领先和稳定的。

如何在涉外律师项目中培养学生有可预期的稳定发挥？其实并非一朝一夕，需要慢慢积累。但起点是让学生有这样的意识，注意在日常上课、师生互动、作业反馈、实训活动等环节中，保持稳定的表现，以作为日后职业水准稳定的基础。

（4）养成遵守专业流程规范的习惯。

如前文所述，专业知识是静态的技能结构搭建，专业素养是动态的应用流程管理；专业知识是工具，专业素养是用法。在涉外律师培养的早期，能够在学习和训练中，养成遵守专业流程规范的习惯，就是在学习怎样把专业法律知识的应用流程做好，把用法做好。

举例而言，涉外并购法律服务，从初步接洽客户，到利益冲突检索，签订法律服务协议，进行尽职调查，起草交易文件，客户内部讨论，修改交易文件，与交易对方谈判沟通，签订文件，申报登记，交割管理，交割后义务落地等。实践中，头部律师事务所已经形成了比较稳定的流程做法。作为涉外律师培养的学生，一开始按照这个流程进行学习和实训，能够帮助学生避免走很多弯路，形成良好的职业习惯。

（5）努力寻找最佳方案和趋势性方案。

具有优秀专业素养的涉外律师人才，面对比较明确的既有问题应当努力寻找最佳解决方案，面对相对模糊的崭新课题应当努力寻找趋势性解决方案。

总体而言，我国的国内法治和涉外法治，还是一个二元体制，在商事领域尤其如此。最早内资企业适用公司法，外资企业适用三资企业法（即中外合资企业法、中外合作企业法、外商独资企业法）。而今，三资企业法废止，外商投资法登场，虽然二元体制的协调性有改善，但二元体制本质没有改变。

还是以上文提到的"对赌条款"的演进来举例。

早期，在"对赌条款"的翻译问题解决后，更重要的是实践落地。"对赌条款"本质是：投资人与创始人/被投公司之间对于公司估值的调整机制。这个逻辑在经济学上可以理解，但在我国公司法的资本维持原则下，就无法实施。此时，如果涉外律师告诉外国客户，"对赌条款"没法写到交易文件，写了也可能被认为是抽逃注册资本或者违反风险共担原则而无效。那么这话并没有错，但专业表现上却不足够。面对相对模糊的崭新课题，涉外律师应当根据自己的经验和对法理的理解，努力寻找趋势性解决方案。于是，好的涉外律师会这样做：一是充分告知外国客户法律上的风险和不确定性；二是如果和被投资公司之间的对赌有问题，那么可以和主要创始股东个人进行对赌；三是与此同时，保持公司法下减资等类似操作可能。这就是在当时现行法律的框架下，寻找趋势性的解决方案。

近几年来，随着"海富案"、"贸仲仲裁案"、《九民纪要》"区隔轮"等实践案例的积累，"对赌条款"的处理也经历了无效、有效、与目标公司的对赌协议无效、与目标公司的对赌协议有效，但是否实际履行取决于履行行为是否符合公司法强制性规范的变化[1]。那么，如果现在，优秀的涉外律师再来处理对赌条款，就是应该在这些案例的基础上，结合交易的实际情况，给出最佳解决方案。

---

[1] 赵旭东：《第三种投资：对赌协议的立法回应与制度创新》，载《东方法学》2022 年第 4 期。

（6）理解商业逻辑和具有成本意识。

在目前的实务中，绝大部分的涉外法律服务，集中在商事领域。理解商业逻辑，是体现法律意见合理和可执行的依据。在真实的商业环境中，投资人或者企业家，衡量法律风险最终大都量化为成本，这个成本是否能够通过一些方法避免或减轻，而后项目是否继续盈利，是商业交易进行的基本逻辑。举个例子，反垄断问题中，早期互联网平台实施垄断行为会被罚款 500 万元，看似金额不小，但是和垄断达成后数以亿元计的盈利相比，九牛一毛。那么，互联网平台的管理者就会承担法律风险，把项目往前推。如今，新修改的反垄断法，开始实行企业和管理层个人的双罚制以及根据销售额比例进行罚款，平台反垄断现象，就明显得以好转。

对于涉外律师而言，还要理解外国客户对一些观念的喜好，可能会加重法律合规的权重，比如外国客户会特别关注环保责任、强迫劳动问题等。那么即使在我国法律要求相对宽松的情况下，涉外律师需要根据外国客户的企业标准，对目标公司进行尽职调查，揭示潜在风险。

（7）与时俱进、终身学习、知行合一。

身处于涉外法治的大势之下，青年涉外律师应该说是非常幸运的。但面临"百年未有之大变局"，青年涉外律师所面临的挑战可能也是空前的。其实涉外律师项目三年，只能够帮助同学们打一个基础、打一个框架。要成为合格的乃至优秀的涉外律师，与时俱进、终身学习、知行合一，是必由之路。

上述几个词本身，不言自明。篇幅所限，不一一展开。但如何在涉外律师项目的三年学习过程中，让同学树立好这个观念，在走出校园、走上工作岗位之后，仍然能够遵照执行，却是一个课题。一方面，校内导师、校外导师们自己，应该做好示范，成为与时俱进、终身学习、知行合一的榜样。另一方面，帮助同学们养成良好的学习工作习惯，比如定期在学校内举行新法规、新案例研讨，思辨涉外法律服务中的前沿问题，制定长期学习计划，分享自学体验等，均是可以尝试的方式。

从涉外律师核心胜任力看涉外法治人才的培养标准

■ 逄丽丽[①]

【摘要】涉外法治人才的培养和教育，需要回应实务界特别是律师界对涉外法律人才的标准以及期望。认识涉外法律实务界的现状、界定涉外律师所需具备的核心胜任力（key competencies），有助于法学教育界、实务界对涉外法制人才的培养目标形成共识。实务界的预期与法学教育现状存在差距（gap），是各国法学教育界面临的共性问题。美国律师协会在法学教育中作用重大，其通过界定律师执业所需的核心胜任力来为法学院的教育提供校对标准。借鉴这些做法，笔者提出了涉外商事律师的核心胜任力，以此得出中国的法学院应着力于培养学生掌握从事涉外法律服务所需的实体法律知识、法律分析、写作、外语水平等基本技能的结论。在具体建议方面，笔者认为法学院可考虑通过论坛、调研等方式积极聆听实务界对法律人才的标准以及期待，并根据该等标准设计课程。

【关键词】涉外律师 核心胜任力 涉外法治人才

[①] 逄丽丽，上海市锦天城律师事务所合伙人，上海市仲裁委员会仲裁员，华东政法大学研究生校外导师。

2016 年 9 月 27 日，习近平总书记在中央政治局第三十五次集体学习时指出，"参与全球治理需要一大批熟悉党和国家方针政策、了解我国国情、具有全球视野、熟练运用外语、通晓国际规则、精通国际谈判的专业人才"。合格的涉外法治人才是我国参与全球治理的必备要件，培养涉外法治人才是实现国家的战略目标的必然要求。涉外法治人才的培养是持续的、长期的、系统性的工程，法学教育是这项系统性工程的起点和基础，期待法学学生一毕业就具备国际视野、通晓国际规则、精通国际谈判的能力是不现实的。法学院应着眼于为学生最终能够习得这些知识、技能打基础、打地基，不应盲目搞看起来高大上的"国际化"形式教学。法学基本功不扎实的学生，即便有国外读书经历、模拟法庭竞赛名次，往往缺乏发展后劲，就业之后反而成长速度不快，难以最终成长为具备"全球视野、通晓国际规则、精通国际谈判"的高端涉外法治人才。

作为从事涉外法律服务的专职律师，笔者拟从涉外律师核心胜任力的视角探讨涉外法治人才的培养标准和目标，以期能够为业内提供一定的参考价值。

一、 律师视角为何重要

法学教育是以培养高素质法律职业人才为目标还是以培养高水平的学术研究人才为目标，是以职业教育为主还是以通识教育为主，是以实务为主还是以理论为主？我国法学教育界对法学教育的目标存有争论。如王利明教授认为，法学教育的使命是培养合格的法律人才，"只有清楚地认识到社会需要什么样的法律人，法学教育才有明确的目标和方向"[①]；也有学者认为，"中国的法学教育——尤其是走向国际化的精英法学教育——更应注重服务于国家战略。"[②] 法学教育界虽然没法就法学教育是否以职业教

---

① 王利明：《法律教育的使命》，载《中国法学教育研究》2017 年第 1 辑。

② 杜焕芳：《涉外法治专业人才培养的顶层涉及及实现路径》，载《中国大学教学》2020 年第 6 期。

育为主形成定论，但应该看到，无论何种观点，都不否认法学教育应具备为实务界培养、输送后备军的功能。这就意味着法学教育需要聆听并回应实务界特别是律师界对法学毕业生的期待。

法学教育的现状与律师实务界的需求存在差距（gap），是各国都面临的共同问题。美国有教授曾就法学院的教育能否满足律师对毕业生的要求做了问卷调查。结果显示，没有受访者认为，法学院对学生执业能力的培养达成了"非常好"（very well）的级别，仅有 7.4％的受访者认为法学院的培养工作达到"好"（well）的级别；就交易律师业务而言，没有受访者认为法学院对学生从事交易法律服务的培养达到了"非常好"（very well）的级别，仅有 1.5％的受访者认为法学院的培养工作属于"好"的（well）级别。[①]

我国法律界同样面临这样的问题。很多律师认为，法学毕业生没能掌握从事法律工作的必要知识、技能。这种差距导致就业市场和招聘市场出现了两难的情况：一方面，大量的法学院的学生面临就业难的问题；另一方面，很多律所又招聘不到适合的人才。以笔者所在团队为例，自2019 年以来，我们团队先后招聘了 5 名毕业生，在入职工作一段时间之后被合伙人、资深律师认定为法律基本功不扎实，缺乏发现问题、分析问题以及解决问题的基本能力，职业发展的后劲不足。这几名学生的基本情况如下：

案例	国内本科院校、专业及毕业时间	境外院校（LLM）	问　　题
A	某政法大学、国际经济法方向（2018 年毕业）	香港知名大学	法律基本功不扎实，缺乏法律意识，法律英语不够熟练
B	某政法大学、涉外商法方向（2017 年毕业）	英国知名大学	法律基本功不扎实，法律英语不够熟练

[①] Circo，Carl J.，Teaching Transactional Skills in Partnership with the Bar（November 17，2011），page 22. Available at SSRN：https://ssrn.com/abstract＝1975349 or https://dx.doi.org/10.2139/ssrn.1975349.

案例	国内本科院校、专业及毕业时间	境外院校（LLM）	问　　题
C	某政法大学（2017 年毕业）	美国 Top 10 法学院	法律基本不扎实，缺乏深入分析法律问题、找出解决方案的能力，法律英语不够熟练
D	某 A＋法学院（2017 年毕业）	美国 Top 20 法学院	法律基本功不够扎实，不具备快速学习的能力，不能承受交易类法律服务的高强度工作
E	某政法大学（2018 年毕业）	美国 Top 20 法学院	法律基本功不够扎实，缺乏深入分析法律问题，缺乏识别法律风险的能力

　　上面几位同学本科院校属于传统的"五院四系"[①]，就读的境外法学院更是国际知名法学院，可以说明他们本身足够优秀，有足够的智商掌握法律执业的必备知识和技能，却都出现了法律基本功底不扎实问题。笔者曾问过 D 同学，A＋法学院在教什么？这个学校的毕业生怎么会缺乏分析法律问题的基本逻辑？她回答说大学时教授多讲理论性的观点，倾向于抨击、批判现有制度、社会问题，她上课时听得很激动、有认同感，但缺少法律推理、法律分析能力的训练。笔者团队的这些例子，样本虽然不全，不具备统计学上的意义，但从某种程度上也反映出目前法学院的教育与实务界的需求有一定程度的脱节。

　　那么，涉外律师对法学院毕业生的期待或者录用标准是什么？笔者认为，毕业生应具备基本的法律知识储备、法律推理分析能力、扎实的写作能力、法律检索能力、熟练使用英语等为客户提供涉外法律服务所需的基本技能。这些期待、录用标准并非主观臆断，而是源于涉外法律服务对涉外律师的执业要求。

―――――――――――

　　[①] "五院四系"为我国五所政法院校以及四所大学的法律系的简称。其中"五院"现指：中国政法大学、西南政法大学、西北政法大学、中南财经政法大学、华东政法大学；"四系"现指：北京大学法学院、中国人民大学法学院、武汉大学法学院以及吉林大学法学院。

二、　涉外律师从事的业务

　　涉外律师的业务取决于市场需求。有需求就有市场，没有需求就没有市场。律师法律服务以有效的需求为前提条件。我们经常看到报道说中国缺乏某个方面的律师人才，所以法学院要加强这方面人才的培养、提供该方面实体法的教育。其实，如果某一领域没有很多律师提供法律服务，往往说明该领域没有产生有效的需求，暂时形不成了市场，律师自然不会投入时间、资源研究并开拓该块业务。举例而言，近几年中国跨境电商崛起，有研究显示，亚马逊美国 65％ 的新卖家为中国卖家，亚马逊美国 30％—40％ 的销售额源自中国卖家[①]，预估中国跨境电商对美出口已经达到近千亿美元的规模。跨境电商在美经常因为仿冒、侵犯商标权被诉，导致其电商平台的账户被封、资金被冻结或划扣。但跨境电商被起诉之后大多不会应诉，而是选择换一家出口主体、新开一个账号，不愿意花钱聘请律师。从律师角度看，这块业务就不存在有效的市场需求，并不值得投入精力掌握相关法律知识、技能，花费精力开拓市场。

　　市场需求会随着市场经济活动的发展而不断变化，法律业务也会随之变化。2010 年之前，中国吸引外商直接投资最为活跃，涉外法律业务中外商直接投资占比很大。2010 年之后，以上市公司为代表的中国企业开始走出去，收购优质的外国标的公司，跨境并购业务随之热起来。2016 年底，中国政府加强境外投资的管制，限制房地产、酒庄、影院等领域的对外投资，叠加美国等西方国家加强对中国投资的安全审查等因素，导致近几年跨境并购数量已经大为减少。再如，当前生物医药领域属于超热赛道，吸引了大量的投资，企业有充裕的资金购买国外的技术，发生了大量生物医药技术引进交易（licensing-in），慢慢出现了为这类交易提供法律服务的律

---

　　①　转引自 Jeff Ferry，Trade Deficit is Worse than Thought，https://prosperousamerica.org/the-trade-deficit-is-worse-than-we-thought-de-minimis-hides-128-billion-of-u-s-imports/。

师群体。行业热点不断轮替、市场需求就会不断变化，今天的热门领域可能明天会消失，比如 P2P 行业、教育培训行业。这要求律师包括涉外律师要具备持续学习、转变业务领域的能力，根据市场的需求调整自己的业务，而不能吊在一棵树上。

目前常见的涉外法律业务有外商直接投资（FDI）、境内企业对外投资（ODI）、跨境并购、私募股权投资、境外 IPO、知识产权以及技术引进、出口合规与管制、反垄断及政府监管、海事海商以及涉外争议解决等领域。目前，在涉外法律服务市场处于领先地位的律师事务所多不再以是否"涉外"来宣传自己，而更多从实体法类型或者行业经验角度介绍自己专长[①]。究其原因，改革开放四十多年来，涉外能力被默认为是头部律师事务所的基本业务能力，"涉外"已经不是律师业务的"卖点"和"亮点"，需要细分实体法领域或者行业经验来向客户推广自己。

目前，市场上的涉外法律业务的共同点有：（1）公司客户多、个人客户少；（2）服务于跨境经济活动；（3）多数适用中国法，涉及外国法律的，也是适用外国的国内法，很少涉及国际条约、国际组织法、国际公法的内容。

三、 涉外律师需要具备的胜任力（competence）

Competence 这一概念因美国著名心理学家大卫·麦克利兰（David Mc-Clelland）的开创性论文《测试胜任力而非智力》（*Testing for Competence Rather Than for Intelligence*）而得以推广[②]。很多学者认为，competence 指高效完成工作所需的知识、技能、价值观、行为习惯以及态度的综合要求。我国不同领域对 competence 有着不同的翻译：在教育领域，competence 多被

---

① 参见：上海方达律师事务所官网，https://www.fangdalaw.com/?lang＝zh-hans；君合律师事务所官网，http://www.junhe.com/practices。

② 参见维基百科 Competencies 词条，https://en.wikipedia.org/wiki/Competence_(human_resources)。

翻译成"素养"①，如 2014 年教育部《关于全面深化课程改革落实立德树人根本任务的意见》提出，"教育部将组织研究提出各学段学生发展核心素养体系，明确学生应具备的适应终身发展和社会发展需要的必备品格和关键能力"；2016 年，《中国学生发展核心素养》发布②，明确指出学生发展核心素养指学生应具备的，能够适应终身发展和社会发展需要的必备品格和关键能力，是关于学生知识、技能、情感、态度、价值观等多方面要求的综合表现。在人力资源管理领域，competence 多被翻译成"胜任力"③。很多企业建立了胜任力模型（competence model），来确定人才标准以及人才管理制度。例如华为就在国外咨询机构的帮助下建立了胜任力模型，被任正非认为是华为三大法宝之一。教育界与人力资源管理领域对 competence 一词的不同翻译反映了我国教育界与实务界存在普遍脱节、割裂，缺少对话、合作。

美国的经验值得我们学习。1973 年大卫-麦克利兰的 *Testing for Competence Rather Than for Intelligence* 发表之后，美国律师界很快接受了这一概念。美国律师协会早在 1979 年就发布了"律师胜任力特别工作组报告和建议：法学院的角色（Report and Recommendation of the Task Force on Lawyer Competency：the Role of the Law Schools）"④，界定了执业律师所需的胜任力，就法学院如何培养学生掌握将来执业所需的胜任力提出了建议。1992 年，美国律师协会发布了"美国律协法学院与职业特别工作组报告：缩小差距（The Report of the ABA Task Force on Law Schools and the Profession：Narrowing the Gap）"⑤，即著名的 McCrate

---

① 参见崔允漷：《素养：一个让人欢喜让人忧虑的概念》，载《华东师范大学学报（教育科学版）》第 2016 年第 1 期。

② 见 http://www.scio.gov.cn/zhzc/8/4/Document/1491185/1491185.htm。

③ 参见徐峰：《人力资源绩效管理体系构建：胜任力模型视角》，载《人力资源》2012 年第 1 期。

④ 见 https://thepractice.law.harvard.edu/assets/Lawyer-Competency-The-Role-of-the-Law-Schools.pdf。

⑤ 见 https://www.americanbar.org/content/dam/aba/administrative/professional_responsibility/report_and_recommendations_of_aba_task_force.authcheckdam.pdf。

报告，进一步界定了执业律师所需具备的知识、技能和行为特征，指出了法学院教育与律师需求的差距所在，极大地影响了美国法学院的学科改革。2017 年美国律师协会发布了针对商业律师全体的《界定商事律师核心胜任力》（*Defining Key Competencies for Business Lawyers*）报告，界定了商事交易律师应具备的核心胜任力[①]，以为法学院教学指标提供参考。

虽然我国的法律制度、法律环境与美国存在很大的不同，但商事律师所应具备的核心胜任力有相通之处。他山之石，可以攻玉。美国律师协会的《界定商事律师核心胜任力》有不少可供我们借鉴的地方。《界定商事律师核心胜任力》报告将商事律师的核心胜任力分为三类：（1）商事律师的专业技能；（2）商事律师的基本职业价值观；（3）商事律师的行为能力。其中，商事律师的专业技能包括解决问题技能、法律分析和批判性思维技能、应用法律资源以及法律研究技能、事实调查技能、沟通技能、提供咨询技能、谈判技能、争议解决技能、组织和管理法律工作技能以及认识、解决道德困境技能。商事律师的基本执业价值观包括为客户提供充分代理，致力于促进公正、公平和道德，致力于专业发展。商事律师的行为胜任力包括以客户为中心，致力于为交易提供增值服务、促进交易、自我驱动、勤勉尽责注重细节、准确的自我认知、自我定位、掌握良好的判断力、常识、积极乐观、业务开发、营销以及留住客户、自我关爱以及人际交往能力。

参考美国律师协会的《界定商事律师核心胜任力》报告，并结合中国法律服务现状和环境，笔者认为，涉外商事律师的核心胜任力应包括：

知识方面：

1. 通晓中国法律。客户的商业活动涉及各种类型的法律，这要求商事律师掌握大量的实体法律知识，通晓民法典、公司法、证券法、破产法、知识产权法，税法以及相关司法解释；通晓有关监管规定、窗口指导意见

---

① Wagner, Barbara, Defining Key Competencies for Business Lawyers（January 1，2017）. 72 Business Lawyer 101（2016—2017），https://www.americanbar.org/digital-asset-abstract.html/content/dam/aba/publications/business_lawyer/2017/72_1/report-key-competencies-201701.pdf.

等。商事律师当然不需要熟记法条，但是要有足够的法律知识储备来判断客户问题涉及哪些法律、需要从哪些方面进行研究，是否需要介入专门从事某方面法律的律师。

2. 熟悉跨境交易中的惯常操作/市场惯例、了解主要国家的重要法律制度。以跨境并购业务为例，商事律师要熟悉交易流程、常见的制度安排、常见的条款安排、各个条款各方的常见立场以及最终妥协方案等。另外，某些交易类型（如私募股权投资）始于美国，受美国法律影响很大，商事律师需要对美国的一些主要法律制度有所了解，以更好地理解市场惯例背后的原因。

3. 掌握基本财务、会计、融资知识。笔者认为，不懂会计难以成为称职的商事律师。掌握基本的财务会计知识，有助于理解客户的意图、准确地起草协议以及防范执业风险①。

4. 掌握行业知识、了解社会主要经济形势。称职的商事律师需要有商业意识（business acumen），而商业意识离不开社会经济知识、行业信息的积累。很多成功的商事律师会将主要财经媒体如《华尔街日报》《财经》杂志作为每日必读内容。

职业技能方面：

1. 法律思维能力，即法律推理、法律分析以及解决问题的能力。这是各领域律师必备的基础技能。

2. 有效口头以及书面沟通能力。有效的沟通要求首先要认真聆听。客户的表述可能缺乏逻辑性、也可能有意隐藏真实情况、掩盖真正的意图，商事律师需要具备从没有逻辑性的陈述中抓取有效信息的能力，具备听出客户或者客户对手方"言外之意"的能力，才能真正地了解案件、项目事实、了解客户、客户对手方的真正意图。

有效的沟通要用沟通对象习惯的方式、语言表达。不同类型的客户接

---

① 参见逄丽丽：《不懂会计难以成为称职的跨境并购律师》，上海律协公众号，2019年11月15日。

受法律意见等习惯、方式不同。如果客户也是法律专业人士，可以使用法言法语，提高沟通的准确度以及效率，如果客户没有法律背景，则尽可能要以容易理解的日常语言表述法律内容。

不少客户习惯微信沟通工作内容，造成每个律师都有无数的微信工作群。微信群方便阅读、传递及时，但是不容易留痕，且微信群的沟通是断断续续的，会影响律师的注意力。经验丰富的商业律师会主动管理沟通方式，引导客户使用邮件沟通。

3. 谈判能力。协助客户谈判是商事律师的常规工作，包括为谈判做准备、参与谈判以及向客户解释协议条款。需要注意的是，商事谈判不同于诉讼，目标不是我赢你输而应该是双赢，谈判过程中要理性、专业、尊重对方，寻找能够解决双方关切的方案。

4. 法律检索能力。太阳底下无新鲜事。商事律师执业过程中遇到大部分问题前人已经到遇到过、提出了解决方案，借力前人经验可以提高律师提供服务的效率。

5. 快速学习能力。律师是一个需要终身学习的职业。对于商事律师而言，经常需要进入一个新的行业或者业务领域，这需要律师不仅具备学习能力，还需要具备限定时间内快速学习的能力。

6. 精通外语。

行为方面：

1. 以客户为中心。例如及时回复客户邮件、按照客户的需求而非自己的偏好提供法律服务。

2. 能为客户提供增值服务。客户对成熟商业律师的期待往往不限于法律意见，有时候希望律师提供行业惯例、商业意见。适当为客户提供法律之外的建议是律师综合能力的体现，也有利于增加客户对律师的信任以及黏性。

3. 促进交易思路。商事律师一方面协助客户坚持原则、守住底线；另一方面，必要时能告知哪些方面可以妥协，为客户提供建议以促成交易。

4.避免低级错误、勤勉尽责、注重细节。客户有时候无法识别律师的专业水平，但是客户可以识别错别字，并通过错别字判断律师专业水平，要避免错别字等低级错误。另外，商业律师应该勤勉尽责，包括专业着装、开会不迟到、为会议做好准备、尊重他人等基本要求。

5.关爱自我，有良好的身体素质以及抗压能力。很多涉外项目如跨境并购，时间紧、要求高、且有时差，律师需要有健康的身体应对高强度的工作，也需要具备足够的抗压能力。

四、 法学生应具备基本胜任力

涉外商事律师所应具备的核心胜任力，有些主要通过法学院的学习教育习得，有些可以通过法学院以外的其他渠道学习（如财务会计知识），有些只能在实务工作中逐渐习得。法学院资源有限、学生的时间也有限，指望法学院教授所有的法学知识、培养所有的执业技能是不切实际的。从商事律师的角度，法学院毕业生应当具备的基本胜任力为：

1.比较扎实的实体法知识储备。笔者发现很多涉外专业方向的毕业生对中国实体法的知识储备不够，尤其在公司法、证券法、破产法等领域存在知识盲区。

2.掌握法律推理、法律分析的能力，能够适用法律解决实际的问题。

3.写作能力。能够用中英文起草各种法律文件，包括诉讼文件、法律备忘录、简单协议、尽职调查报告等。

4.法律研究、检索能力。掌握进行法律研究、法律检索的技巧、方法，能够快速定位客户问题所涉及法律、司法解释、部门规章等。

5.熟练使用英语的能力。

五、 建议

就法学院的涉外法治人才的培养，笔者认为：

涉外法治人才培养机制的反思与创新

（一）法学院应客观定位其在培养涉外法治人才系统工程中的地位和角色。

涉外法治人才的培养是持续性、长期性、系统性的工程。法学院的资源、学生的年龄阶段以及人生经历、有限的学习时间决定了涉外法治人才的某些技能，比如"具备全球视野"、"精通国际规则"，无法通过法学教育习得而只能在工作中慢慢掌握。如果法学院将这些胜任力作为学生培养目标，不仅效果不好，更会导致资源错配、挤占学生有限的学习时间。

当然，法学院可以参与到专职律师的继续教育中，向有需求的专业律师提供国际规则、国际商事谈判、跨境并购、特定国际条约等高级课程的短期培训。

（二）法学院应积极聆听实务界对人才的需求标准以及期望值，细化涉外法律人才的培养指标。

教育界与实务界应加强沟通合作。法学院应积极地与律师事务所、法院、检察院等实务部门合作，通过论坛、调研等方式深入了解实务界对人才的需求标准以及期望值，以此来细化涉外法律人才的培养指标和教育目标。并且，这些培养指标应定期更新。

（三）课程设置要对标涉外法律人才的培养指标。

涉外法律人才首先需要掌握通晓中国的实体法律，要加强民法总则、合同法、公司法、刑事法等基础法律的学习。实务中，涉外法律业务较少涉及国际公法、国际私法、国际组织法、国际条约的内容。很多国际条约，比如《纽约公约》可以在很短的时间内就掌握其内容，没有必要设置成单独的课程。再如，从实用性角度看，证券法的学习显然比国际私法的学习来得有用。

（四）加强写作能力的培养。

建议将写作能力的培养贯穿整个法律学习阶段。可考虑设置法律写作初级课程、高级课程。另外，各实体法的教学也应该涵盖写作能力的培养。

（五）加强英语能力的培养。

涉外语言能力在精不在多。涉外业务中，不管涉及哪个国家，英语足以应对大部分涉外法律工作，第二法律外语必要性不大。学生的时间是有限的，相对于开设第二法律外语课程，更建议法学院提高学生法律英语水平。并且法律英语的学习应该贯穿整个学习过程，而不应该仅局限于某个学期。

（六）考虑提供财务会计等商业课程、Word/Excel 软件高级技能的培训。

法学院如果能够教授财务会计等商业课程，会让学生获得很大的竞争优势。另外，毕业生若熟练 Word、Excel 软件的高级功能，将很大程度上提升工作效率。类似课程不需要法学院投入很大的资源，却能明显提升学生执业技能，投入产出比高。

（七）通过多种方式吸引律师等实务界人士参与到法学教学活动。

很多法学院都在通过邀请律师授课、设置校外导师等项目吸引实务界人士参与法学教学活动。笔者的建议是，可以考虑请实务界人士参与现有课程的教学过程中。比如，在法律写作课上，请律师从实务角度点评学生的作业是否满足实务要求，让学生直观感受实务要求。

理解涉外法律事务背后的跨境金融

■ 薛 键①

【摘要】 涉外法律事务及专业研究并非独立存在，与跨境金融有着密不可分的关系，而法律专业人员往往缺乏对于金融尤其是跨境金融的系统性了解和掌握。本文通过对于跨境金融的全面解析，将跨境金融分解为跨境结算、跨境融资和跨境投资三大方面，并辅以对跨境金融币种、账户及地域等的解释，为涉外法律教学及研究和实务人员提供了有益的参考，指出涉外法律专业应加强对于跨境金融的理解和掌握。

【关键词】 跨境金融　跨境结算　跨境融资　跨境投资

涉外法律事务从来都不是独立存在的，它与国际合作、国际贸易、跨境投融资、海商海事等社会及经济事项密切相关，而与涉外法律事务涉及面交集最广、利益关联度最大的，应是各类涉外法律事务的背后所关联的跨境金融业务。

金融是一个社会的财资基础，是经济运行的血脉；跨境金融则是我国涉外各项事务背后的境内外货币结算、资金融通以及利益实现的手段。涉

---

① 薛键，南洋商业银行（中国）有限公司贸易金融部总经理，华东政法大学国际法学院校外导师。

外法律事务与跨境金融密切相关，一方面，跨境金融的诸多业务本身就是涉外法律的专业服务对象，如跨境融资、跨境投资等；另一方面，涉外法律事务各专业领域必定又与跨境金融相关，如国际间能源与基础设施合作、跨国犯罪与追逃追赃等，最后的资金汇划及款项止付、收益结算等，又落脚在跨境金融上面。因此，涉外法律专业相关的学生如能加深对于跨境金融的理解和掌握，将能为其涉外法律专业领域提供更好的知识拓展，带来更具有前瞻性的视角和更具操作性的实务能力。

以涉外律师专业领域[①]为例子，其业务包括如下九个分类：国际经济合作、国际贸易、跨境投资、金融与资本市场、能源与基础设施、海商海事、跨国犯罪与追逃追赃、知识产权及信息安全、民商事诉讼与仲裁。其具体专业领域又细分为：

1.国际经济合作。包括国际经济对话，国际组织谈判，双边或多边经贸协定，政府投资协定谈判等。

2.国际贸易。包括 WTO 争端解决，反垄断、反倾销、反补贴及保障措施，美国 337 调查、301 调查，国际货物买卖，跨境电子商务，海关事务等。

3.跨境投资。包括境外绿地投资，跨境股权并购，跨境资产交易，境外设立法人或分支机构，反商业贿赂、反腐败等。

4.金融与资本市场。包括跨境贷款，境外发债，国际融资，互联网金融，境外上市，涉外基金、信托等。

5.能源与基础设施。包括境外基础设施投资与建设，国际能源勘探与开发等。

6.海商海事。包括船舶，航运，海损，海洋养殖，海事特别程序等。

7.跨国犯罪与追逃追赃。包括跨国毒品、洗钱、腐败、恐怖主义等犯罪，追逃追赃，国际刑事司法协助等。

8.知识产权及信息安全。包括涉外专利、商标、著作权、商业秘密保

---

① 《司法部办公厅关于建立涉外律师人才库的通知》，司办通〔2018〕59 号。

护，涉外知识产权交易，国际网络信息安全，涉外知识产权争议等。

9.民商事诉讼与仲裁。包括涉外民商事诉讼、仲裁及相关执行，替代性争议解决等。

在上述九大类涉外律师专业领域中，第四类为金融与资本市场，与贷款、发债、IPO以及涉外基金信托等直接相关，不过除第四类之外的其他涉外律师专业领域，其实也大多和跨境金融有着密不可分的关系。

与跨境金融关系最密切的是国际贸易、跨境投资两项。国际贸易为跨境的货物及服务贸易，一般涉及物流和资金流等，贸易本身是有形或无形商品的买卖，对应着商品的流动，贸易的另一半就是资金的流动，而资金的流动就是金融服务，所以国际贸易和跨境金融相伴相生。跨境投资也一样，跨境的投资必然伴随着资本的跨境流动，无论是绿地投资，还是兼并收购，抑或是跨境资产交易，乃至相关的反商业贿赂等，背后均以跨境金融作为业务基础和实现条件。

此外，涉外领域中的国际经济合作，在双边或多边经贸协定中及政府投资协定等事项上，都与国际金融有千丝万缕的关系；而在国际业务相关的能源与基础设施、海上海事等方面，大型的能源项目和基础设施项目，几乎不可能不伴随着大型项目贷款、出口买方信贷，以及工程、采购和建设（EPC，Engineering Procurement Construction）工程总承包相关融资等。在海商海事等领域，业务中也常和跨境结算中的国际信用证、托收以及汇款等有所相关。而跨国犯罪及追赃、涉外民商事诉讼及仲裁和知识产权等领域，因涉及跨境的钱款，也必定和跨境金融多有交集。

因此，在以涉外律师为代表的涉外法律专业领域中，跨境金融几乎是一项绕不过去的涉外法律事务组成部分。当涉及程度较深时，涉外法律业务将直接与跨境资金收付、跨境投融资等相关；即使涉及程度有限时，涉外法律事务也常常关联着资金的跨境结算清收等。

正是由于涉外法律事务与跨境金融有着如此紧密的关系，因而在涉外法治人才的培养当中，需要加强对国际金融专业知识的重视，提高涉外法治人员对跨境金融的品种类别了解、细节掌握以及趋势把控，这样，能为涉外法治人才更好地从事各项涉外法律实务提供更宏观的跨学科视角和更微观的把控能力；对于涉外法治人才本身的发展来说，如能加强跨学科的法律加金融的综合专业能力，也有助于建立更强的竞争优势，有利于职业生涯的提升。

一、 跨境金融概述与组成

跨境金融指我国企业在经营活动中所发生的涉及境内外主体之间的结算、投融资及担保等金融活动。跨境金融连接了国内和境外的金融业务，是境内外金融活动的组合，满足了全球化背景下经营主体跨越国境发生的各项资金结算及投融资活动。跨境金融的业务主体包括实体经济中的各类企业，以及为企业提供金融服务的银行、保险、证券、基金和信托等金融企业。

按照跨境金融业务在资产负债表中的不同分类，跨境金融可大致分为跨境结算、跨境融资、跨境投资以及跨境担保四类。跨境结算即在国际贸易等交易背景下发生的跨境支付清算；跨境融资则是境内外企业由于生产经营以及资本安排等需要，跨境发生的融资业务；跨境投资则包括我国企业向海外的投资（ODI）以及外商对我国的直接投资（FDI）；跨境担保则是为上述跨境投融资等业务提供的担保。

在跨境金融的四个种类里面，可将跨境结算看成是经常项目，其主要和国际贸易相关，包括货物贸易及服务贸易；而跨境投融资则可视为资本项目。另外，前三项总体也可视为表内业务，这三类业务的发生将直接引起银行或企业资产负债表的变动，而跨境担保则可被视为表外业务，原因是跨境提供担保本身并不立即导致资产负债表的变动，跨境担保发生时仅为一种或有业务，所以被记录在表外。

二、 跨境结算

跨境结算是买卖双方通过商业银行系统，完成国际间交易相关的资金支付及清收。由于国际间交易为跨境发生，因而相伴发生的结算亦为跨境结算。跨境结算有所谓三大方式，即汇款、托收和信用证，长期以来，跨境交易背后的资金结算大多通过这三种传统方式进行，由于几乎一切金融活动均与资金的交割密切相关，因而跨境资金结算可被看作是跨境金融的基础。

在跨境结算的这三种方式中，信用证业务涉及最多银行专业技术，对于参与各方的要求最高，托收次之，而汇款则最为简单。但如按照在跨境结算中的使用量来看，三种结算方式中汇款用途最为广泛，信用证占较少，而托收的使用量更少。

（一）信用证

作为一种在国际贸易中加入了商业银行信用的结算方式，信用证指一项不可撤销的安排，无论其名称或描述如何，该项安排构成开证行对相符交单予以交付的确定承诺。此种结算方式下，国际贸易中的结算主体除了买卖双方之外，还有开证行，以及交单行或议付行。信用证结算方式的基本逻辑为卖方收到买方银行开立的信用证并发货及提供相符交单后，买方必须按约定付款，这在很大程度上保证了国际贸易中卖家的利益，因此，信用证业务长期以来成为国际贸易中的一项主流跨境结算方式。

信用证作为一项在全球银行间通行的结算方式，形成了国际通行的行业惯例，即国际商会发布的《跟单信用证统一惯例》（UCP600，Uniform Rules for Documentary Credits，UCP600）。该惯例对信用证的开立、修改，各当事人的关系与责任，单据的审核标准、不符点的处理，银行免责条款等进行了规定，UCP 也是逐步更新而来的。目前，最新版本的《跟单信用证统一惯例》UCP600，是 2007 年修订的版本。

（二）托收

托收是出口商发货后，将代表货权的单据委托进口商当地的银行进行收款后放单的结算方式。托收是另一类银行参与，由银行为国际贸易双方提供一定信用保证的结算方法，原来在国际贸易中的参与主体仅有买卖双方，托收则增加了托收行与代收行，因而更能保障出口商的收款安全，同时托收的手续较信用证更为简单。

按照对卖方收取单据时的不同要求，托收可分为两种方式，一是付款交单（D/P），二是承兑交单（D/A），即 Documents Against Acceptance（D/A）和 Documents Against Payment（D/P）。在这两种交单方式中，D/P 更为安全，代收行在收取货款以后，再将单据释放给进口商；而 D/A 方式依靠的主要是进口商的承兑，也就是商业信用，这和汇款的货到付款区别就不大了。

托收也有国际惯例，即《托收统一规则》（The Uniform Rules for Collection）。目前，最新的版本是 ICC Publication No.522，即 URC522。不过即使在统一规则下，由于不同国家的银行对于托收业务的掌握仍有所区别与偏差，因此在实务中，还需注意由此产生的风险。

（三）汇款

汇款是国际结算中最简单的一种，国际贸易无论买卖双方相隔多么遥远，其实也是一样的一手交钱、一手交货。汇款作为一种结算方式，如果按汇款的时间点来划分，可以分为提前付款的预付以及延后付款的赊销，而买卖双方谁先付款，谁先交货，主要由双方在交易中的强弱势地位以及信任程度来决定。

在早期电讯不够发达时，跨境汇款还分为信汇（Mail Transfer，M/T）、电汇（Telegraphic Transfer，T/T）及票汇（Remittance by Banker's

Demand Draft，D/D）等几种，随着信息系统的不断升级换代，现在汇款就几乎已经完全等同于电汇（T/T）了。

汇款作为一种最简单快捷的国际结算手段，占到了国际结算产品使用量的九成以上。虽然汇款的步骤相对简单，但由于占比高，绝对业务量大，所以在国际汇款中，也不时会发生国际汇款项下的纠纷，这类纠纷通常由操作风险、合规风险等造成。比如从操作风险来看，较多发生的不当扣费会造成最终收款人未能全额收款，此外操作失误也可能造成汇错款项，以及汇款欺诈等案例；从合规的风险来看，国际汇款有可能涉及跨境反洗钱问题，或者制裁合规等问题，这些问题虽然比例有限，但一旦发生，容易造成较为严重的后果。

（四）跨境结算与涉外法律事务

上述信用证、托收及汇款为传统三类跨境结算业务，也是涉外法律事务所有涉及资金支付类业务的基础，无论多高端的涉外业务，落实到具体操作中均离不开货物流的交割，离不开与之对应的资金流的兑现，所以涉外法律法治人才如需充分理解跨境资金收付，应掌握此三类基本跨境结算工具的基本原理和操作细节。

尤其是信用证业务，国际信用证产生的纠纷是涉外法律事务中的一个较为显著的专业细分领域，不论是法理研究、学术探讨，还是规则制定、商业惯例，均有大量的专业书籍、学术论文和业界探讨等。法律方面，最高人民法院曾颁布《最高人民法院关于审理信用证纠纷案件若干问题的规定》（2005 年 10 月 24 日最高人民法院审判委员会第 1368 次会议通过），即法释〔2005〕13 号，这一司法解释在此细分领域影响深远；在案例上，近几年较知名的国际信用证案例如被最高人民法院于 2017 年列为第二批涉"一带一路"建设典型案例的"中国建设银行股份有限公司广州荔湾支行与广东蓝粤能源发展有限公司等信用证开证纠纷"一案，该案例对于持有提单所享有的权利做出了详尽的解释，对信用证纠纷有很大的指导意义。

在裁判文书网上，也有很多与信用证有关的裁判文书，过去 10 年间可搜索到的近 5 万篇，虽然这些信用证判例不完全是国际信用证，但除了我国的信用证判例外，还存在很多境外法院审理的涉及我国的国际信用证判例。

在国际上，信用证还有国际商会意见（ICC Opinions），这些意见为UCP 规则的解释和应用提供了有力的保障和维护，能够反映国际业务的发展变化，是修订 UCP 规则的重要依据来源，而且也是 2002 年及其随后版本《关于审核跟单信用证项下单据的国际标准银行实务》（ISBP）的主要实务参考意见。

国际结算的方式并非一成不变，它也随着时代的发展而不断地发生着变化。信用证和托收方式的采用，主要源自国际贸易中买卖双方的不了解及不信任，因为不信任，所以业务开展借助国际银行的信用，毕竟银行的体量更大、信用更好。但随着全球化发展，特别是互联网等信息技术手段的应用，国际贸易中买卖双方的了解更为容易，信任感也不断加强，在这样的背景下，信用证及托收等方式的运用场景日渐减少，这已经成为跨境结算中一个不可避免的趋势。此外，国际贸易中不断发展的大型平台也改变着跨境结算方式。海外例如亚马逊等平台的持续扩大，使得国际贸易中越来越多的流量通过平台实现，而一旦平台作为国际贸易中的一方，基于对大平台的信任度，就会降低信用证及托收等结算方式的使用度，在实务中，国际信用证及托收业务在跨境结算中的占比近年来不断降低。

受到实务中结算方式改变的影响，未来在涉外法律事务中的国际信用证纠纷也将势必有所减少，这一变化，有关方面可以在培养涉外法律事务人才的课程设计中有所考虑，另外，跨境托收的未来发展前景也与国际信用证有所相似。当然，国际信用证及托收业务在国际贸易中作为两种传统的结算方式短期内应不至于消亡，比如在大宗商品领域内，信用证业务由于存在融资功能，因而还将被长期使用。

不过，由于大量的跨境电商业务的发展，在跨境电商领域，日渐产生了跨境电商适用的一些新的国际贸易业态以及与之相关的跨境结算方式。

这些新业态包括跨境电子商务、市场采购贸易以及外贸综合服务等，比如第三类外贸综合服务，是指具备对外贸易经营者身份，接受国内外客户委托，依法签订综合服务合同（协议），依托综合服务信息平台，代为办理包括报关报检、物流、退税、结算、信保等在内的综合服务业务和协助办理融资业务的企业。在涉外法律事务中，未来可以预见取代部分信用证及托收等结算方式的新业态相关跨境结算方式，这些新的结算方式必将需要涉外法律事务人员去解决纠纷，厘清原理，并以法律手段保障跨境结算的进一步发展，因而，涉外法律教育中，应关注此类新的变化。

三、 跨境融资

跨境融资是跨境金融的重要组成部分，既指我国企业或银行从境外融入资金，又指我国企业及银行向境外融出资金。长期以来，我国国内建设资金较为缺乏，所以多年来跨境融资多发生在融入方向，但近几年来随着我国经济实力加强及走出去企业增多，跨境融资也更多地发生在融出方向。跨境融资与跨境结算的主要区别在于跨境融资多发生在资本项下，而跨境结算发生在贸易项下，资本项下的业务虽然频度较低，但金额更大。

（一）融入方向的跨境融资

全球不同经济体间资金成本参差不齐，特别是近十年来，海外主流市场均处于低利率融资大环境中，我国作为发展中国家，长期以来将跨境融入资金作为我国跨境融资的主流业务。

跨境融资可分为间接融资和直接融资两大类，多数企业缺乏跨境直接融资能力，一般会通过境外商业银行发放贷款来实现跨境融资，这就是间接融资；而少数大型企业则可以自身信用在海外资本市场发行企业债券等来融资，这是直接融资。作为间接融资的跨境贷款业务，具体又可以细分为跨境双边贷款、国际银团贷款、出口买方信贷以及贸易融资等产品；而作为直接融资的境外发债业务，按市场主要发行主体，也可再细分为金融债、中资城投债以及中资地产债等。跨境融入资金时，有时仅凭企业信用方式进行，有时也可以通过跨境担保来实现。

从国际收支来看，跨境融入的资金为外债，我国为平衡国际收支，保证金融秩序及宏观跨境资本流动的安全，对外债进行外汇管理。在当前的监管体系下，举借外债需要办理备案及登记等手续，而外债的管理机构主要按照外债期限来区分，一年期及以下的由国家外汇管理局负责管理，一年以上的则由国家发展改革委员会负责管理。

对于融入方向的跨境融资来说，融资主体企业或者银行目前统一监管，主要按照2017年1月中国人民银行印发的《关于全口径跨境融资宏观审慎管理有关事宜的通知》（银发〔2017〕9号）管理，其基本监管逻辑为分别设定一个跨境融资（融入）的风险加权余额，设定一个上限，融资主体需要做到保持跨境融资风险加权余额≤跨境融资风险加权余额上限。

在计算跨境融资的风险加权余额时，在规则中考虑到了融资类别的风险以及币种的不同，所以，不管是企业还是银行，跨境融资风险加权余额＝Σ本外币跨境融资余额×期限风险转换因子×类别风险转换因子＋Σ外币跨境融资余额×汇率风险折算因子。在设定上限时，还设置了方便监管机构灵活调整的杠杆率及宏观审慎参数，最后的设定是：跨境融资风险加权余额上限＝资本或净资产×跨境融资杠杆率×宏观审慎调节参数。

虽然针对企业或银行作为融资主体进行跨境融资使用了统一监管文件进行监管，但对这两种主体的融资上限赋予了不同的上限，这体现在跨境融资杠杆率上：企业为2，非银行法人金融机构为1，银行类法人金融机构和外国银行境内分行为0.8。

（二）融出方向的跨境融资

长期以来，我国在跨境融资中主要体现为资本及资金的流入国，所以融出方向的跨境融资产品单一、参与主体少，监管体系不完整，监管政策也不完备。

和融入方向的跨境融资相比，我国开展的首先是企业在融出方向的跨境融资，也就是企业"境外放款"业务。这项业务发端自《国家外汇管理局关于境内企业境外放款外汇管理有关问题的通知》（汇发〔2009〕24号），之后由于人民币国际化，中国人民银行也对企业通过人民币进行境外放款做了规定，相关文件为《中国人民银行关于进一步明确境内企业人民币境外放款业务有关事项的通知》（银发〔2016〕306号），按此文件，人民币境外放款业务应在所在地外汇局办理登记。境外放款余额不超过放款人净资产的 30%（后改至 50%）。规定放款人应注册成立 1 年以上并与借款人之间应具有股权关联关系。由此，我国境内企业的境外放款业务较早建立了监管架构。

但是，我国境内银行的融出方向跨境融资业务一直到2022年才建立了相应监管框架。2022 年 1 月，中国人民银行和国家外管局发布了《关于银行业金融机构境外贷款业务有关事宜的通知》，这才给予我国境内银行普遍性的境外贷款权限，并补齐了跨境融资上融出方向银行的监管要求。按照此文件规定，境内银行境外贷款余额不得超过上限，即境外贷款余额≤境外贷款余额上限，而境外贷款余额上限＝境内银行一级资本净额（外国银行境内分行按营运资金计）×境外贷款杠杆率×宏观审慎调节参数；境外贷款余额＝本外币境外贷款余额＋外币境外贷款余额×汇率风险折算因子。大部分银行的境外贷款杠杆率设置为 0.5，也就是目前我国境内银行对外发放贷款最多到其一级资本的一半。

（三）跨境融资与涉外法律事务

从以上对于跨境融资的解析可以看到，涉外法律人才在跨境融资业务中首先应关注两类直接相关专业领域，其一是跨境融资法律服务，其二是监管合规问题。

　　跨境融资业务会有大量涉外法律问题需要解决，比如在跨境贷款中的业务合同缮制，法律意见书出具，担保条款的拟定落实，再如合同适用法律的选择，法院判决或仲裁裁决的承认与执行等，这些均需要涉外法律人才的参与，需要精深的法律事务专业能力。在涉外法律人才的教育培养中，尤其应该加强跨境融资中此类法律硬实力的加强。涉外法律人才只有掌握相关能力，取得相应资质，同时注意提高多语种工作能力、跨文化交流能力，才能从容应对，较好地完成对跨境融资的涉外法律服务。

　　跨境融资业务还会有较多监管合规问题需要涉外法律专业人士的确认。例如，跨境融资，特别是融入方向的跨境融资，会牵扯有关外债的问题。涉及外债则牵涉外债登记、外债备案以及对外担保的有效性等重要环节，此类监管要求对应的监管机构较多，政策又不时做出变化，所以这也是涉外法治专业人才培养中需关注的部分，这些合规细节在工作实务中也是服务对象迫切需要解决的现实问题。

　　涉外法律人才在跨境融资业务中还应该理解和关注跨境金融的条件变化。跨境融资与跨境金融中的经济因素有很大关系，跨境融资业务的发生会受到国际资金市场不同货币的利率、汇率以及流动性较大影响。涉外法律人员如不能掌握法律之外的金融因素，则无法有预见性地把握跨境融资的业务发展方向。

　　直到不久前，美国及欧洲等主流市场长期处于低利率状态，所以最近十多年以来的跨境融资呈现出融入方向为主的鲜明特征。以美国为例，美联储在持续进行量化宽松之后，其资产本就已在 2020 年初达到 4 万亿美元多，而新冠肺炎疫情之后两年，到 2022 年初更是达到了 8.5 万亿美元。成熟市场的流动性泛滥造成了低利率环境，这是我国跨境融资的重大背景，正是在此大背景下，产生了大量的跨境融资业务。以我国企业境外发债为例，中资美元债在 2014 年到 2017 年期间发行规模突破 5 000 亿美元，主要发行主体为境内地产、能源和银行板块企业，另外政府平台公司也成为重要发债板块，之后经过 2018 年的短暂回落后，到 2019 年底，中资美元债存量规模已达 7 000 亿美元，至 2021 年末存量规模高达 9 000 多亿美元。

由于 2022 年以来的中美利差缩窄，海外发债的利率因素已转向不利于跨境融资的方向发展，而 2022 年 4 月末的人民币贬值，也造成在汇率上对于跨境融资带来更大的不确定性。此外，随着美联储的缩债、加息和缩表的开展，多年以来充裕的海外流动性接下来也将面临逐渐缩减的一个过程，所以可以预见到未来跨境融资业务将面临比较大的业务收缩。

跨境融资是涉外法律事务中最常见和最重要的组成部分，也是众多律师事务所重要的业务来源和利润来源。但如果只了解跨境融资相关的法律专业问题，而忽视跨境融资相关的产品、利率、汇率以及发展趋势，则容易只见树木，不见森林。从跨境金融的角度，可以清晰看到近十年以来跨境融资业务的巨大发展，这给涉外法律事务相关的行业带来了大量的业务机会，如能深入了解跨境金融的各项要素变化，涉外法律专业人士就更能看到未来数年的跨境融资走向，这将给教学教研、理论研究以及实务带来方向性的指导，使涉外法律专业更能结合市场实际、加强教学科研以及人才培养的针对性。

四、 跨境投资

跨境融资涉及的是债权，而跨境投资则涉及股权。随着几十年来的科技以及航运业的发展，全球化使得大型跨国企业能够在世界范围内安排研发和生产，因而进行大量跨境投资，以优化流程、降低成本并提高产出，跨境投资由此蔚然成风。跨境投资有两个方向，外商直接投资（Foreign Direct Investment，FDI）是指境外企业对我国境内的投资，而对外直接投资（Overseas Direct Investment，ODI），则指我国境内企业对境外的投资。

（一）外商直接投资（FDI）与对外直接投资（ODI）

在跨境投资中，外商对我国的投资即 FDI 长期以来是我国跨境投资的主体，对于改革开放后经济的发展起到了重要的推动作用。流入方向的跨境投资给我国带来了持续的资本流入、先进的生产技术和管理经验，直接推动了我国更好地融入世界经济体系，促进了各地 GDP 的增长。之后随着我国经济实力的总体提升，从 2010 年之后，我国的对外投资逐渐进入发展快车道。2020 年，我国当年中国外国直接投资（FDI）流入数量高达 1 630 亿美元，首次成为世界第一大外资流入国，占全球 FDI 流入总量的近 17%。

跨境投资的另一个方向是境内企业对海外的投资，即 ODI，则是在最近十年才得到较大发展。因为 ODI 受到较为严格的监管，所以境外投资的定义也较为严格，我国企业的境外投资是指中华人民共和国境内企业（即"投资主体"）直接或通过其控制的境外企业，以投入资产、权益或提供融资、担保等方式，获得境外所有权、控制权、经营管理权及其他相关权益的投资活动。所有在此定义下的境外投资，都需按照监管规定进行严格的审批或报备。

流出方向的跨境投资活动在 2000 年后逐渐发展，并在 2016 年达到顶峰。2016 年，我国对外直接投资总额为 1 960 亿美元，该金额超过了之前 4 年对外直接投资之和。此后，由于我国宏观去杠杆及境外对我国海外投资审查态度的转变等因素影响，我国对外跨境投资的规模不断下降。2020 年，我国对外直接投资流量为 1 537.1 亿美元，不过由于疫情影响下全球对外直接投资总量的下降，我国的对外跨境投资首次位居全球第一。我国的对外跨境投资不但流量全球第一，同时在存量上也已位列全球第三。截至 2020 年底，我国已在海外拥有 4.5 万家境外企业，分布于世界 189 个国家（地区），累计对外直接投资净额高达 25 806.6 亿美元。[1]

（二）跨境投资的监管

目前，我国对于外商投资（FDI）的监管主要依据《中华人民共和国

---

[1] 《2020 年度中国对外直接投资统计公报》。

外商投资法》，实行"准入前国民待遇加负面清单"的管理制度，强化投资促进和投资保护。此外，国务院制定公布《中华人民共和国外商投资法实施条例》，进一步细化了外商投资法确定的主要法律制度。最新的负面清单主要包括《外商投资准入特别管理措施（负面清单）（2020 年版）》和《自由贸易试验区外商投资准入特别管理措施（负面清单）（2020 年版）》，另有《市场准入负面清单（2020 年版）》等，跨境投资主体也均需遵守。

我国对外直接投资（ODI）受到较为严格的监管，并有多家监管机构同时进行多重监管。首先，对于对外投资的投向主要有国务院办公厅的《引导和规范境外投资方向的指导意见》以及国家发改委的《境外投资敏感行业目录》等进行规范。其次，在对外直接投资的审批或备案过程中，国家发改委、商务部及外管局分别进行管控，主要监管规范包括发改委的 11 号令《企业境外投资管理办法》以及相关《境外投资常见问题解答》，商务部的《境外投资管理办法》20143 号令，《对外投资备案（核准）报告暂行办法》商合发 2018/24 号文，以及《对外投资备案（核准）报告实施规程》2019/176 号文等。最后，在资金跨境支付及购付汇环节，国家外管局还有系列文件进行规范，如《国家外汇管理局关于境内居民通过特殊目的公司境外投融资及返程投资外汇管理有关问题的通知》（汇发〔2014〕37 号）、《国家外汇管理局关于进一步简化和改进直接投资外汇管理政策的通知》（汇发〔2015〕13 号），以及《国家外汇管理局关于进一步推进外汇管理改革完善真实性合规性审核的通知》（汇发〔2017〕3 号）等。

（三）跨境投资及涉外法律事务

不论是在我国境内的外商投资企业，还是我国企业在海外遍布全球的境外投资，投资总量均已位列世界前列，跨境投资早已成为我国涉外法律事务的重要实务基础和业务来源，也是涉外法律事务的服务对象。例如，跨境投资中的跨境并购（Merge & Acquisition，M&A）业务，是投行业务皇冠上的明珠，也是顶级律师事务所最为看重的业务，一单大型跨境并购的法律服务律师费动辄数百万元甚至更贵。

从外商投资企业角度看，其来华投资过程中会涉及公司设立、公司架构设计以及章程制定等法律问题，也可能涉及再投资及退税审批、企业管理劳资争端等引发的法律服务需求。此外，外资企业经营中也会有涉外项目合同制定，项目谈判，以及外资企业其他诉讼及争端解决等法律需求。

从我国企业对外跨境投资的角度来看，中国企业走出去的过程中，涉及更多的涉外法律事务。无论是绿地投资还是跨境并购，首先就会有市场准入、目的地国家法律环境调查和风险分析等法律问题；其次还会有股权转让谈判，协议签署以及股权交割等系列问题，通常跨境并购还会涉及融资问题，那么关于融资架构、融资协议以及合同制作及签署，落实担保条件等问题都会和涉外法律事务相关；最后，在跨境并购发生后，后续如有资产或业务剥离、新公司的协同及资源整合，人员再安排等事项，也会产生相应的法律专业支持需求。

跨境投资中的监管合规也是涉外法律事务的一项重要组成。不管是作为流入方向的外商投资也好，或者流出方向的对外投资也好，跨境投资均涉及较为复杂的审批及备案等流程，此类流程按照国际经贸关系发展，国际收支平衡等的变化需不断进行调整和顶层设计。因此，涉外法律专业也包括了跨境投资监管政策制定以及监管法治研究等领域。

总体而言，跨境投资是涉外法律事务及专业领域相关的一类重要跨境金融业务，在涉外法律人才培养及涉外法律事务理论研究上，都应加强对跨境投资的掌握与理解。

跨境投资业务近几年来的波动性较大，在外商投资领域相对还好，在对外投资领域，2016 年我国对外投资达到近几年流量顶点之后，后续年份降幅较大。跨境对外投资毕竟是输出资本，从宏观角度来讲，当一国流动性非常充裕时，由于其境内企业手握更多现金，因此更有对外投资的冲动，我国在 2015 年及 2016 年时正是如此，当时我国企业融资渠道较多，除银行信贷之外,还有大量信托、券商资管以及基金子公司等融资途径,在一定程度上促成了我国大量的对外投资业务。但随后从 2017 年延续至 2018 年的宏观去杠杆,使得我国境内企业流动性大量减少,不少企业在境内经营就难以获得充足的流动性,就更不用说继续在海外发起跨境并购了。此后,我国监管主体对于对外的跨境并购开始政策收紧,叠加海外也对我国对外投资监管趋严,所以从 2017 年以来,此后跨境投资,特别是对外投资业务下降幅度明显。

从跨境投资的业务的暴增和迅速降温可以看到,涉外法律事务专业人员理解和掌握此类跨境金融的趋势性变化尤为重要,如能很好地理解和掌握了跨境投资的趋势性变化,就能更好地安排涉外法律专业相关的教学重点、实务跟进以及理论研究等。

五、 跨境金融所涉及币种、 账户体系和地域

跨境金融关联着居民与非居民之间的收付,在人民币国际化之前,跨境金融涉及的币种均为外币,但在人民币国际化以后,在国际业务中可以使用外币的地方,已经几乎均可使用人民币。不过人民币毕竟有自己的一套管理体系以及合规要求,所以,从货币种类的角度,涉外法律专业人员也应掌握相关跨境人民币的现状与发展情况。

同时,跨境金融另又涉及资金在境内外账户之间的划转,和境外相对简单的账户体系不同,我国的账户体系具有一定复杂性,也牵涉不同的监管要求。简单讲,在我国境内存在三套账户体系,它们是人民币账户体系、外币账户体系,以及后来转为自由贸易试验区设立使用的自由贸易(Free Trade/FT)账户体系,这三套账户分别独立存在,比如在跨境支付信息报送方面,针对人民币账户的有人民币跨境收付信息管理系统(RMB Cross-border Payment and Receipt Management Information System,简称 RCPMIS)、针对外币账户的有国际收支统计系统,针对自由贸易账户的则

有自由贸易账户实时监测管理系统（Free Trade Zone Management Information System，简称 FTZMIS）。实际除了上述三套账户体系之外，我国还有离岸账户的存在，分别是非居民账户（Non-Resident Accounts）和离岸账户（Offshore Accounts），这两种账户可以为境外企业在我国境内开立非居民账户，或为企业开立离岸账户，以方便进行跨境金融的操作。在我国从事涉外法律实务及研究，如能了解和掌握我国复杂的涉外账户体系，将对从业人员带来更大的便利以及掌控力。

另外，近几年来跨境金融在地域上也日益趋于复杂，原来理解"跨境"业务，一般就是指资金支付跨越国境。但由于我国的自贸试验区建设等，目前造成诸多所谓"境内关外"等情况，实际上跨境金融已不再局限在跨越国境这个基础上，发生在跨越境内划定的电子围栏等"二线"，也可以被认为是"跨境"。我国自 2013 年设立上海自贸试验区之后，陆续推出了六批自贸试验区（包括 2018 年的海南自由贸易港），自贸试验区总数达到 21 家，片区达到 70 个，涉及 49 个城市。所以，理解跨境金融的地域特征，也将有助于进一步掌握涉外法律事务。

六、 结语

涉外法律事务与跨境金融相关的部分不在少数，涉外法律事务的专业人员，包括老师及学生在内，如能掌握跨境金融的业务场景、监管政策、操作要点以及变化趋势，将能为涉外法律事务的学习与实务带来便利。跨境金融由跨境结算、跨境融资以及跨境投资组成，也涉及跨境币种、账户体系和跨境地域等因素。跨学科地全面理解跨境金融，是更好地学习和从事涉外法律实务及研究的一个容易被忽视的方面，值得受到重视及加强。

涉外律师培养实践教学模式探究
——以国际金融法课程为例

■ 张国元^①

【摘要】研究生教学应变"被动"为"主动"，老师、学生组成"学习共同体"，通过课前、课堂的互动学习，激发学习的积极性；通过讨论、交流、争辩以提升发现问题、解决问题的能力。团队意识、团队协作能力的培养，也是研究生培养的应有之义。

【关键词】互动学习　书面问题　课堂论辩　团队协作

一、研究生课程教学模式反思

研究生课程如何教学是困扰许多研究生授课老师的问题，包括许多研究生也有同样的困惑：似乎从课程名称来看，好像是本科已经学过的，如果是本校考上来的研究生发现甚至老师都是同一个老师。要解决这个问题，需要首先明确研究生教学与本科生教学的差异性：本科生教学以让学生掌握学科的基本原理、基本知识为主，目的是为将来更好地运用以及研

---

① 张国元，华东政法大学国际法学院副教授，硕士生导师，现任公共法律服务学院（律师学院、继续教育学院）副院长。

究奠定基础，课程教学以知识性、体系性为主要目标，强调对确定性知识的掌握和理解；而研究生教学则侧重培养学生的研究能力，目的是让研究生具备解决现实问题的能力，同时为其终身学习养成良好的习惯。基于此差异性，如果采用传统的课堂授课的教学方式显然不能很好地实现研究生培养的目标，有鉴于此，许多研究生授课老师采用以让学生做口头报告为主的教学模式，让学生课前准备，上课时展示，老师在学生做完口头报告之后再作简单的总结。此种教学模式确实能在一定程度上培养研究生的研究能力，但是也有明显的不足之处：一是老师与学生之间缺乏互动。学生在展示之前主要是根据自己的理解与思考做准备，展示结束后老师的总结对展示的学生而言帮助并不一定很大。二是学生与学生之间缺乏互动。学生在准备口头报告的过程中相互之间没有一个讨论、交流的过程，在课上展示过程中其他学生也没有参与，展示结束老师总结完课就结束了，对于绝大多数学生而言这么一次课的收获并不大。三是课前与课堂缺乏互动。研究生研究能力的培养如果只限于课堂，无论是传统的被动式教学的课堂授课模式，还是让学生做口头报告的模式，都是远远不够的：一是教学时间有限，不能很好地提升学生的个体能力，尤其是如果学生人数比较多的情况下效果更是堪忧；二是在信息化时代，学生获取知识有极大便利的同时也使得学生获取的知识呈碎片化趋势，如果不能帮助学生梳理这些碎片化的知识，容易让学生陷入迷惘之中，当然也可能自以为是；三是无法满足学生的个性化需求，研究生的培养方向不在于培养同质化的学生，而是要培养具有创新能力的个性化的学生，研究生的成长应该是每个学生的自我成长，而不是在不同研究生之间做优劣的比较。因此，研究生的教学应该远超课堂，课堂之外、上课之前的准备某种程度比课堂更加重要，课前是真正学习的过程，课堂是学习成果的呈现。

在十九年的研究生教学过程中，尤其是在国际金融法课程教学过程中摸索出了一套试验性的教学模式——启发讨论式研究生课程教学法：以问题的发掘与解决为主要目标，采用课前启发、课中讨论、课后总结的方法展开。

二、 国际金融法课程设计

(一) 总体设计

课程分三个阶段：自学打基础阶段；分组讲解、讨论阶段以及总结、汇总阶段。以小组为单位，分成 10—12 个小组。每小组大致 7—8 个人。分组原则为男女分开、两个班分开、同一导师的学生分开。各小组协商挑选课题。讲解之前各组成员将与老师进行至少两次的见面和指导，以决定讲课方式和内容。讲解组最迟应于上课之日前二周将本小组所涉专题的相关参考资料发到每一个小组，以便其余组同学有充分的时间提前准备课程，撰写本组书面提问。各组在课上都需要提问或者被提问。讲解小组每个人都必须参与讲解。每个小组的成员共同对本小组负责。

学习目标：培养小组成员的团队意识；培养研究生研究与交流、表达能力以及应变能力。

(二) 基础阶段

自学打基础阶段是要求学生利用暑假时间进行金融知识、金融法知识的学习或回顾，为上好国际金融法课程打下扎实的学科基础。

(三) 课堂安排

1.各小组讲解时间不超过 70 分钟

2.提问与讨论时间不低于 70 分钟

(1) 自由提问。首先由其余组的成员向讲解组进行自由提问，提问将作为该组的成绩进行记录。

(2) 组织提问与讨论。在自由提问之后，老师将对本专题涉及的核心问题组织各组提问并讨论。提问问题主要以讲解内容为主，检验其余各组学习到的情况。回答问题可以由同一组的任一位或多位成员进行回答。各小组皆可向其他组提问、质疑，以及参与讨论。

3.老师讲解时间约 30 分钟。由老师针对讲解与讨论的内容进行分析，总结本次专题的相关法律与实践问题。

（四）结课仪式

在各专题讨论结束，课程最后将安排结课仪式，对一学期来这门课程的学习做最后的总结、汇总，以求回顾过去一个学期来团队一起奋战的难忘经历，同时让每个学生都找到在课程中的收获与提升，尤其是能力的提升，让学生从此知道当一个事项、项目或问题摆在你面前时，该从何入手，如何研究该问题，怎么样有效地找到解决方案，从而可以坦然面对未来。

（五）得分形式

期末成绩主要由平时课程表现构成。同一组成员在平时成绩方面是采用统一积分方式。每周各组视书面提问、课堂发言、提问与回答问题以及参与讨论的情况，由老师每周给出相应的得分，期末成绩由每周成绩累积得出，而做讲解的组则依照准备过程、讲解过程、参与讨论以及回答问题的过程来得出周得分。

每个人的得分以小组的得分为基础，每个人在整个课程中的具体表现可另行加分或减分。

每周上课前先公布上周各组具体得分以及排行榜。

课程不再安排专门的期末考试，所以成绩主要是由平时成绩累积而得。

（六）计分规则

1.主讲小组

（1）准备 2 分。

材料搜集，确定讲演的思路与安排。

（2）讲演 2 分。

（3）现场回答 3 分。

对现场其他小组提出的问题，现场回答。

（4）积极表现 2 分。

现场的组织、团队合作、创新性、参与讨论。

2. 其他小组

（1）书面提问 3 分。

讲演小组在课程前二周将所搜集的资料精选后发放给其他组同学，其他小组将书面问题在课程前两天提交老师。字数不少于 2 000。

（2）现场提问 2 分。

根据讲演小组的讲演提出问题的数量和质量。

（3）现场回答 2 分。

现场参与问题的讨论和回答。

（4）积极表现 2 分。

出勤率、团队合作。

（七）题目分类（供选择）

1. 国际货币体系（IMF 的改革）、外汇（人民币国际化进程）

2. 信贷（项目融资的法律架构、资产证券化、银团贷款等等）

3. 证券（私募、IPO、科创板、新三板、注册制）

4. 衍生工具（金融互换、股指期货）

5. 风险与法律监管（国际金融危机、证券监管——信息披露制度、银行业监管、保险业监管）

6. 信托

7. 互联网金融、数字货币、金融科技

三、 国际金融法课程设计解析

（一）研究生培养目标的变迁

如何把研究生培养成才是跟随研究生培养目标的变化而变化的，20 世纪八九十年代的研究生是以理论学习为主的，是以培养从事理论研究、学术研究为主的研究型人才为目标，而进入到 21 世纪，随着研究生培养规模的扩大以及社会对人才需求的变化，绝大部分硕士研究生在毕业后进入到实务部门从事实际工作，直接从事理论研究工作的硕士大量减少，尤其是法学类研究生，更是大部分从事法律实务工作，因此硕士研究生的培养目标变成为培养具有解决现实问题能力的研究应用型人才。而随着经济社会的高速发展，新问题、新事物层出不穷，期待用已有的确定性知识解决现实中出现的新问题变得越来越困难，也正因为如此，所以研究生的培养应注重培养解决实际问题的能力，应注重的是对"人"的培养，而不是对"才"的培养，不应把重点放在学生是否获取知识、获取多少知识、掌握多少知识此类"才"上，而应着重培养学生如何获取知识、如何获取有效的知识以及如何寻求可靠的解决方案等能力，从而成为有用的"人"上来。当然，能否成为有用的"人"，也得具备相应的"才"，就国际金融法课程而言，不具备扎实的法学理论基础，不了解金融，不了解经济运行，是很难去发现问题、解决问题的。因此，课程总体设计分为两个阶段：第一阶段是自学打基础阶段，这是为课程有效学习打前战、打基础。之所以将其作为一个专门的阶段特别强调，是为后面的第二阶段学习作准备，虽然这不在课程进行的范畴中，但却是必不可少的。第二阶段则通过机制性的安排达到培养学生具备从发掘出问题到解决问题的能力。"研究生是以研究作为主要学习方式的学生，所做的研究围绕问题进行，没有问题，不成研究。研究生教学就是围绕问题解决开展的教学，是运用知识解决问题的过程，也是不确定性知识的获得过程，即获得运用知识的知识过程。"① 要求学生要有"问题意识"已成为研究生培养的共识，在国际金融法的课程设计中不仅关注解决问题，还特别强调问题的发掘，换言之，能否发现问题，提出的问题是不是真正的"问题"，是研究生研究能力、解决问题能力的前提。

（二）交叉学科的重要性

我们所面对的世界正发生着日新月异的变化，我们所面临的问题也是综合性的，没有一个问题可以依靠单一学科得以解决，尤其是就法学而言，当我们通过法律去分析并试图解决问题时，就会发现我们首先得充分了解事实是什么，也就是必须首先搞清楚事情本身是怎么样的，而了解事情本身必须涉及其他学科的知识。就国际金融法而言，我们需要首先了解清楚金融活动本身，了解金融运行、金融市场的基本状况，并跟踪其发展变化，考虑到金融活动所带来的金融风险，我们又得了解清楚金融监管的必要性及其监管手段、监管工具等，所以在我们还没有面对需要提供法律解决方案的问题时，就需要用金融学、经济学、管理学、财务会计等方面的知识去了解清楚金融活动本身。如果你欠缺这些知识，就得先去学习，这就是第一阶段（自学打基础阶段）的要求，这也就意味着在国际金融法学习的过程中事实上会有助于学生同时学习这些相关学科的知识，交叉学科的面越广、知识越丰富，越有利于问题（法律问题）的发掘，当然也越有利于学生未来的终身学习。因此，课程设计的第一阶段是基础，并且这个基础随着第二阶段的不断学习也会不断得以发展。

（三）检索能力不可或缺

问题的发掘是课程设计的重要考量，问题发掘旨在发现"真"问题。

---

① 李忠：《不确定性知识背景下的研究生教学改革》，载《学位与研究生教育》2020 年第 5 期。

学生从小到大的教育，不仅是中小学，甚至到了大学都是以老师讲授、学生听课、听懂记好为主要教育方式，在此种教育方式下学生通常不习惯于提问，更习惯于接受知识，所以首先要养成提问的习惯，而要能够提问必须得对已有知识（或称为普遍性的共识）有充分的认知，当然大多数问题都可以在已有的知识体系中找到答案，此类问题的提出与解答有助于学生更好地掌握已有知识，然而此种问题并不是"真"问题，因为已有了现成的答案，所以它只能成为你一个人的问题，只是对你而言还没有答案，而不是需要我们去研究、解决的问题。因此，作为研究生学习的第一步就是检索，检索出来的资料一方面可以成为迅速学习、掌握已有知识的有效材料，而另一方面，特别是检索出来的学术论文，又可以从中发现争议性的议题以及不同学者的不同观点，并在此基础上进一步发掘是否该争议性的议题已经达成共识、得以解决。通过检索还可以发现对同一问题的分析往往有不同的视角、不同的论证方法、不同的解决方案，这一点在社会建构理论对教育理念的影响方面可以得以印证："社会建构的认识论反对'把科学仅仅看成是理性活动'这一传统的科学观，强调认知的社会制约性，指出知识的构建过程除了有理性、逻辑、必然的因素，还充满着许多非理性的力量和偶然的因素。社会建构论指出科学问题的解决方案具有不确定性，从而改变了传统教育过分强调知识确定性的不良倾向，以及忽略培养学生对知识具有不确定性的认识。"[①] 当具备检索能力后，才能够通过检索充分认识到相关议题的研究现状，并以此为前提去发掘"真"问题。因而在课程设计中第二阶段的首要任务就是检索，小组在确定选题之后就需要进行充分的检索，尽可能做到"穷尽"，在将检索资料汇总、整理好之后发给其他小组成员研究、学习。这样可以提高效率，不用每一个小组就每个议题都自行进行检索，而是由主讲小组统一检索，并且每个小组也同样会有检索的机会，在由其负责检索时也是检验、提升其检索能力的时机，当然如果主讲小组检索不充分，其他小组在学习、讨论、撰写书面报告过

---

① 张丽雅、邱德雄：《社会建构论的教育价值探析》，载《教学与管理》2014 年第 1 期。

程中就可以自行进一步检索，对此行为会给予充分的鼓励和激励。

（四）课前讨论的必要性

主讲小组在资料检索过程中需要尽可能地先熟悉、了解、掌握所选议题的基本内容，并在基础上进一步检索之前遗漏或忽略的资料，争取做到资料检索的全面性。主讲小组成员通过成员各自的充分学习和小组成员之间的充分讨论后，此时老师应该与主讲小组进行充分沟通、讨论，检验主讲小组对于所选议题是否已经非常熟悉，理解上是否有明显的偏差，更重要的是与小组成员就议题相关问题展开充分的讨论、交流，甚至争辩，通过此种讨论、争辩进一步加深小组成员对问题的理解，形成相应的观点。若小组成员与老师在某些问题上的观点不尽相同，也可以将此问题在课堂上提交全体同学一起共同讨论。通过此轮的讨论交流，确定主讲小组课堂讲解的主要内容与形式。之后，主讲小组进行课堂讲解的准备，并应对课堂讲解过程中其他小组的提问，做好准备参与老师组织的课堂讨论，这都要求主讲小组对所讲内容有充分的理解和掌握，高度凝练后有效地表达，因为不仅每个成员都要讲，并且课堂讲解有时间限制，这对每个成员的表达能力提出了很高的要求，当然这可以通过事先不断演练、试讲来达成目标。与此同时，还要求小组各成员在讲解过程中需要相互配合、相互呼应，每个小组成员都不代表自己，而是代表小组作课堂讲解，是一个整体，因而需要小组成员各显神通、各尽其能，小组组长应充分调动每个成员的积极性，并努力发掘每个成员的优势、个性，大家通力合作，从而顺利完成小组任务。在这个准备过程中，老师与主讲小组也会进行深入交流，提出建议，给予支持，甚至对于小组提出的特别的展示方式给予支持、鼓励，比如有小组在负责 IPO 专题时就采用角色分配、共同演绎企业从拟上市到整个上市进程所涉相关问题用话剧的方式呈现。

（五）提交书面问题——问题发掘的成果体现

主讲小组在准备课堂讲解的同时，其他小组也需要进行充分的课前准备，在拿到主讲小组检索的资料之后，每个小组成员都需要尽快学习、研究相关议题，在此基础上各小组组长要组织小组成员进行充分的讨论，在讨论过程中要求每个小组成员都阐述自己对该议题的见解，小组组长而后组织大家展开讨论、交流，通过相互的讨论、交流，以便大家能更好地理解议题。在充分理解议题的基础上，小组组长还需再次组织小组成员提出问题，并在小组内部就每个成员所提出的问题进行辩论，以分辨所提出的问题是不是"真"问题，在此基础上小组成员充分讨论确定本小组的书面问题，也就是将某一个或几个（不建议太多）问题作为小组的书面问题，并形成书面报告，在上课前两天交给老师。书面报告要求介绍问题产生的过程（实际上各小组都会介绍小组在何时何地通过何种方式进行了讨论、交流，有些小组甚至将每个成员所提出的问题都作了介绍）、阐述该问题是否构成"问题"，也就是说证明其为"真"问题，最后小组也可以就此问题发表本小组的见解。虽然书面报告一开始的要求是不低于 2 000 字，但现在书面报告的字数已经在 5 000—8 000 字，甚至有些书面报告字数过万。书面报告是问题发掘的成果，而问题之所以能被发掘出来，与此种学习、讨论、争辩一直到求真的过程密切相关。

（六）课堂大比拼——智慧的较量、批判性思维的光辉

通过课前主讲小组与其他小组的充分准备，来到了精彩的课堂大比拼环节：首先是由主讲小组作课堂讲解，讲解要求每个小组成员都必须讲，并且总时长在70分钟左右；讲解过程中其他小组可以随时提问，此种提问主要针对讲解的内容，尤其是对讲解的内容有不同理解的方面；在讲解结束之后，安排专门的时间由各小组集中向讲解小组提问，此种提问可以从讲解的内容扩散出去，大家探求对相关问题的看法，讲解小组需要现场回答，在此过程中各小组也可以就感兴趣的问题展开讨论乃至于辩论；之后是课堂讨论时间，由老师组织各小组展开讨论，老师会结合各小组的书面问题以及本次课所选议题在实践中经常碰到的问题组织讨论，各小组也可

以现场提出问题加入讨论中，当然不论是老师提出的问题，还是各小组现场加入的问题，都需首先论证其是不是"真"问题，也就是是否有解，讨论过程中大家可以各抒己见，从不同角度提出对问题的看法以及解决方案。经过课前的准备以及之前的提问，大家思维非常活跃，讨论非常热烈，甚至不断争辩，争辩最激烈的是对他人的看法或提出的解决方案的质疑以及论证。也正因为讨论的热烈，几乎每次课时间都不够用，经常会超时1个小时或更多；最后由老师就此选题大家的理解做出评价、对实践所遇问题解决方案的评析以及对此类问题理解、思考的基本逻辑和关键点进行总结。

四、 国际金融法课程设计原理

国际金融法课程设计一开始是想改变简单的让学生在课堂上做口头报告的授课方式，寻求做口头报告的更好效果；同时又考虑到学生一个人闷头学习不仅学习效果不好，而且不利于培养学生的团队意识；后来发现在学生撰写硕士论文过程中缺乏"问题意识"，学生临近毕业论文选题了还无法找出真正的问题加以研究，甚至对于如何找到"真"问题也是束手无策；再后来经常接触在金融领域工作的以前的毕业生，谈到在校学习与法律实务的脱节问题。综合以上因素，形成了国际金融法课程设计的初衷。

（一）思辨能力的养成——互动学习

在学校里经常发现有许多学生并不怎么热爱学习，究其原因是没有找到学习的乐趣。研究生阶段的学习往往以学生的自主性为主，因为习惯中的考试离研究生越来越远，学生很容易失去学习的动力，或者说没有更好的、更新的、更有意义的知识可以激发研究生学习的动力。社会建构理论认为，社会建构发生在交往互动中，知识的建构是一个社会过程，是基于特定历史、文化的人们对话和协商的结果。社会协商是社会建构主义解释学习的一个重要概念，个体通过与社会之间的互动、中介、转化以建构和发展知识来学，个体对客观世界的认知离不开个体之间以及个体与外在世界的互动。① 因此，研究生教学应首先创设有利于交流与协商的"学习共同体"，这不仅是建构主义知识观和教学观的应有之义，也是激发学生学习兴趣的重要载体。而这个互动学习，不仅是学生之间的互动学习，还包括老师与学生之间的互动学习。在互动学习过程中，学术是自由的，在未被探知、证明之前，"真理"尚不存在，在互动讨论、争辩过程中去发现真理、接近真理；互动学习的过程中，老师可以将其研究成果或者研究问题分享给学生，让学生参与讨论、交流、争辩，老师鼓励学生提出问题和发现问题，引导学生探讨问题和解决问题。② 当学生发现自己可以和老师一起探寻真理、发现真理时，学生的学习积极性无疑将被充分调动起来。而这也是在西方早已流行的专题讨论会教学的应有之义。在学生的学习积极性被充分调动之后，在互动学习过程中，每个学生都必须使出浑身解数，才能在讨论、交流、争辩过程中"胜出"，无形之中学生的思辨能力得以大大提升，思辨的习惯得以养成。

（二）个性的养成——发现最好的自己

以团队为单位而不是以个体为单位的学习模式不仅不会扼杀学生的个性，反而会在团队协作中彰显其个性，在团队协作中发挥着独特的作用，集各人之所长成就团队强大的战斗力是团队协作的真正价值，团队协作不是简单的 1＋1 等于 2，而是通过组合、互补发挥出 1＋1 大于 2 的积极效果。在这个过程中，每个人在充分发挥自身能力的同时，也耳濡目染地受团队其他成员潜移默化的影响，无形中也将使得自身原本不太擅长的方面得以加强，从而全方位地提升自身的综合素养。国际金融法的课程设计始

---

① 李忠：《不确定性知识背景下的研究生教学改革》，载《学位与研究生教育》2020 年第5 期。

② 罗启、高峰：《Seminar 教学范式的价值蕴意》，载《长江大学学报（社会科学版）》第34 卷第 10 期。

终坚持团队一致性要求，包括团队任务的完成，无论是主讲小组的课前准备、课堂讲解、回答问题、参与讨论，还是其他小组书面问题的形成、书面报告的完成、课堂提问、参与讨论等，都要求团队整体共同完成，在计分规则中这一要求也得以充分体现。先有团队而后才有个人，课程的目标并非考查每个学生孰优孰劣，而是致力于提升每个人的能力，让每个人在课程中完成对自身的升华，发展自己才是课程的真正目的。而这与 OBE 教育理念[①]也是相吻合的：OBE 教育理念期待每个人都获得成功，但并不强求以同样的方式同时获得成功，只要每个学生自身得到提升就是教育的成功。

（三）解决问题的能力塑造——缩小理论与实践的鸿沟

当今世界发展变化太快，这个社会充满了不确定性，这就要求研究生必须得具备依靠自身解决实践问题的能力，确定性的知识往往无法直接用来解决实践中出现的问题，因为新问题、新情况可能层出不穷。要能应对此种情况，就需要自身具备持续的自我学习能力。面临新问题，或者当一个问题摆在面前时，首先要做的就是确定问题是什么，继而检索与该问题相关的资料，通过对资料的分析、解读，结合学习过程中储备的理论功底，寻求相应的解决方案，而这个方案是否可行，需要经得起质疑，因而从不同角度的挑战就显得至关重要，就有如国际金融法课堂的讨论、争辩。实际上，国际金融法课程设计就是围绕着培养学生发掘问题的能力以及塑造学生解决问题的能力进行的。在每次课最后的老师总结中，会特别注重对实践中所遇问题解决方案的评析以及对此类问题理解、思考的基本逻辑和关键点的归纳，此类总结无疑有助于学生在掌握了解决问题的基本能力的基础上可以更从容地面对实践中出现的问题，因而无论再晚老师最后的总结都必不可少。

---

① OBE 是 Outcome based education 的简称，指成果导向教育，亦称能力导向教育、目的导向教育或需求导向教育，指教学设计和教学实施的目标是学生通过教育过程最后所取得的学习成果。此种理念强调学生能力的获取，而不是知识的获取。

五、 国际金融法课程效果

国际金融法课程实践已超过十年，可以说这十多年的实践取得了较好的效果，达到了课程设计的预期目的。每个上过国际金融法课程的同学都有很深的感触：太累、太难，但却很快乐。十多年来，上过国际金融法课程的学生有许多是做律师，也有不少在金融机构工作，无一例外地都感受到国际金融法课对他们工作的影响，此种影响不在于课堂上的内容帮助他们解决了工作实践中的问题，而在于他们总是能够在面对一件事时会习惯性地去看存在不存在问题，会习惯性地去了解透彻事情本身（检索的习惯），会习惯性地从多个方面、多个角度去思考、辨析（更习惯于换位思考），会习惯性地想找人讨论、交流。可以说，在课程结课的时候没有安排考试，但学生们用自己在学习中优秀的表现给这门课交上圆满的答卷。

图书在版编目(CIP)数据

涉外法治人才培养机制的反思与创新/李伟芳主编
.—上海:上海人民出版社,2022
ISBN 978-7-208-17887-8

Ⅰ.①涉… Ⅱ.①李… Ⅲ.①涉外事务-法律-人才
培养-研究-中国 Ⅳ.①D926.174

中国版本图书馆 CIP 数据核字(2022)第 158703 号

责任编辑 罗俊华
封面设计 谢定莹

涉外法治人才培养机制的反思与创新
李伟芳 主编

出　　版　上海人民出版社
　　　　　(201101　上海市闵行区号景路 159 弄 C 座)
发　　行　上海人民出版社发行中心
印　　刷　上海商务联西印刷有限公司
开　　本　720×1000　1/16
印　　张　23.5
插　　页　2
字　　数　318,000
版　　次　2022 年 10 月第 1 版
印　　次　2022 年 10 月第 1 次印刷
ISBN 978-7-208-17887-8/D·3996
定　　价　95.00 元